D' ROBERT LASCAUX

La Production et la Population

PAYOT, PARIS

LA PRODUCTION

ET

LA POPULATION

INTRODUCTION

CONSIDÉRATIONS MORALES

I

Notre but n'est pas de démontrer qu'il existe en France une crise de la population. Le fait est universellement admis et nous ne devons pas croire les idéologues dogmatiques qui essaient de nous prouver que la chose est sans importance. Il suffit de comparer les statistiques de notre natalité et de notre accroissement annuel avec les données correspondantes des autres peuples, pour être convaincus de notre infériorité.

La guerre, avec ses tristes réalités, est venue, mieux que tout raisonnement, nous montrer le danger que court une nation qui a cessé, pour une raison ou l'autre, d'accroître son nombre et sa puissance. Nous sommes vainqueurs, il est vrai, mais nous devons en grande partie la victoire à nos alliés. Sans eux, nous aurions peut-être cessé d'exister en tant que nation.

Il serait d'ailleurs fou de croire que toute lutte est terminée et que nous pouvons reprendre tranquillement notre apathie d'antan. Les peuples qui nous entourent vont continuer leur expansion, il nous faut les suivre. Une race ne peut persister qu'en s'alignant au niveau des autres ; sinon, soit par l'invasion ou l'immigration, un courant s'établit, comme entre deux vases communicants, et le plus vivace submerge le moins fort.

Or, depuis un demi-siècle, la France souffre d'une maladie de langueur. Tandis que l'Angleterre, l'Amérique, l'Allemagne, l'Italie même se développent à pas de géant, tandis que leur sol se couvre d'usines, que leurs villes décuplent leur population, nous restons lamentablement stationnaires. Sommes-nous usés, proches de l'irrémédiable déclin, ou bien s'agit-il seulement d'une maladie passagère et curable contre laquelle une thérapeutique efficace peut être mise en jeu ?

Les faits sociaux tirent leur existence de deux facteurs d'ordre dissemblables ; les uns sont moraux et traduisent notre volonté de vivre, d'accroître notre puissance et de nous perpétuer ; les autres, matériels, constituent les moyens que nous pouvons mettre en cause pour réaliser nos tendances. Les seconds ne peuvent rien sans les premiers, car la raison et l'intelligence qui nous permettent de discerner les voies à suivre pour réaliser l'action, au mieux de nos désirs, ne peuvent être suivies d'effets et ne peuvent être mises à contribution que si nous savons vouloir, que si nous pouvons puiser au plus profond de notre « moi » l'énergie de porter vers la perfection cette race à venir que nous sentons être notre but final.

Il importe au plus haut point de connaître, avant d'établir un traitement, le siège du mal dont nous souffrons. Avons-nous voulu, mais sans pouvoir ? Pouvions-nous, mais n'avons-nous pas su vouloir ?

Les partisans de l'étiologie morale dans la dépopulation française font valoir deux idées entièrement différentes dans leur fondement psychologique. Tandis que les uns recherchent la cause de notre décadence dans les progrès, formidables, disent-ils, des théories de l'égoïsme et de l'individualisme, les autres nous reprochent surtout notre avachissement, notre aboulie : « Que peut-on craindre d'un peuple qui n'a plus la force d'avoir des enfants ? » aurait dit autrefois Guillaume II.

Que convient-il de penser sur ces deux points ?

. . . .

Il est toujours facile de trouver dans une collectivité des exemples de tares morales. De même qu'on peut trouver des infirmes, des monstres dans le domaine physique, de même il est possible de découvrir des individus ayant totalement perdu le sens de la vie qui nous pousse à sacrifier le présent pour construire l'avenir. Ce n'est donc pas en citant quelques exemples épars qu'il faut juger les qualités morales d'une nation, mais en tâchant d'en synthétiser les tendances dominantes.

D'autre part, on ne saurait non plus mesurer l'idée par l'action qui en découle. Au fond de notre « moi » nous puisons un idéal que nous cherchons à réaliser et qui se présente à nous comme un but lointain, souvent imprécis, que nous sentons confusément sans en apercevoir les détails. Généralement nous ignorons les voies pour l'atteindre. Notre raison peut, il est vrai, nous aiguiller parfois directement dans le bon chemin et nous écarter du mauvais. Mais elle n'est pas encore arrivée à nous renseigner avec assez de sûreté sur l'interdépendance des faits de la nature pour que nous puissions, à coup sûr, savoir, quand nous agissons, si l'effet obtenu sera orienté dans le sens de l'idéal que nous poursuivons. Il en résulte que la Vie est composée d'une série d'essais empiriques, amenant très souvent des résultats opposés à ceux que nous désirons. D'où une série de tâtonne-

ments, de marches en avant et en arrière, d'abandons
et de reprises qui donnent à nos actes une allure de
profonde incohérence, s'ils sont considérés sur de
faibles espaces et de faibles durées, mais qui, vus
avec le recul nécessaire, montrent cependant une volonté et une réalisation vers le mieux, vers la perfection.

On ne peut donc juger la valeur morale d'un individu, d'un peuple, par les résultats de son action. Il
faut auparavant connaître les intentions qui dirigent.
Elles seules peuvent nous renseigner sur la qualité
des tendances ayant cours. Elles seules nous diront
si un pays veut vivre et prospérer ou courir volontairement à la mort.

II

En relevant les critiques adressées au peuple français au sujet de sa conduite d'avant-guerre on faisait
valoir plusieurs indices caractérisant une véritable
décadence morale :

1° La diminution de l'esprit religieux et les progrès
dans tous les milieux des théories matérialistes ;

2° L'accroissement marqué du luxe qui serait une
preuve indéniable de l'orientation de l'existence vers
un but personnel détaché des exigences de l'avenir ;

3° La diminution de l'esprit de famille affirmée par
les progrès de l'immoralité au foyer, l'accroissement
de la prostitution, le nombre croissant des divorces.

Ces critiques sont basées sur des observations certaines, indiscutables. Mais les faits constatés sont-ils
assez nombreux, assez précis, pour pouvoir soutenir
une généralisation. C'est ce qu'il faudrait démontrer,
c'est ce qui nous paraît inexact.

. . . .

Dans toute religion il faut considérer deux choses

distinctes : le dogme et la morale. L'homme constatant en lui l'existence de sentiments spéciaux comme celui du devoir, de la justice, de la solidarité entre le passé et l'avenir, cherche sans cesse la cause première de ces données dont il est profondément imprégné. Il en arrive à imaginer des hypothèses, plus ou moins vraisemblables, qui lui rendent compte des sentiments qu'il ressent. L'hypothèse divine, sur laquelle viennent se brancher, suivant la puissance de l'imagination, toute une série de détails variables pour les peuples et même les individus, est une tentative pour percer le mystère impénétrable de la vie. De nos jours, on voudrait lui substituer une nouvelle hypothèse tirée des données scientifiques que nous possédons sur la force, la matière et l'énergie. Le fait importe peu, car nous constatons qu'en partant de deux points de vue sensiblement opposés, on arrive à une même transposition dans le domaine pratique : la nécessité de nous diriger vers le mieux, vers le bien dont la notion est générale chez tout individu, quel qu'il soit.

La guerre, en mettant sur le même plan la plupart des Français, sans distinction de croyances, a montré que, pour une action s'imposant avec la lumière de l'évidence, chaque individu était prêt à sacrifier le présent pour le futur, sa vie pour celle de ses enfants, son existence pour le maintien de la race. Devant le danger, laissant dans l'oubli les règles subtiles qui paraissaient découler de nos théories imaginatives, nous avons agi dans le même but : conserver la race pour qu'elle puisse, quand viendra l'accalmie, continuer à nouveau sa marche vers le progrès.

Les théories qui lient *nécessairement* la morale à une religion sont désormais effondrées. On peut être athée et parfait honnête homme. Si la France cesse d'être religieuse, elle pourra cependant être aussi grande, aussi belle, aussi sublime qu'autrefois. Sachons nous incliner devant les tombes de tous ceux qui se sont sacrifiés. Le chrétien convaincu, le patriote ardent, l'ouvrier luttant pour son émancipation sont tous trois morts pour un même idéal : celui de l'avenir.

Que derrière cette cause du Bien nous mettions Dieu, la Patrie ou l'Humanité, peu importe ; l'idéal est toujours vivant en notre cœur; la preuve en est faite.

. . . .

Ainsi donc, on doit affirmer que la diminution de l'esprit religieux n'a fait que déplacer le support de notre idéal, n'a fait que modifier la trame qui sert à nous donner conscience de notre instinct. Or, une manifestation élémentaire de celui-ci est l'esprit de famille et ses dérivés : amour maternel, amour conjugal, amour filial. Il est bien difficile de croire à l'effacement d'un sentiment qui paraît être antérieur chez l'homme à l'esprit de solidarité et de patrie dont nous voyons chaque jour l'intense réalité. Mais les faits devant seuls être pris en considération, peut-être une telle transformation est-elle possible malgré son invraisemblance.

Or, on nous cite des exemples capables, s'ils étaient généraux, d'entraîner notre conviction : nos faits divers regorgent de crimes passionnels, l'adultère paraît devenir la règle dans les classes dirigeantes, les procès de divorce se multiplient, la prostitution progresse, nombre de parents se désintéressent de leurs enfants. Ces faits ne prouvent-ils pas une déchéance certaine ?

Nous ne penserions pas ainsi si nous connaissions mieux la vie des siècles passés, et d'ailleurs, à toutes les époques, depuis Jérémie, il est de règle d'entendre des pessimistes se lamenter sur les temps présents tout en regrettant le passé. Ne sommes-nous pas aujourd'hui victimes d'une illusion tenant à la puissance de nos moyens d'information? Certes, l'adultère est fréquent, mais il l'était sans doute davantage au temps de nos rois dont la polygamie s'étalait aux yeux de tous sans provoquer la moindre réprobation. Certes, les divorces deviennent nombreux, mais, tout en les jugeant avec sévérité, n'est-il pas possible d'admettre qu'une rupture franche et loyale est préférable à une violation permanente et hypocrite du contrat? Certes, on cite journellement des parents indignes, mais se souvient-on de l'exploitation infâme de l'enfance dans les usines au début du siècle dernier ?

Nous nous étonnons de l'accroissement de la prostitution, mais n'est-elle pas fatale, par le fait que des conditions économiques nous obligent à reculer l'âge du mariage ? Qui sait même si cet accroissement ne tient pas à une moralité plus élevée de la jeune fille et de la femme, aujourd'hui moins accessibles qu'hier aux sollicitations du désir masculin?

Mais, parce que la presse ne nous montre que la laideur de la vie de famille, est-ce à dire que le fait soit général? Au lieu de puiser nos arguments dans les journaux, observons sincèrement nos voisins, nos amis. Et nous verrons des mères attentives à leur progéniture, des ménages unis, sinon irréprochables, des pères fiers de leurs enfants.

Lisons les lettres souvent naïves, mais combien touchantes, que les soldats de France ont reçues de leurs parents. Nous trouverons partout ce sentiment du devoir qui caractérise l'héroïsme du « poilu ». Observons dans la rue cet ouvrier qui promène ses enfants, entrons un jour de visite dans une salle d'hôpital, soyons, en un mot, attentifs à ces mille gestes journaliers que nous ne savons pas voir tant ils nous paraissent naturels. Et nous ne calomnierons plus la famille française devenue sublime pendant la guerre.

. . . .

Les détracteurs du moral français ne se tiennent

cependant pas pour battus. Ce qu'on ne saurait nier, disent-ils, c'est l'effarante progression du luxe qui assoiffe le pays, cette course au plaisir se traduisant par l'insolence des étalages, la coquetterie de la femme, l'ornementation de l'appartement, la prospérité des théâtres et des cinémas.

Nous verrons plus loin qu'il convient de désigner sous le vocable de luxe toute consommation, tout objet qui n'est pas indispensable à une vie saine et hygiénique. Dès lors le luxe a existé de tout temps et il faut examiner la part qui lui revient à chaque époque. Mais deux réserves paraissent indispensables.

Tout d'abord, la production actuelle, en permettant la fabrication en série, met à la disposition du consommateur un nombre toujours plus grand d'objets manufacturés. Il en résulte que l'accroissement de ces objets, leur vulgarisation ne modifient en rien le rapport entre les valeurs respectives attribuées par le consommateur aux objets de nécessité et aux objets de luxe. La femme qui se sert aujourd'hui d'une lingerie fine, ornée d'une dentelle à la machine, qui renouvelle son trousseau au bout de quelques années, ne dépense pas plus que nos mères qui usaient un linge rude, solide, simple, mais cher. L'ouvrier qui s'habille avec un complet à 50 francs (prix d'avant-guerre) fait un sacrifice moins grand sur son salaire que nos aïeux qui ne pouvaient changer leurs chausses de velours que trois ou quatre fois dans leur vie. C'était autrefois un luxe d'orner son appartement de gravures dont le tirage était limité ; il en coûte aujourd'hui bien peu pour posséder une excellente reproduction d'un tableau de maître.

En second lieu, l'accroissement du nombre des objets nécessaires à la vie a produit un déplacement dans leur usage. Les articles d'alimentation étant autrefois les plus abondants, sinon les seuls, le luxe portait sur la quantité consommée. La classe qui, aujourd'hui se paye des ouvrages littéraires, des objets d'art, recherchait autrefois des plaisirs dans d'abominables agapes, moins recommandables, à tout prendre, que des satisfactions intellectuelles.

Il est dès lors bien difficile de mesurer la décadence morale d'une nation en comparant à deux époques différentes la vente des bas de soie ou les recettes d'un cinéma. En réalité, la part réservée par le chef de famille pour l'entretien des siens, est proportionnellement plus considérable aujourd'hui qu'hier et ce rapport seul pourrait avoir une valeur quelconque, s'il était possible de mesurer les sentiments.

D'ailleurs, un fait domine; notre décadence par rapport à l'Allemagne s'est surtout accélérée depuis ıgt-cinq ans. Or, pendant cette période, tandis que nous constatons que le taux moyen de la consommation totale par Français a seulement crû de un vingtième, on voit que celui de l'Allemand s'est, dans la même période, élevé d'un tiers. Si l'on admet la possibilité d'évaluer les tendances morales, quel est celui des deux, le Français ou l'Allemand, qui a montré le plus d'égoïsme ?

. . . .

Ces quelques points nous permettent une constatation rassurante. Ne répétons pas l'erreur psychologique de l'Allemagne qui, constatant la décadence économique de la France (elle était en cela plus clairvoyante que nous, qui refusions de voir l'abîme), l'attribuait à la disparition de notre âme. Celle-ci vit et la nation l'a montré.

Nous ne voulons pas prétendre, loin de là, que la conduite de chacun ait toujours été digne d'éloges. Chacun, en faisant son examen de conscience, trouvera des fautes, souvent lourdes, à se reprocher. A l'arrière, pendant que nos « poilus » mouraient héroïquement, de vils trafiquants ont spéculé sur la misère, des femmes ont oublié leurs devoirs d'épouse, des hommes ont déserté leur devoir grâce à des complicités qui seront connues un jour. Mais il convient d'oublier ces défaillances, communes à tous les temps et à tous les pays, pour ne conserver, dans une vue d'ensemble, que l'admirable conduite des millions d'hommes qui ont sauvé le pays au travers des souffrances sans nombre. Non ! la France ne veut pas mourir, elle ne demande qu'à vivre.

III

« L'enfer, dit-on, est pavé de bonnes intentions. » Il ne suffit pas d'être orienté vers le mieux pour y atteindre, il faut que notre volonté puisse nous mener jusqu'à l'action. Il est donc possible que la nation ait périclité par notre faiblesse, notre mollesse, notre aboulie. La cause mérite d'être discutée, car elle peut, en sa faveur, trouver des arguments sérieux.

. . . .

Si l'on considère, sans parti pris, notre politique des cinquante dernières années, on est frappé par son incohérence. Des réformes à peine ébauchées sont abandonnées, des lois sont votées aujourd'hui et modifiées demain, les gouvernements se succèdent sans programme à quelques mois de distance. Cette instabilité du pouvoir, émanation théorique de la nation, n'indique-t-elle pas une déviation regrettable du sentiment de la volonté nationale. Et cette aboulie ne serait-elle pas la conséquence du désastre de 1870 qui nous aurait laissés abattus, hésitants, effondrés devant la catastrophe !

Cette conception de notre instabilité gouvernementale nous paraît inexacte. Sur les points hors de discussion, nous avons toujours suivi une politique ferme et nette. Malgré les sacrifices nécessaires, notre effort militaire a été constant, tant nous sentions l'inéluctable nécessité de posséder une armée forte pour faire face à l'ennemi. Quoi qu'on dise, notre armée opposait en 1914 une force redoutable à l'envahisseur et le redressement de la Marne l'a bien montré.

Même nos erreurs ne peuvent pas être mises au compte d'un regrettable laisser-aller. Nos luttes entre partis, entre religions, entre classes ont dénoté une passion profonde, une soif intense d'agir. On ne saurait trop stigmatiser ces guerres entre citoyens d'un même pays, guerres qui ne peuvent amener que ruines et misères, mais en constatant leur existence, il faut reconnaître qu'elles traduisent l'énergie d'hommes voulant agir. L'agitation ouvrière, les grèves, toute notre histoire intérieure enfin, sont révélatrices de nos qualités de volonté.

L'homme plein de vitalité qui se dépense en détruisant ce qui l'entoure agit au même titre que celui qui construit. Le premier ne tire, il est vrai, de ses actes que des déboires, mais ce qu'il convient de condamner chez lui, ce n'est pas sa volonté, c'est l'acte qu'elle accomplit. Il est sans doute un calculateur déplorable, il n'est pas un inactif. On doit soigner sa raison et non sa volonté.

. . . .

A notre sens, on ne saurait donc incriminer, dans les domaines autres que celui de la natalité, ni la moralité, ni la volonté d'action du peuple français. Cette constatation doit donc nous conduire à chercher ailleurs les causes d'un effet que nous déplorons. Or, s'il est vrai que l'arrêt de notre population était le phénomène le plus facilement accessible de notre décadence nationale, il existait ailleurs des signes profonds de déclin. Les chiffres prouvent avec éloquence que nous allions à une ruine progressive dans tous les domaines de notre économie : agriculture, commerce extérieur, industrie. Sur quels points sommes-nous donc inférieurs aux peuples voisins ?

Même animé des meilleures intentions, l'homme peut échouer dans les entreprises qu'il se propose. La vie est, en effet, limitée par des lois inflexibles. Nous ne sommes, dès lors, en mesure de développer notre activité que dans le cadre restreint qui nous est assigné. Les lois physiques et chimiques conditionnent le milieu extérieur et pénètrent chaque jour plus profondément la biologie. Nous ne pouvons rien faire qui aille à leur encontre. C'est ainsi que, pendant des siècles, des hommes ont gaspillé leur effort dans la recherche vaine de la pierre philosophale. Leur effort, basé sur des conceptions métaphysiques et non sur l'observation minutieuse, a été entièrement infructueux.

Au contraire, il a suffi à un observateur ingénieux de prendre conscience de l'énergie développée par la détente de la vapeur, pour doter l'humanité d'un de ses plus puissants leviers.

Si nous recherchons la cause première de l'immense essor économique du siècle dernier, nous la retrouvons dans la connaissance plus précise des rapports existant entre les faits de la nature. Connaissant, au moins schématiquement, les lois qui régissent et coordonnent les forces terrestres. nous avons pu, sur le terrain industriel, aller au but avec une rapidité dix fois plus grande qu'autrefois, quand le progrès ne survenait qu'après mille essais empiriques, infructueux. Si nous sommes encore incapables d'affirmer catégoriquement à son inventeur qu'un appareil conçu par lui répondra exactement au but proposé, nous sommes désormais en mesure de repousser toute innovation qui méconnaît l'une des grandes lois physiques ou chimiques qui sont, aujourd'hui, hors de discussion.

. . . .

Nous en sommes malheureusement encore à la période de l'empirisme dans le domaine de la sociologie.

Nous connaissons fort peu de choses des lois naturelles qui régissent les peuples et les individus et, le plus souvent, ceux qui sont chargés de nous conduire ignorent jusqu'à ces maigres rudiments, à moins, ce qui est plus grave, qu'ils ne prétendent diriger l'humanité en partant de principes bâtis d'une manière spéculative.

La civilisation progresse donc à l'aveugle. Les peuples, par une série d'essais, rejetés le plus souvent, mais recommencés par les générations qui n'ont pas su s'instruire, vont à tâtons vers l'amélioration de leur sort, sans pouvoir éviter des erreurs se traduisant par les guerres, les révolutions, les périodes de misère et de détresse.

Avant la guerre, deux nations, l'Amérique et l'Allemagne eurent des dirigeants qui virent, plus nettement qu'ailleurs, les lois régissant les collectivités. Ces hommes surent, par une discipline différente dans son essence, mais identique dans ses résultats, éviter à la masse des efforts inutiles et stériles. Agissant avec une faible déperdition d'efforts, ces deux nations montrèrent au monde étonné l'exemple d'une ascension sans exemple dans l'histoire. Dans tous les domaines : population, richesse, revenu, ces peuples progressèrent suivant une courbe sans cesse ascendante.

Mais tandis que, dans ces deux pays, la classe dirigeante conduisait le peuple vers une prospérité sans cesse croissante, nos dirigeants à nous, Français, nous menaient à la débâcle, sans le vouloir remarquer. Ignorant tout de la vie des peuples, ils agissaient à la manière des enfants qui brisent un jouet avec lequel ils viennent de se blesser. Imbus de principes fumeux en contradiction formelle avec toute observation, ils voulaient régir la nation sans vouloir se tenir dans les cadres imposés par notre existence biologique.

Les phénomènes sociaux, comme nous le savons,

sont tous liés les uns aux autres, en sorte que toute action dans un domaine retentit infailliblement dans tous les autres. Nos gouvernants commirent l'erreur de croire à la possibilité, par des textes, de limiter les répercussions de leurs actes, alors qu'en réalité, une action une fois accomplie détermine des effets qui nous sont imposés par des lois supérieures à notre volonté. Il était donc fatal que toute l'œuvre législative n'amenât que des résultats très différents de ceux qui étaient escomptés. N'ayant pas su saisir le rythme de la machine sociale, presque toutes nos lois en ont seulement ralenti le mouvement, elles ne l'ont que très exceptionnellement accéléré.

Mais l'homme refuse généralement d'accepter son erreur. Il essaie de la rejeter sur d'autres. Il n'est plus d'usage, dans notre siècle, d'accuser de malveillantes divinités, ce qui était autrefois une manière bien inoffensive d'avouer son échec. Par contre on fait facilement, ce qui est plus grave, retomber les fautes sur les innocents. De 1875 à 1900, nous avons détourné notre déception en chargeant le clergé de nos malheurs. Depuis, la bête noire est devenue le « capitalisme ». Nous avons perdu notre temps et gaspillé notre effort en luttes religieuses qui n'ont, au su de tous, donné aucun résultat. Les Russes, allant plus loin, ont fait disparaître « l'odieuse bourgeoisie », mais il ne paraît pas que l'exécution des profiteurs du « prolétariat » ait enfin réalisé le bonheur universel.

Nous ne serons pas toujours tendres, au cours de cet ouvrage, pour l'élite française, c'est-à-dire pour sa bourgeoisie. Nous montrerons que, par son incapacité, elle a failli mener la France au désastre. Mais il serait ridicule d'adopter la théorie sans fondement de l'exploitation du prolétariat par une soi-disant « classe capitaliste ». Nos représentants, nos dirigeants, nos financiers sont coupables. Il faut qu'ils le reconnaissent ; mais eux, comme le peuple, n'ont été ni égoïstes ni lâches. L'heure venue, ils ont, comme chaque Français, su montrer leur valeur et leur esprit de sacrifice.

Malheureusement ils ont cru pouvoir façonner un monde suivant leurs désirs, sans tenir compte des réalités. Celles-ci les ont ramenés durement dans la bonne voie. Il est de grandes lois que l'on nevio le pas impunément et qui vous accablent quand on ne sait pas les respecter.

IV

A notre sens donc, dans cette pénible période qui s'est étendue de 1870 à nos jours, le peuple français a continué à faire preuve des plus hautes qualités morales ; mais nous avons absolument manqué de logique et de raison. Il est permis aux poètes et aux artistes de voguer dans un monde irréel qu'ils font et défont au gré de leur désir. Nos dirigeants ont le devoir de ne pas s'écarter de la réalité.

Nous ne doutons pas d'une formidable reprise économique de notre pays. Quittant nos mesquines querelles politiques et religieuses, nous espérons que désormais nous n'aurons en vue que l'accroissement sans cesse grandissant de l'activité économique de la France.

Un point cependant paraît obscur : celui de notre population. Faible au début de la guerre, elle a encore diminué de 3 millions. Il importe que nos glorieux faits d'armes ne soient pas la dernière lueur jetée par un peuple qui agonise. Il importe peu que nous soyons riches si nous ne pouvons pas être nombreux.

Ce grave problème hante tous les esprits, et chacun veut apporter son remède, ce qui tend une fois de plus à prouver notre profond désir de vivre. Tous les programmes politiques du jour portent la nécessité d'établir des mesures pour combattre la dépopulation. Mais quelles doivent être ces mesures? Nous paraissons vouloir agir en essayant toute une série de palliatifs, dans l'espoir que l'un d'eux pourra peut-être avoir une action favorable.

Nous oublions volontiers que les lois d'encouragement à la natalité ne sont pas neuves et n'ont jamais donné de résultats, que les primes aux familles nombreuses rappellent les mesures sans effet prises contre le paupérisme en Angleterre. Nous proposons les plus invraisemblables combinaisons financières, sans vouloir chercher quelle pourrait être leur répercussion ultérieure.

Nous continuons, sur ce point, comme sur beaucoup d'autres, à faire preuve d'une immense bonne volonté, mais d'une méthode de travail sans fondement. Il faut changer.

L'histoire, la géographie, la statistique nous apportent en masse des documents qui peuvent nous permettre d'éclaircir le problème. Les exemples sont nombreux, dans le temps, de peuples ayant vu croître ou décr.'tre leur population. Étudions-les, sans idée préconçue, et tâchons d'établir les données qui déterminent la densité en habitants d'un territoire quelconque.

Il n'est pas question ici d'un déterminisme métaphysique où se perd la raison, mais du déterminisme scientifique que nous appliquons couramment dans toutes les sciences. Il existe nécessairement des relations unissant entre eux les différents facteurs économiques d'une nation et la population d'un pays ne croît pas au hasard. Toutes les observations courantes le démontrent. Sachons donc établir une théorie solide de la population, tirée des faits et n'étant pas contredite par les faits.

L'œuvre est difficile et se heurte à de nombreux

obstacles. Malthus et les économistes de son école
croyaient avoir établi leur théorie sur des bases certaines. Les événements du dernier siècle ont cependant
annihilé leur travail. A vrai dire, sur bien des points,
celui-ci était en contradiction formelle avec l'observation.

Or le fait seul doit guider. Nous n'avons pas le droit
de passer outre quand il nous contredit. Il n'est pas
vrai de dire que les exceptions confirment la règle :
elles établissent sans discussion son erreur ou son insuffisance. Nous avons essayé de nous mettre toujours
en accord avec les faits.

. . . .

Une fois établie une théorie solide de la population,
une fois connues au moins schématiquement les données du problème, nous pourrons rejeter sans essai
préalable une foule de mesures qui nous sont présen-
tées aujourd'hui comme le seul, l'unique remède. De
même, la connaissance du principe de la conservation
de l'énergie nous permet de repousser sans essai tout
appareil destiné à produire le mouvement perpétuel.
Nous nous trouverons alors en présence d'un terrain
largement déblayé où un travail de construction sera
relativement facile.

Nous n'avons pas la prétention de représenter dans
cet ouvrage la vérité dans toute son amplitude. Depuis longtemps nous savons que la science n'est pas
la réalité, mais un schéma souvent grossier des faits
de la nature. Toutefois, tout schéma a sa valeur, car
il diminue dans des proportions considérables nos
essais inutiles.

Nous allons retrouver à l'origine de la dépopulation
française les mêmes causes qu'à notre décadence économique : une inconcevable incapacité de l'élite française. C'est elle qui est coupable, c'est elle qui doit le
reconnaître, c'est par elle que nous pourrons arriver
à faire plus tard figure dans le monde. La masse

n'est pour rien dans notre crise de la population. Il
ne faut pas agir sur elle. De même que, durant la
guerre, le soldat, issu de son sein, a toujours répondu
aux efforts qu'on lui a réclamés et a remporté les plus
brillantes victoires quand le commandement fut à la
hauteur de sa tâche, de même la nation entière suivra
dans un magnifique élan les chefs qui sauront la diriger, c'est-à-dire prévoir.

PREMIÈRE PARTIE

CHAPITRE PREMIER

CONSIDÉRATIONS GÉNÉRALES

I. — La natalité et la population sont deux facteurs
  actuellement indépendants.
II. — Production et population varient dans le même
  sens.
III. — Théorie de l'expansion vitale maxima.
IV. — Application de cette hypothèse à l'homme.
V. — Natalité naturelle, mortalité, natalité optima.

I

S'il existe au point de vue métaphysique une
différence capitale entre l'homme et les animaux,
on ne peut nier que dans le domaine de la biologie
il n'y ait identité entre eux sur une multitude de
points. Comme tout être vivant, l'homme assimile,
produit de l'énergie et se reproduit. Il en résulte
que la sociologie, bien que totalement différente
dans ses détails, peut être considérée au point de
vue scientifique comme une branche, la plus complexe, de la biologie.

Dès lors le problème de la population n'est plus
qu'un cas particulier du problème plus général de
la répartition des espèces à la surface du globe,

dans lequel devront entrer, il est vrai, la multitude des facteurs économiques propres à l'homme. C'est dire qu'il doit y avoir une loi générale s'appliquant à toute l'échelle des êtres vivants ; une loi de la population humaine ne devra différer de cette loi générale que par l'entrée en ligne de compte des données propres à l'activité humaine.

Nous avons de nos jours d'excellentes données sur la question : l'observation et l'expérimentation sont capables de nous apporter un précieux concours. Si nos données sont encore incertaines en sociologie, si dans ce domaine nous pouvons difficilement sortir de l'observation, nous avons, par contre, un large champ ouvert à l'expérimentation dans le monde animal. Le bactériologue qui cultive des microbes, l'éleveur qui sélectionne des espèces, possèdent des données précises sur les conditions déterminantes pour accroitre ou diminuer la valeur d'une espèce.

Nous sommes, il est vrai, absolument ignorants sur la nature réelle de la vie. Mais le fait est pratiquement sans aucune importance dans l'étude du problème déterminé que nous cherchons à résoudre. Nous ignorons bien la constitution de la matière et cependant nous la manions à notre gré. Une loi n'est pas, ne l'oublions pas, la représentation exacte de la vérité, mais le simple énoncé d'un rapport entre deux groupes de faits dont nous n'apercevons jamais l'intime interdépendance. Le problème de la population n'a donc pas à être entouré d'un impénétrable mystère, parce que nous ignorons tout des phénomènes vitaux élémentaires. La question est ailleurs.

Nous sommes invinciblement attirés, dans l'étude du problème de la population, vers un premier facteur qui nous paraît, à la vérité, primordial : celui de la fécondité, c'est-à-dire de la natalité dans l'espèce humaine. Pour avoir des hommes, il faut des enfants ; pour avoir des enfants, des naissances. Il semble donc logique d'admettre, sans plus de discussion, qu'il suffit d'accroître les naissances dans une espèce pour en accroître le nombre. Or, à notre grande surprise, nous sommes obligés d'avouer notre erreur, car les faits donnent d'éclatants démentis à notre raisonnement.

Il n'y a pas, il n'y a jamais eu de rapport *direct* entre la fécondité d'une espèce et sa répartition. Il est faux de dire que plus il naît d'individus dans cette espèce et plus il doit y avoir de chances d'en rester. Tout démontre cette absence de lien entre la fécondité et la population.

Si dans un milieu nutritif on sème une colonie microbienne, on voit tout d'abord celle-ci proliférer suivant une progression géométrique. Mais rapidement, la raison de la progression diminue puis s'annule. La colonie cesse de progresser, puis décroît aussi rapidement qu'elle s'était formée, si de nouveaux moyens de subsistance ne lui sont apportés.

Plus haut dans l'échelle des êtres, nous observons le même phénomène. Les poissons, les batraciens, les insectes pondent des milliers d'œufs, fécondés pour la plupart et susceptibles, dans des conditions expérimentales choisies, de donner naissance à un nouvel être. Or la centième partie à peine éclôt, et parmi ce lot on observe une élimination formidable.

Il naît chaque année 6 millions de veaux en France. L'abatage des animaux adultes ne dépassant pas 2 millions de têtes, notre cheptel pourrait croître chaque année de 4 millions d'individus. Ce raisonnement est faux, et nos éleveurs savent que si un législateur imprudent venait à interdire l'abatage des veaux pour reconstituer notre troupeau, nous ne l'augmenterions pas, mais encore nous le diminuerions en l'exposant à la famine et à la maladie. Les résultats de la mesure seraient contraires à ceux que l'on aurait espérés.

Nous ne voulons pas multiplier les exemples du règne animal pour aborder plus rapidement les faits analogues observés chez l'homme. Actuellement, on possède des documents qui montrent que la fécondité de chaque peuple est différente, que la différence soit due à des facteurs physiologiques ou sociaux. C'est ainsi que dans les peuplades sauvages chaque femme a en moyenne 10 à 15 grossesses, tandis qu'en France ou en Irlande elle n'en a pas 3.

Si la natalité était un facteur déterminant primordial de la population, nous devrions constater qu'un peuple croit d'autant plus vite qu'il est plus prolifique. Or, nous constatons souvent le contraire. Comment pourrions-nous d'ailleurs expliquer, si nous voulions faire de la fécondité la base de la propagation d'une espèce, que l'homme est devenu le mammifère le plus répandu sur le globe alors que sa prolificité est la plus petite ?

Toutes les données sur le sujet montrent chez les peuplades sauvages une natalité très considérable. Cependant, de très vastes étendues de territoire ne sont peuplées que d'un nombre minime d'individus. Là où végétaient misérablement quelques milliers d'Indiens, vivent actuellement dans le plus grand confort 100 millions d'Américains.

Les Turcs et les Arabes ne passent pas pour être pénétrés par les doctrines malthusiennes. Ils ont cependant transformé en désert des régions autrefois prospères. Sans que leurs mœurs aient notablement changé, les populations indigènes d'Algérie doublent en cinquante ans alors qu'elles étaient stationnaires depuis plusieurs siècles.

On nous cite en exemple les familles du dix-septième et du dix-huitième siècle où comptaient souvent 7 et 8 enfants. Pourtant, entre 1650 et 1785, la France ne paraît s'être accrue que de 4 millions d'habitants, passant de 20 à 24 millions. L'accroissement de 3 millions observé de 1870 à 1910 aurait été considéré à l'époque comme un événement exceptionnellement favorable, et cependant la natalité était peut-être deux fois plus forte que notre natalité actuelle.

Le Japon, avec une natalité identique, piétine jusqu'en 1867. A partir de ce moment, il subit l'accroissement le plus formidable qui se soit jamais vu.

L'Allemagne nous offre aussi un très curieux exemple. Entre 1860 et 1885, sa natalité s'accroît : sa population s'élève de 38,100 millions à 46 millions (compte tenu de l'Alsace-Lorraine dans les deux évaluations). A partir de 1890 sa natalité décroît progressivement pour passer de 41 p. 1.000 à 27,3 p. 1.000 en 1913. Cependant, sa population pendant ces 20 années croît de

15 millions d'habitants, alors qu'avec une natalité de 1/3 plus élevée elle ne croît que de 8 millions dans la période précédente.

Les États-Unis sont peut-être le pays où la théorie néo-malthusienne est le plus en faveur. Certains états de l'ouest ont un coefficient de natalité égal au nôtre. Cela n'empêche pas la population de passer de 13 millions en 1841 à 92 millions en 1911 et 103 millions en 1917.

Tous ces exemples nous interdisent formellement de considérer la natalité comme le facteur principal de la propagation d'une race. Ils ne nous permettent pas de l'éliminer totalement, mais nous obligent de chercher ailleurs le facteur déterminant du problème.

Pour avoir le droit d'affirmer qu'il existe un lien de proportionnalité entre la natalité et la population, il faudrait qu'à toute variation du premier facteur correspondît une variation dans le même sens du second. Or l'étude comparative des courbes des deux variables au cours des 50 dernières années, chez les peuples possédant un service statistique, montre que généralement on constate le phénomène inverse : *les accroissements de population se font en même temps que des diminutions de la natalité.* Un fait ne se discute pas : nous devons chercher à l'expliquer. Abordons le problème par une autre face.

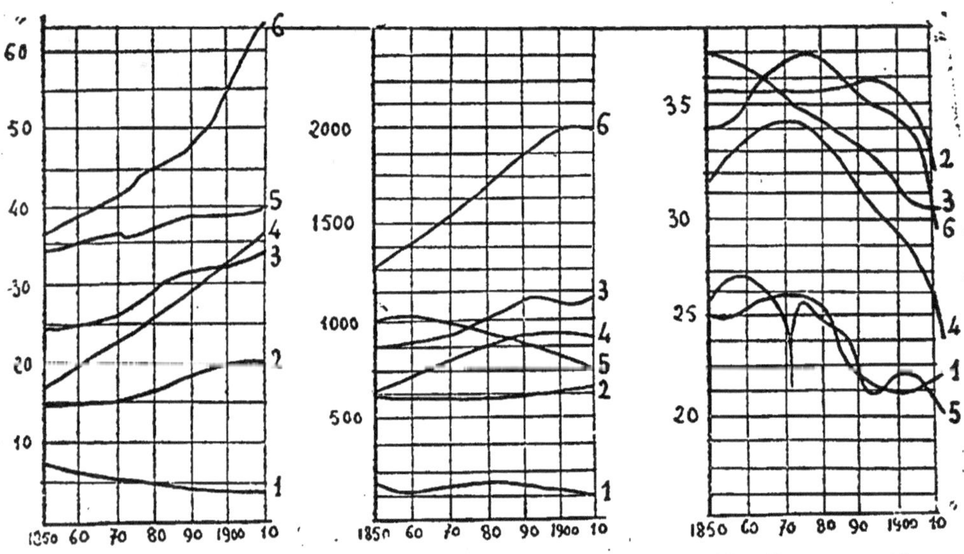

I. — POPULATION.
(en millions d'habitants)
d'après les moyennes quinquennales.

II — NATALITÉ ABSOLUE.
(en milliers de naissances)
d'après les moyennes quinquennales.

III. — NATALITÉ POUR 1000 HAB.
Seule la courbe de la France
est détaillée. Les autres sont établies d'après les moyennes quinquennales.

1. Irlande. — 2. Espagne. — 3. Italie. — 4. Angleterre et Galles.
5 France. — 6. Allemagne.

II

C'est à Malthus que revient l'honneur d'avoir mis en valeur les liens inséparables qui unissent le facteur production au facteur population. Nous ne voulons pas retracer ici sa théorie qui est imparfaite sur presque tous les points. Partant d'observations exactes, le pasteur protestant émit une hypothèse fausse qui aboutit à la loi fameuse des deux progressions. On sait qu'il est impossible, en suivant les mouvements de la population d'un pays, d'y déceler sur une très longue période un caractère mathématiquement exponentiel. Les périodes successives de doublement ne se ressemblent en rien. La population américaine qui présente au cours du dernier siècle les plus remarquables mouvements, double en passant de 15 à 30 millions de 1840 à 1860. La nouvelle période de doublement, 30 à 60 millions, est plus longue que la précédente (1860-1890). Si la progression géométrique continuait à jouer, il faudrait qu'en 1920 les États-Unis eussent 150 millions d'habitants. Or il n'en sont qu'à 103. La population des États-Unis, si l'on considère attentivement sa courbe, ne croît pas et n'a pas cru en suivant une progression géométrique, mais bien en suivant une progression arithmétique. Dire comme Malthus, non que la croissance se fait, mais seulement « a tendance » à se faire suivant une progression géométrique, c'est dire qu'une droite a tendance à devenir une courbe. Ce n'est pas un raisonnement scientifique capable de déductions sérieuses et précises. Nous devons quitter ce terrain.

Par contre nous devons être amenés a considérer de près les mouvements correspondants de la production et de la population, afin de voir si un lien intime ne paraît pas unir les deux facteurs. Or nous sommes obligés de constater que, sur un espace donné, ainsi bien pour l'homme que pour les autres espèces vivantes, *la densité est sensiblement proportionnelle aux moyens de subsistance mis à la disposition de l'espèce.*

Prenons une culture de moisissure et cultivons-la sur un milieu favorable. La culture s'accroîtra sans cesse, tant que nous pourrons lui renouveler son milieu nutritif, en suivant rigoureusement la progression géométrique qui schématise sa fécondité. Elle s'arrêtera rapidement, puis passera à l'état de vie ralentie, si le milieu nutritif n'est pas renouvelé.

Mettons dans la terre des engrais, c'est-à-dire des éléments de nutrition pour les végétaux, et nous doublerons, triplerons le rendement à l'hectare.

Même constatation dans le monde animal. Il suffit de faire varier les moyens de subsistance mis à la portée d'un groupe d'êtres vivants pour en voir varier le nombre. Au début de la guerre, le gaspillage de matières alimentaires étant considérable, les cantonnements pullulèrent aussitôt de rats. Il a suffi d'importer en Australie quelques lapins (alors que n'existait pas une faune capable d'en combattre le développement) pour voir leur nombre prendre les plus inquiétantes proportions.

Supposons un éleveur possédant un troupeau. Celui-ci est défendu contre la plupart des atteintes auxquelles il serait exposé s'il vivait à l'état sauvage. Cependant l'éleveur sait que le nombre de son cheptel est strictement limité par les ressources dont il dispose. Pour accroître son troupeau, notre homme commencera pas s'assurer un stock de matières alimentaires, puis il fera naître à peu près exactement le nombre d'animaux correspondant à ce surcroît de moyens de subsistance. De la sorte il sera à l'abri des crises, des épidémies, des maladies et il conservera un état sanitaire excellent dans ses étables.

Si, au contraire, les denrées alimentaires viennent à manquer, l'éleveur sera acculé à la diminution de son cheptel, soit en nombre, soit en poids, par l'abatage d'un certain nombre d'animaux adultes et par l'abaissement de l'âge auquel il les livre à la boucherie.

Notre troupeau national a perdu 2 millions de bovins. La cause principale est plutôt la difficulté d'alimentation que la réquisition. La preuve en est dans la diminution des porcs qui sont passés de 7 à 4 millions de têtes bien que l'armée n'y ait eu recours qu'exceptionnellement. Il faut bien se pénétrer de l'idée que notre troupeau ne pourra se remonter qu'à l'aide d'une seule mesure : l'accroissement dans une large valeur de notre stock d'alimentation pour le bétail. Sans foin et sans pommes de terre, nous n'aurons ni bœufs, ni cochons. Nous interdirons en vain l'abatage des veaux, ceux-ci ne pourront devenir adultes que si nous avons de quoi les nourrir. Aucun raisonnement n'ira à l'encontre de ce fait brutal.

Ces quelques exemples que nous pourrions reproduire à l'infini nous permettent d'affirmer la loi suivante : « *Une espèce possède un nombre de représentants proportionnel aux moyens de subsistance qu'elle peut se procurer.* »

Les données précédentes se vérifient également chez l'homme. Dans le langage économique, les moyens de subsistance deviennent le revenu, c'est-à-dire la fraction consommable de la production. Or nous observons un remarquable parallélisme entre le revenu et la population d'une contrée.

Les peuplades sauvages, indisciplinées, mal outillées, peu ou pas organisées pour le travail collectif ont une production minime. Leur densité kilométrique est extrèmement faible.

Les régions de montagne, moins favorisées que les plaines, produisent à travail égal beaucoup moins ; les premières ont une population clairsemée ; les secondes ont été peuplées de tout temps.

Les nations qui ont un revenu stationnaire doivent rester stationnaires comme population ; quand leur revenu s'accroît, elles doivent croître ; quand il diminue, elles doivent diminuer. C'est précisément ce que nous montre l'observation.

Le revenu de la France, d'après les données les plus dignes de foi, a très peu varié de 1890 à 1914. La population est restée sensiblement stationnaire.

Le revenu allemand croît en 20 ans de 80 p. 100, le taux de la population croît pendant le même temps de 50 p. 100.

Même constatation pour l'Angleterre, qui, développant sans arrêt sa production industrielle, passe de 5 millions d'habitants en 1800 à 41 millions en 1914. Les États-Unis décuplent leur production en 50 ans. La population passe de 20 à 100 millions.

L'Algérie, au moment de la conquête, faisait difficilement vivre 2 millions d'indigènes. En 1914, 5 millions d'habitants vivent plus largement sur le même sol.

Le Japon paraît avoir eu, avant 1867, une population figée depuis des siècles à une vingtaine de millions d'habitants. La production, accrue par les méthodes modernes, suit une marche prodigieusement ascendante. Parallèlement, on voit passer la population de 20 à 60 millions d'habitants.

Au dix-septième siècle, le règne de Louis XIV commence sous les plus heureux auspices; il s'achève dans la misère et la famine. La production agricole, comme le démontrent les mémoires des Intendants, périclite. Les évaluations sur la population estiment pour le règne une perte de 2 millions d'habitants.

La Chine, figée dans une antique civilisation, est très peuplée (350 à 400 millions d'habitants). Mais les méthodes de production sont stationnaires et le revenu invariable. La population n'a pas crû comme au Japon. Les événements de la récente anarchie paraissent se traduire par une diminution marquée de la densité.

Ces constatations ne nous permettent aucune évaluation quantitative, mais nous autorisent à conclure : « Il y a un alignement constant entre la production et la population d'un pays. »

III

Mais avant d'aller plus loin, il est indispensable de classer les faits précédents et de les unir par une hypothèse dont nous chercherons ultérieurement la vérification.

La constatation, au moins chez l'animal, d'un parallélisme intégral entre les moyens de subsistance et le nombre, nous mène à admettre à la Vie une propriété particulière : celle de *l'extension*. La Vie, pour exister en un point, réclame des conditions de milieu différentes suivant chaque espèce. Tel microbe anaérobie ne prospérera que dans un milieu riche en acide carbonique, tandis que tel autre exigera des conditions d'oxygénation et de ventilation particulières. Mais, si l'on considère une espèce déterminée, on voit que son extension est toujours poussée au maximum de son action sur le milieu. Telle une flamme qui dévore tout ce qu'on lui présente, la Vie ne peut se limiter que faute d'aliment. Créez un milieu favorable, aussi étendu, aussi riche que vous pourrez l'imaginer, la Vie n'en respectera pas la plus minime fraction. En quelques heures, en quelques mois, en quelques années, elle aura subjugué, accaparé le milieu, et lui aura fait subir les transformations profondes qui font d'éléments inanimés du protoplasme vivant. D'elle-même, la Vie ne reculera jamais. Elle ne le fera que contrainte et forcée, sous l'empire de la nécessité, quand le milieu où elle agit ne pourra plus lui permettre son développement. Ce recul ne sera jamais accepté sans réaction. La Vie essaiera de modifier sa formule, en s'adaptant aux conditions particulières qui lui sont imposées, mais elle luttera jusqu'au dernier souffle.

Cette propriété capitale de la Vie d'utiliser le milieu au maximum de ses possibilités physiques et chimiques, de ne pas accepter de partage et d'équilibre avec lui, nous rend parfaitement compte des constatations que nous avons faites précédemment et qui nous montrent que la vie est *toujours* déterminée par ses moyens de subsistance. Il y a là une analogie avec ce que l'on observe dans certaines réactions chimiques non réversibles. De même qu'en mettant en présence, à l'air libre, de l'acide chlorhydrique et du carbonate de chaux, on ne verra s'arrêter la réaction qu'après l'épuisement complet d'un de ces deux corps, de même, si l'on met en présence une espèce vivante et le milieu nécessaire à ses phénomènes vitaux, la Vie ne fera aucun partage entre elle et le milieu sans défense, compte tenu de sa puissance d'assimilation vis-à-vis de lui.

Si la matière vivante était une masse amorphe, non organisée et non différenciée, on pourrait sans nul doute voir cette masse s'accroître à la manière d'une gigantesque plasmode et substituer, au milieu inerte dont elle vit, un milieu occupant le même espace et siège des réactions protoplasmiques caractéristiques.

Mais la Vie procède au contraire par formules concrètes nettement définies. Dès lors son accroissement ne peut se faire que par la *multiplication d'individus semblables*. Cette hypothèse n'est réalisable que si les individus se reproduisent, et c'est là qu'intervient le facteur de la fécondité.

. . . .

Les espèces qui se reproduisent ont à lutter contre une foule d'agents extérieurs. Dans leur lente adaptation au milieu, elles ont pu réaliser un certain nombre de moyens de défense qui leur permettent de se maintenir en équilibre malgré l'action contraire des éléments naturels et des espèces voisines qui vivent à leurs dépens. Les chances de destruction sont grandes surtout pour les nouveau-nés. Pour qu'une espèce puisse se maintenir à niveau *dans un milieu invariable*, malgré des réactions défavorables des agents extérieurs, il faut donc qu'un couple puisse mettre au monde un nombre de jeunes individus tel, qu'après l'élimination naturelle, au moins deux représentants d'un sexe différent arrivent à l'âge adulte (¹). Ce nombre, qui variera suivant la nocivité du milieu vis-à-vis du développement des embryons, pourrait être appelé la *fécondité minima* pour le maintien de l'espèce au niveau qu'elle occupe.

Si aucune cause extérieure n'agissait sur le développement, si aucun nouveau-né ne présentait de tare incompatible avec son existence, ce nombre minimum pourrait être deux seulement. Si au contraire l'évolution de l'espèce se heurte à des difficultés sans nombre (vie de certains parasites qui doivent passer dans 2 ou 3 hôtes intermédiaires pour accomplir leur cycle complet), la fécondité minima doit être un nombre très élevé (plusieurs milliers par exemple).

Mais cette fécondité minima est insuffisante pour assurer à l'espèce une expansion sans autre limite que celle assignée par son milieu. Il faut, pour que la vie puisse sans retard tirer parti de ses moyens de subsistance, qu'elle puisse, le moment,

(1) Condition essentielle si les chances de mortalité, sont aussi grandes pour le mâle que pour la femelle, et si la proportion des embryons mâles égale celle des embryons femelles.

venu, se développer suivant une progression géométrique dont la durée de doublement soit proportionnée à la vitesse et à l'amplitude des variations du milieu. C'est ce que l'on constate. La *natalité naturelle* est toujours supérieure à la natalité minima, établie en tenant compte des nécessités biologiques. L'excédent crée pour l'espèce la certitude qu'elle tirera toujours parti du milieu qui lui est offert, la garantie que la loi de l'expansion vitale maxima sera toujours respectée.

L'existence de cette *fécondité de renfort* ne va pas toutefois sans une cruelle nécessité. Existant en tout temps au même taux *quel que soit le sens des variations du milieu* (1), elle exige impérieusement la disparition d'un grand nombre d'individus jeunes avant qu'ils aient atteint l'âge adulte. Doit-on réellement appeler « sélection naturelle » cette élimination brutale d'un trop-plein qui ne peut vivre ? et les jeunes animaux qui disparaissent ne doivent-ils pas plutôt leur mort prématurée au hasard obscur qui a conduit leurs pas en un point moins favorisé du milieu ?

Cruelle question qui nous montre l'inanité du prétendu *droit à la vie*, puisque mathématiquement une formidable proportion des animaux qui naissent doit mourir sans qu'aucun secours ne puisse lui être apporté par quiconque.

. . . .

Cette hypothèse nous rend parfaitement compte de la non-concordance entre les mouvements de la

---

(1). Cette assertion n'est pas rigoureusement exacte, car des souffrances physiques excessives rendant précaires les conditions de vie de l'adulte peuvent déterminer la diminution et même la disparition de tout acte de reproduction (enkystement des parasites, etc...)

natalité et ceux de la population et même explique l'étrangeté apparente de la coexistence d'une ascension de la population et d'une diminution de la natalité.

Dans les espèces animales vivant à l'état sauvage, la fécondité reste fixée à un taux très supérieur aux exigences habituelles, mais qui permet un développement, quelque grand qu'il puisse être. Si l'espèce est soumise à des attaques multiples qui la menacent à chaque instant, si son milieu vital subit des variations brusques de grande valeur, le rapport de la fécondité au nombre sera très élevé. Pour permettre la vie de 10 individus adultes, la mise au monde de milliers d'embryons sera nécessaire.

Si au contraire l'espèce connaît peu d'ennemis, si son milieu se renouvelle sans brusques sauts, le rapport natalité-densité pourra être relativement faible. C'est ainsi que l'espèce humaine, bien qu'accaparant progressivement la terre à son profit, a cependant la plus faible natalité.

Mais nous sommes ainsi logiquement amenés à considérer la natalité naturelle systématiquement élevée, quelles que soient les conditions du milieu, comme une erreur biologique. Nous pouvons concevoir, à la place, une *natalité adaptée aux conditions du milieu*, suivant les variations de celui-ci ; s'élevant quand le milieu étend sa capacité, diminuant dans le cas contraire, capable si les moyens de subsistance font une brusque ascension de reprendre son taux naturel ou maximum pour regagner rapidement la perte de terrain.

Abstraction faite de toute question sentimentale, la puissance de l'espèce gagnerait fatalement à ce processus. Si minimes que soient les prélèvements effectués sur le milieu par les nouveau-nés destinés à périr, ils comptent cependant, s'ils sont multipliés. Or cette somme, inutilement gaspillée en essais avortés, pourrait servir à la vie d'un nombre important d'animaux adultes. Loin de nuire à l'espèce, la diminution de la natalité, destinée à ramener ce facteur au niveau assigné par les besoins, aurait au contraire pour résultat l'accroissement de puissance de l'espèce considérée.

Ces vues trouvent une vérification éclatante dans les procédés d'élevage destinés à fournir exclusivement des animaux adultes, par exemple l'élevage du cheval. La quantité de fourrage, de matières alimentaires limite absolument le nombre de chevaux. Si nous laissions faire la nature, chaque jument adulte mettrait bas dans sa vie 8 à 10 poulains, c'est-à-dire 2 à 3 fois plus que ne le permettent nos ressources alimentaires (compte tenu de la morbidité impossible à combattre). Une fois la ration alimentaire des adultes déterminée, nous pourrions imaginer un espace clos où, réunissant un certain nombre de poulains du même âge, nous entasserions les moyens de subsistance restant libres. Une lutte sans merci se livrerait autour de ces moyens insuffisants et nous ne conserverions que les animaux n'ayant pas succombé.

Nous aurions ainsi suivi les procédés de la « sélection naturelle ». Or, il est de toute évidence que le procédé employé, qui consiste à limiter la natalité en sélectionnant soigneusement les sujets, est une méthode qui donne des résultats bien supérieurs à l'élimination brutale ci-dessus décrite.

IV

Le lieu n'est pas ici de faire de longues digres-
sions sur le fondement de la morale et des r`gles
qu'elle nous impose. Il est impossible cependant
de ne pas noter entre l'homme et tout être vivant
certaines analogies qui pourraient avoir une grande
cause identique. De même que toute espèce animale cherche à s'étendre à l'extrême limite des
moyens que lui fournit son milieu, de même il
existe dans la famille et dans la nation, un obscur,
mais impérieux instinct qui pousse l'homme à sans
cesse développer son expansion sur terre, à porter
sans cesse plus loin son sang, ses coutumes, sa
langue et sa civilisation. Ce sentiment, que la
guerre a mis au jour chez chacun n'est-il pas simplement la synthèse de toutes les tendances élémentaires de toutes nos cellules? Et la politique
familiale des seigneurs du moyen âge, l'essai de
la domination napoléonienne, les impérialismes
anglais et allemand et même la soif d'embraser le
monde manifestée par le bolchevisme, de même
que les luttes entamées entre toutes les nations
nouvellement créées de l'Europe centrale, ne sont-
elles pas l'expression de cet unique instinct, celui
de *l'expansion maxima*.

C'est pourquoi ils sont vains, les raisonnements
spécieux de rhéteurs ignorants qui voudraient nous
faire du « stationnement et de la limitation », un
devoir humain. Stationner, c'est mourir lentement,
c'est perdre son caractère d'être vivant, c'est tomber
dans une léthargie sans réveil possible. Une poussée invincible, irrésistible, née dans la profondeu.

de notre subconscient, nous rappelle notre origine et nous oblige impérieusement à nous étendre, dussions-nous progresser au milieu de mares de sang.

.   .   .   .

Cet obscur sentiment vital d'expansion maxima, outre qu'il constitue une intéressante hypothèse réunissant la sociologie à la biologie générale, nous rend parfaitement compte des faits exposés plus haut, suivant lesquels il y a concordance absolue entre les variations de la population et de la production. Comme toute autre espèce, la race humaine ne peut laisser inemployée sans réaction une partie de son milieu vital. Elle s'aligne toujours au niveau de son revenu qui représente, ne l'oublions pas, la mesure de la totalité des objets consommables nécessaires à la vie. Créez des moyens d'existence, aussitôt la vie humaine en profitera pour s'accroître. Excluez du milieu les agents nocifs qui s'opposent à leur emploi intégral et vous renforcerez le nombre dans la nation.

Ainsi donc, il peut être admis (et des faits précis nous donneront raison) que la seule méthode pour accroître la population consiste à accroître la production.

Mais, chez l'homme, se pose un problème particulièrement délicat. Dans les espèces domestiques, sur lesquelles nous pouvons expérimenter, c'est l'homme qui crée le milieu et y place l'espèce dont il cherche le développement. Dans la race humaine, au contraire, c'est l'homme lui-même qui crée et modifie le milieu par son travail. Ne tournons-nous pas dès lors dans un cercle vicieux et n'est-il pas juste de dire : « Il est parfaitement exact qu'une population s'aligne au niveau de son revenu, mais le revenu, émanation du travail, est d'autant plus considérable que la population est plus nombreuse. S'il est donc vrai qu'un excédent de revenu puisse déterminer un surcroît de population, il n'est pas moins indispensable d'accroître *d'abord* la population pour accroître la production ». Accepter ce dilemme, c'est abandonner notre hypothèse qui admet qu'un peuple, utilisant toujours au maximum ses moyens de subsistance, ne peut accroître primitivement son nombre ou plus exactement sa *quantité d'énergie vitale* [1].

Nous sommes dès lors amenés à aborder le problème de la production humaine pour démontrer que le simple accroissement du nombre dans un milieu est incapable de « produire » sans modifications profondes antérieures de toute une autre série de facteurs économiques.

V

Nous montrerons sous peu que, dans ce domaine, les faits concordent avec notre hypothèse et la vérifieront. Laissant provisoirement de côté cette question primordiale, nous allons voir les analogies évidentes existant entre l'homme et les

---

[1] Il est bien évident qu'un pays qui fait vivre 10 millions d'adultes et 4 millions d'enfants, soit 14 millions, peut faire vivre facilement 5 millions d'adultes seulement et 15 millions d'enfants, à condition que la mortalité infantile soit de 60 p. 100 et la durée de la vie de l'adulte diminuée. Mais le second stade serait manifestement inférieur au premier et posséderait une quantité d'énergie vitale productive très inférieure.

autres espèces animales dans le domaine de la réalité.

Il existe dans l'espèce humaine une *fécondité maxima* que nous connaissons parfaitement. C'est ainsi que médecins et physiologistes sont d'accord pour affirmer, qu'en moyenne, une femme peut, sans que sa santé en subisse de graves atteintes, avoir 10 à 12 grossesses dans sa période sexuelle. En supposant une stérilité pathologique de 10 p. 100 environ, on voit qu'une nation comme la France pourrait présenter une natalité totale de 2.000.000 à 2.500.000, chiffre 3 à 4 fois supérieur aux chiffres actuels. L'étude comparée de la répartition par âge de la population et de la natalité, dans la Russie et dans les Balkans, nous montre que, dans ces pays, le chiffre de 10 à 12 grossesses par femme adulte correspond à la réalité.

Il existe donc chez l'homme une *natalité naturelle* capable, si elle fonctionnait dans les conditions d'hygiène infantile et de morbidité qui sont les nôtres, de déterminer, *sans immigration*, le doublement d'une nation en moins de 20 ans (Malthus admettait 25 ans en se basant sur l'étude des mouvements de la population dans les Etats Ouest de l'Amérique du Nord à la fin du dix-huitième siècle).

Si réellement la production était sous la dépendance du nombre, nous verrions les peuples croître sans limite et, au lieu de posséder actuellement 1 milliard et demi d'habitants, la terre abriterait un nombre incommensurable d'individus, et cela quelle que soit la période de doublement, en admettant seulement que l'espèce humaine soit une centaine de fois millénaire.

En réalité, chez l'homme comme chez l'animal, la natalité naturelle n'est qu'une mesure de garantie qui assure à l'espèce sa possibilité d'expansion maxima et qui permet à la race de suivre toujours les mouvements ascensionnels de sa production. L'histoire démontre que ce taux de natalité a été largement suffisant en tous temps et en tous lieux pour utiliser les richesses créées dont la production, comme nous le montrerons par la suite, se heurte à des conditions d'exécution particulièrement dures.

Il en résulte, chez les peuples qui ne peuvent pas ou ne savent pas accroître leurs moyens d'existence, une cruelle nécessité : celle de l'élimination naturelle du trop plein.

C'est à Malthus que revient l'honneur d'avoir bien mis en évidence ce broiement perpétuel et nécessaire d'existences, quand une nation a une natalité naturelle.

. . . .

« Les obstacles destructifs, dit cet auteur, sont d'une nature très variée. Ils renferment toutes les causes qui tendent de quelque manière à abréger la durée naturelle de la vie humaine par le vice ou le malheur. Ainsi on peut ranger sous ce chef toutes les occupations malsaines, les travaux rudes et excessifs qui exposent à l'inclémence des saisons, l'extrême pauvreté, la mauvaise nourriture des enfants, toutes les espèces de maladies ou d'épidémies, la guerre, la peste, la famine. »

Dans l'espèce animale, ce sont particulièrement les jeunes, c'est-à-dire les plus faibles, qui disparaissent. La question se complique un peu dans l'espèce humaine. La faiblesse n'y est plus uni-

quement due à des imperfections physiques individuelles ; elle réside surtout dans le milieu social
de l'individu. La vraie faiblesse est la pauvreté ;
que celle-ci soit due aux défauts intellectuels et
moraux de l'individu ou à la malchance qui l'a
fait naître au bas de l'échelle sociale.

L'action du fort, c'est-à-dire du riche, se traduit
moins explicitement que dans le règne animal,
mais elle est aussi dure pour le vaincu qui est le
miséreux : c'est le libre jeu de la concurrence,
c'est la loi de l'offre et de la demande.

Un pays qui ne met aucun frein à sa natalité
naturelle doit donc présenter une mortalité infantile considérable, ainsi qu'une importante classe
inférieure réduite à des moyens d'existence précaires et sujette à une effroyable morbidité par
misère physiologique.

C'est précisément ce que nous montre l'observation et l'histoire. Les peuplades de l'Afrique
centrale sont décimées par des affections parasi-
taires sans nombre qui pourraient être facilement
combattues à l'aide d'installations coûteuses. La
mortalité infantile dépasse 50 p. 100 de 0 à 4 ans
(Brumpt).

La mortalité russe est très élevée et elle est devenue effrayante depuis l'instauration du bolchevisme ; la mortalité infantile atteint 45 à 50 p. 100.

Rappelons-nous l'ère du moyen âge en Europe,
avec son cortège de famines, de misères et de
mendicités. La natalité y était naturelle.

Plus près de nous, Blanqui nous conte la vie
pleine d'horreur d'une partie de la population
dans les caves de Lille et nous apprend que dans
cette ville 20.700 enfants sur 21.000 sont morts

avant l'âge de 5 ans. Jules Simon rappelle, qu'à Rouen, sur 3.000 enfants nés en 1859, 1.100 sont morts dans l'année sans compter les décès des nourrissons expédiés à la campagne.

Cette mortalité considérable est l'apanage fatal des familles nombreuses, et sans ressources suffisantes. Un salaire déterminé ne peut faire vivre qu'un nombre déterminé d'individus, les autres doivent disparaitre.

En opposition avec ces scènes de mort, on constate que la diminution de la mortalité marche de pair avec la diminution de la natalité : l'Angleterre, la France qui ont vu en 50 ans leur natalité s'abaisser de 31 et 26 p. 1.000 à 22 et 19 p. 1.000, ont parallèlement obtenu une diminution de mortalité de 12 et de 8 p. 1.000.

On aurait tort de prétendre qu'il s'agit là de deux faits sans connexion et que la diminution de la mortalité relève des mesures hygiéniques qui n'ont rien à voir avec la diminution de la natalité. Considérant plus loin les conséquences financières d'une politique d'hygiène, nous montrerons les rapports intimes qui lient les deux faits : la diminution de la mortalité, qui est un fait général constaté dans les pays occidentaux, dépend en grande partie de cet autre fait général, la diminution de la natalité.

. . . .

Il existe, il est vrai, un autre processus que la restriction de la natalité pour ramener un peuple au niveau assigné par la production : c'est l'émigration. Malthus, puis Rossi ne voyaient pourtant pas dans ce facteur un procédé de lutte efficace contre la mortalité. Nous verrons plus tard en effet que la valeur de l'émigration est toute récente et réclame une organisation très spéciale du capital dans le pays d'immigration.

Il y a un siècle, des individus qui auraient été déportés par millions en Amérique, dans les conditions où ils s'y présentent de nos jours, c'est-à-dire sans sou ni maille, eussent péri de faim et de misère quelques mois après leur arrivée.

L'émigration n'est donc pas un remède permanent contre l'obstacle destructif. Elle n'est qu'un palliatif dont nous tâcherons ultérieurement de fixer les règles de fonctionnement.

. . . .

Nous sommes dès lors amenés, si nous voulons diminuer la misère et la mortalité infantile, à recommander la *restriction volontaire de la natalité*. La natalité naturelle n'est en effet qu'une mesure de garantie de l'espèce qui permet dans des conditions anormales (brusque accroissement de la prospérité d'un pays, ravages considérables dans la population par la guerre, la famine, les épidémies) un rapide alignement aux moyens de subsistance. Logiquement, son maintien à toute époque paraît être une erreur biologique. On doit concevoir au contraire un taux de natalité variable suivant les périodes, qui, tenant compte de la capacité économique du pays, de la morbidité inévitable, soit appropriée aux nécessités de l'instant. L'homme agissant ainsi se conduira dès lors, vis-à-vis de sa race, comme l'éleveur vis-à-vis de son troupeau.

D'ailleurs, dans sa robuste logique, la foule n'a pas attendu les démonstrations scientifiques pour agir de la sorte : les chutes observées dans toutes les courbes de la natalité des pays occidentaux signifient précisément la généralisation d'une tendance ayant pour but la mise au monde de la quantité d'enfants, nécessaire à la nation pour lui permettre son expansion économique, mais incapable par son excès de déterminer une élimination brutale par misère physiologique.

La natalité a donc tendance à décroître progressivement *jusqu'à un taux optimum*, variable suivant les conditions d'hygiène et de longévité de la race, variable également suivant l'allure des progrès de la production. Ce taux correspondra aux besoins de l'espèce, ne nuisant en rien à son expansion, mais supprimera l'horrible mortalité infantile, contre laquelle nous sommes désarmés avec une natalité naturelle.

Mais quel est ce taux ? Certains économistes nous affirment aujourd'hui que chaque famille française devrait avoir au moins trois enfants. Pourquoi ce chiffre de trois ? Si nous considérons la question au point de vue national, devons-nous avoir une natalité de 20, 25 ou 30 p. 1.000 ?

Les données anciennes ne nous donnent aucune réponse. Nous devons pousser plus loin l'analyse des rapports entre la production et la population.

Et tout d'abord il convient d'étudier les facteurs qui déterminent la production. Dans le développement qui va suivre, nous nous sommes placés sur un terrain exclusivement national. Les événements récents ont trop montré l'existence économique de la nation pour que nous voulions étudier un problème en faisant abstraction de son existence. La production et la population seront peut-être plus tard des phénomènes exclusive-

ment mondiaux. Elles sont aujourd'hui des phénomènes à peu près uniquement nationaux. Cette
réserve n'est pas inutile, car nous verrons que
bien souvent l'accroissement de population dans
un pays exige qu'une diminution équivalente soit
obtenue par n'importe quel moyen dans un pays
voisin.

. . . .

Il est donc impossible d'aborder de front le
problème de la population. Il faut auparavant
étudier dans ses lignes générales la production.
C'est ce que nous allons faire dans les chapitres
qui vont suivre. Alors seulement nous pourrons
établir les liens qui unissent la production et la
population.

CHAPITRE II

LA PRODUCTION

I

Le mécanisme de la production est extrêmement complexe. Comme dans les problèmes de la natalité et de la population, il est indispensable de puiser des données générales dans la biologie pour pouvoir éclaircir les phénomènes si enchevêtrés de la sociologie.

Malthus [1] tranchait rapidement la question et, après quelques observations écrivait : « Nous sommes en état de prouver que les moyens de subsistance, dans les circonstances les plus favorables à l'industrie, ne peuvent jamais augmenter plus rapidement que selon une progression arithmétique. »

Thiers, dans son livre *la Propriété*, combat au

---

[1] MALTHUS, *Essais sur le principe de population*, éd. Guillaumin, p. 8 et 10.

contraire cette thèse et pense démontrer que la production ne saurait avoir de limites, par le curieux raisonnement que voici : « L'homme porte avec lui la fertilité ; partout où il paraît l'herbe pousse, le grain germe. C'est qu'il a sa personne et son bétail et qu'il répand partout où il se fixe l'humus fécondant... Forcez l'homme à se renfermer dans un même espace... et il trouve à vivre sur la même étendue, quelque nombreux qu'il devienne, uniquement, parce qu'en la fécondant par sa présence il parvient à en tirer des produits plus abondants. Si donc on pouvait imaginer un jour où toutes les parties du globe seraient habitées, l'homme obtiendrait de la même surface dix fois, cent fois, mille fois plus qu'il n'en recueille aujourd'hui. »

On démontrerait facilement que ce raisonnement ne tient aucun compte des lois de la chimie biologique. Toutefois nous recommandons à ceux qui l'accepteraient d'aller visiter, au voisinage du front, les emplacements qui, durant quatre années, ont été transformés en camps. Il leur sera sans doute donné d'y voir encore beaucoup d' « humus fécondant » mais très peu de végétation. La présence de milliers d'hommes et de chevaux, « renfermés dans un même espace », n'a pas centuplé la production du sol. Les possesseurs du terrain en savent quelque chose.

. . . .

La production n'est pas, comme le croirait volontiers notre naïf orgueil, l'apanage de la race humaine. C'est une manifestation biologique appartenant à tout être vivant.

Nous avons vu plus haut que chaque espèce

vivante exige des conditions particulières de milieu. Darwin nous a appris que l'animal réagit à toute modification extérieure par une adaptation de tout son être, mais cette adaptation ne constitue qu'une réaction de défense de *l'individu contre le milieu*. En réalité, elle est doublée par un processus d'autant plus important que l'on s'élève dans l'échelle biologique : l'action modificatrice de *l'animal sur le milieu.* Nous devons au point de vue biologique appeler production cette modification effectuée par l'espèce sur le milieu.

Nous entendons par milieu vital tout élément extérieur à l'espèce, pouvant par un moyen ou l'autre présenter des rapports avec elle. Dès lors feront partie du milieu, non seulement les éléments inanimés avec leurs conditions, variables à chaque instant, de mouvement et de température, mais encore tous les animaux et végétaux vivant dans le rayon d'action de l'espèce considérée.

Nous pouvons schématiser l'action de l'être vivant sur son milieu en la considérant comme constituée par trois groupes de faits :

1° Action de création proprement dite, qui comprend tous les actes ayant pour but les modifications de lieu et de constitution à faire subir à la matière inanimée.

2° Action de défense comprenant pour une espèce tout acte ayant pour but, soit de préserver les objets créés par elle contre les attaques de concurrents utilisant le même milieu, soit de se soustraire aux attaques d'espèces vivant à son détriment (parasites) ;

3° Action d'attaque, comprenant toutes les luttes qu'une espèce entame contre une autre espèce utilisant le même milieu ou contre une espèce sur laquelle elle vit en parasite.

. . . .

L'action de création, bien qu'ayant été portée au maximum par l'homme, ne lui est pas particulière. La moindre plante obtient dans ce domaine des résultats qui sont supérieurs à ce que peut actuellement réaliser toute notre science chimique. Les espèces végétales tirent directement leurs éléments nutritifs du sol et de l'air ; au second, ils prennent l'oxygène, le carbone, et pour certaines variétés l'azote nécessaires ; au premier, les éléments minéraux variés : sodium, potassium, etc... et eau. Sachant utiliser l'énergie solaire pour réaliser des combinaisons chimiques endothermiques, elles créent un milieu *intime* vivant, comprenant à l'état de corps complexes tous les éléments minéraux relativement simples qu'elles trouvent dans le sol. Mais il ne s'agit pas là de production à proprement parler. A leur mort, un milieu beaucoup plus propice au développement d'une nouvelle série vitale est créé par la formation de l'humus dérivé de leur décomposition organique. Sur ces débris, la vie nouvelle peut croître avec une vigueur accrue. La plante à travaillé pour son espèce.

En admettant même que des phénomènes *post mortem* dissocient la matière organique en des composants simples (transformation des albuminoïdes en carbonates ammoniacaux, etc...) la plante n'en a pas moins déterminé une modification profonde des proportions existant entre les constituants inorganiques du sol. Là où les éléments étaient groupés par masses plus ou moins

distinctes comprenant ici de la chaux, là de la
soude, plus loin du fer et du manganèse, la plante,
par sa croissance vitale, a substitué un *milieu
homogène* comprenant peut-être les mêmes éléments simples, mais intimement mêlés, dans des
proportions adaptées aux combinaisons protoplasmiques.

Le rôle de la vie a donc été de répartir à la surface du globe tous les éléments qui étaient groupés en masses plus ou moins compactes à la suite
des mouvements géologiques primitifs, afin d'en
constituer des milieux sans cesse plus propices à
la croissance et au développement des espèces.

L'animal joue, en dehors de toute action particulièrement adaptée, un rôle identique. Mais sa
constitution exige de lui l'existence préliminaire
d'un milieu végétal sur lequel il vit. Incapable de
puiser directement au sol les corps simples et d'en
constituer la synthèse pour faire de l'albumine,
incapable d'assimiler le carbone sous une forme
élémentaire, l'animal est le *parasite* obligatoire
du monde végétal. Comme la plante cependant,
il va concourir à modifier profondément la constitution du milieu. Ses déjections, ses liquides d'élimination, puis la lente décomposition de son ca-
davre, constituent autant de mélanges organiques
capables de créer des aliments à la vie...

C'est ainsi que, par ces transports inconscients
ou instinctifs, un terrain d'éruption, ne comprenant que des corps minéraux dans des proportions
capables de ne nourrir qu'une végétation misérable,
pourra au bout de un, de dix, de cent siècles se couvrir d'une flore et d'une faune comparables à celles que nous observons de nos jours.

Est-ce à dire cependant que nous ne puissions, comme Thiers, concevoir aucune limite à cette progression? En réalité, la vie ne peut s'étendre indéfiniment, pour une raison élémentaire : la constitution chimique de la terre. Lorsque le sol accessible à la végétation (en raison de conditions de température et de lumière) sera uniformément constitué par des mélanges de corps constituant le milieu optimum de la vie des végétaux nécessaires à l'homme, tout déplacement, toute modification ne pourra avoir qu'un résultat défavorable sur la « quantité de vie » du globe. C'est ainsi que le blé donne son rendement maximum, pour une espèce donnée, dans une terre comprenant des quantités déterminées ou à déterminer d'azote, d'hydrogène, d'oxygène, de calcium, etc... Nous pouvons, par l'adjonction d'engrais organiques ou minéraux, maintenir toujours à son niveau cette composition optima du sol. Nous ne pouvons aller plus loin.

En appliquant le même raisonnement à toutes les autres plantes, puis à tous les animaux dont vit l'homme, nous nous rendons compte que nous ne pourrons, au delà d'une certaine limite maxima, accroître la vie humaine sur terre (¹).

. . . .

Si une seule espèce se partageait le globe en-

(1) A vrai dire, nous pourrons encore à ce moment reculer les limites de la vie. Il se peut que nous arrivions, dans un avenir prochain, à réaliser industriellement la synthèse des denrées alimentaires et autres substances nécessaires à l'homme en partant de leurs éléments constituants : carbone du carbonate de chaux ou de l'acide carbonique de l'air, hydrogène de l'eau, azote et oxygène de l'air, etc... Dans cette hypothèse l'homme cessera d'être le parasite du monde végétal. Sa production ne sera plus limitée que par l'énergie solaire qu'il pourra emmagasiner pour réaliser la foule des réactions endothermiques qui seront nécessaires aux synthèses alimentaires diverses.

tre ses représentants, la production pourrait être limitée à cette œuvre de création. La multitude des espèces complique la question. On trouve tout d'abord en effet des espèces voisines vivant sur le même milieu. Chacune d'elles, chaque individu même essaie, pour réaliser son expansion, d'utiliser à son profit le travail des autres. C'est la concurrence vitale proprement dite : luttes sans merci que Fabre nous a si magistralement dépeintes chez les insectes, luttes que les hommes, obéissant eux aussi à leurs instincts ancestraux, continueront à se livrer malgré tous les raisonnements philosophiques.

Une autre lutte intéressante, elle aussi, est constituée par les actions réciproques qui s'engagent entre les espèces parasites et les espèces parasitées correspondantes. Dans cette lutte on voit très souvent s'établir un équilibre vital entre les deux espèces. Parfois au contraire cet équilibre ne s'établit pas et le parasite triomphe de son adversaire. Il en résulte pour lui un cycle de vie très curieux continué par de grandes oscillations ainsi constituées : période d'accroissement de l'espèce parasitée, apparition puis développement rapide du parasite qui triomphe de son adversaire, mais qui doit aussitôt succomber ou passer à l'état de vie ralentie, faute d'aliment pour subsister. Le cycle se rencontre souvent dans des maladies microbiennes où l'acmé de la race parasite coïncide avec les instants qui précèdent la mort de l'animal parasité.

Au contraire, l'équilibre permanent est le fait de la plupart des races animales et de l'homme en particulier qui vit en parasite des autres espèces.

L'épargne, la constitution des stocks ont même pour but de supprimer dans notre courbe d'expansion toute oscillation.

II

La production de l'homme s'inspire des données précédentes. Comme tout animal vivant sur d'autres espèces, l'homme devra poursuivre un triple but :

1º **Une œuvre de création,** consistant dans toutes les modifications de forme, de lieu, de constitution chimique que l'homme fait subir à son milieu ; soit pour permettre à son organisme d'y trouver les meilleures conditions de développement (création d'habitations, de vêtements, du mobilier) qui placent l'enfant et l'adulte à une température sans grand écart ; soit pour placer les espèces sur lesquelles il vit dans le milieu le plus propice à leur extension maxima (façons culturales, engrais en agriculture), etc...

2º **Une action de défense,** comprenant tous les actes par lesquels l'homme essaie de se soustraire, lui et son milieu, aux attaques des espèces qui voudraient vivre à ses dépens (lutte contre les insectes et les animaux nuisibles, actes par lesquels la médecine modifie les milieux humoraux pour permettre à l'homme de résister aux maladies microbiennes, toutes mesures de défense contre les attaques des tribus et des peuples voisins).

3º **Actions d'attaque,** par lesquelles l'homme, ayant su forger des armes, détruit les espèces qui cherchent à vivre sur lui et son milieu, ou cherche à se procurer les moyens de subsistance que des espèces voisines, plus laborieuses, mais moins bien armées, ont su créer par leur effort : destruction des animaux qui ne font pas partie du milieu vital de l'homme ; destruction des microbes et des parasites qui vivent sur lui ; guerres offensives contre les peuples voisins, aboutissant au pillage et à la contribution de guerre, etc...

Cette classification laisse de côté une catégorie fort importante de l'activité humaine : la *production artistique*, sur laquelle nous reviendrons ultérieurement, en montrant comment elle est capable d'influencer directement et indirectement la production purement matérielle.

.   .   .   .

Pour mener à bien sa triple tâche de défense, de destruction et de création, l'homme dispose de facteurs économiques que l'on peut schématiquement grouper en trois catégories :

1° Les matières premières.

2° Le travail.

3° Le capital.

Nous n'insisterons pas sur leur étude qui a été trop souvent faite pour qu'il soit utile de la développer. Quelques points de détail nous paraissent cependant devoir être précisés.

.   .   .   .

Il ne faut comprendre sous le terme de *matière première* que les éléments existant sur le globe *en dehors de toute action humaine*. Les minerais qui n'ont pas été prospectés, les forêts non exploitées, les cultures vivant à l'état sauvage, et, dans le domaine de l'énergie, les chutes d'eau non aménagées, la lumière solaire, le vent, les marées sont des matières premières pures.

Mais aussitôt que l'homme, par son travail, est venu ajouter quelque modification à ces matières, on ne doit plus parler de matière première, mais bien de capital ou d'objet de consommation : un gisement de minerai prospecté est un capital, l'extraction annuelle représentant le rendement productif total que nous définirons plus loin.

Au point de vue philosophique, nous étendons donc beaucoup trop dans le langage courant la signification des mots : matières premières. Le producteur a tendance en effet à donner cette dénomination à l'article auquel il fait subir une transformation personnelle. Ainsi, pour le filateur, le coton brut sera matière première, tandis que le tisseur donnera ce nom au coton filé sorti des mains du précédent producteur.

. . . .

La matière première, modifiée par le travail de l'homme, va prendre son véritable caractère : celui de capital ou d'objet de consommation. Mais il convient auparavant d'insister un peu sur la signification du travail. La conception simpliste de Karl Marx qui voudrait mesurer le travail par le temps et assimile sensiblement de la sorte le casseur de pierres et le savant le plus éminent, a obscurci grandement la question.

Tout travail, si l'on y réfléchit, peut être schématisé en trois stades :

1° Un acte d'imagination, dont la réalisation exige une connaissance au moins empirique des lois scientifiques, afin que l'invention de l'objet à créer, sa forme, sa constitution, ses rapports, ne se heurtent pas à des impossibilités naturelles.

2° Un acte d'organisation du travail, destiné à préciser l'effort à fournir et à en régler la marche pour réaliser l'objet cherché dans le minimum de temps, avec le moindre effort, et avec le moins de matière première.

3° Un acte d'exécution ou de fixation du travail sur la matière, lui-même composé de deux parties fort différentes : acte créateur d'énergie et acte de contrôle, l'homme surveillant à chaque instant la marche de son effort pour éviter la fausse manœuvre condamnant irrémédiablement l'œuvre entreprise.

On voit qu'un travail se compose de trois opérations d'ordre intellectuel, et d'une seule d'ordre physique. Avant la découverte de moyens nous permettant d'utiliser largement l'énergie naturelle, l'homme devait fournir dans son travail un effort musculaire considérable. Tout occupé à ce rôle de moteur qui lui prenait la presque totalité de ses instants, il ne pouvait consacrer aux opérations intellectuelles qu'un temps excessivement restreint. Les progrès de la production étaient lents et cela d'autant plus que les conditions de l'existence n'avaient pas encore abouti à la division du travail.

Aujourd'hui tout s'est transformé. Dans des pays en retard comme le nôtre, il existe sans doute encore une proportion importante de « manœuvres » qui n'offrent au pays que le secours de leurs bras. Mais dans des pays plus avancés, comme l'Amérique, l'homme-moteur tend à disparaître. Les rôles de l'ouvrier et de l'agriculteur sont changés et ne consistent plus guère qu'en opérations de contrôle, de surveillance des machines. Il est à prévoir qu'un jour le travail musculaire deviendra inutile dans la production et ne sera nécessaire que dans l'hygiène sportive.

Mais cette évolution nécessite auparavant une minutieuse division du travail, qui exige, peut-être davantage qu'autrefois, une hiérarchie sévère et une discipline absolue. Il faut une tête qui commande et qui soit strictement obéie à tous les degrés de l'échelle sociale, car l'arrêt d'un seul rouage est capable, à mesure que se complique la production, d'arrêter la totalité de la machine sociale. Un pays, menacé par des grèves, doit donc, s'il veut vivre, mettre un frein à la division du travail et s'orienter au contraire vers la constitution de main-d'œuvre et d'outillage interchangeables, stade considérablement inférieur au premier.

Quoi qu'il en soit, nous voyons que le travail humain est en voie d'idéalisation. L'homme bête de somme cède progressivement la place à l'homme intellectuel (1).

(1) Le travail ne sera pas pour cela plus gai qu'aujourd'hui. Surveiller un appareil enregistreur et appuyer sur un levier chaque fois qu'une aiguille dépasse un chiffre donné, contrôler avec un gabarit le travail fait par un tour, construire des courbes avec des chiffres dont on ignore la signification, manœuvrer toute la journée les mêmes leviers d'un même camion automobile qui suit la même route, ne sont pas des occupations follement intéressantes. Mais c'est ainsi que nous pouvons aboutir à l'accroissement considérable de la production par individu et à la diminution des heures de travail. Nous serons des machines pendant nos occupations, mais, si nous avons un esprit curieux, rien ne nous empêchera de consacrer le long repos que nous permettra cette organisation à des études scientifiques ou artistiques, à moins que nous ne préférions cultiver nos muscles par le sport.

III

Mais toute pensée, toute conception grandiose, n'a d'effet que si *elle se réalise*. L'intelligence nous indique les moyens pour accroître notre puissance, le capital nous les fournit.

On ne peut donner de définition biologique au capital, car il englobe des entités beaucoup trop différentes. La seule définition qui nous paraisse lui convenir est la suivante : c'est tout objet créé par l'homme (c'est-à-dire par la fixation du travail sur des matières premières) dont la destination ne soit pas une destruction immédiate au profit du consommateur.

Cette définition est vague, mais il ne peut en être autrement. Il n'existe pas en effet de ligne de démarcation brusque entre l'article de consommation et le capital. Un monument qui ne périra que par l'usure du temps, une machine à vapeur qui rend des services pendant 25 à 30 ans, sont évidemment des capitaux, tandis que le pain, la viande et tous les objets d'alimentation destinés à être détruits le jour de leur vente sont des articles de consommation. Mais qu'est-ce qu'un vêtement dont la durée dépasse un an ? Qu'est-ce que le linge de corps, le crayon ou le porte-plume ? Capitaux à usure rapide ou objets de consommation à durée prolongée ? Il est impossible de faire une réponse basée sur autre chose que sur l'arbitraire. En fait, nous avons coutume dans notre vie courante d'admettre au rang de capital tout objet dont la destruction demande au moins 4 à 5 années, les autres étant placés dans la catégorie de consommation : le crayon serait dès lors un objet de consommation et le stylographe un capital. Simple question de convention.

. . . .

Cette manière de faire nous paraît plus rationnelle que la division classique en capitaux fixes et capitaux circulants, termes qui dans la pratique nous paraissent souvent prêter à confusion. Réservant, ou à peu près, le mot de capital à ce que l'on désigne sous le nom de capitaux fixes, nous décrirons 5 catégories pour ce facteur, suivant le rôle biologique assigné à chacune :

1° Le capital de production proprement dit ou de création, qui permet à l'homme d'effectuer toutes les transformations de constitution, de forme, de lieu à faire subir aux matières premières, aux animaux et aux végétaux dont dépend l'homme, afin de multiplier ses moyens d'existence.

2° Le capital de protection, constitué par tous les objets qui mettent l'homme à l'abri de l'influence nocive des éléments et des autres espèces vivantes.

3° Le capital d'attaque et de défense, destiné à protéger la vie et les biens des individus contre les attaques des autres hommes et à fournir au besoin à la collectivité des moyens d'existence aux dépens d'une collectivité voisine (procédé général dans l'histoire des peuples).

4° Le capital artistique, variété propre à l'homme sur laquelle nous aurons l'occasion de revenir.

5° La monnaie.

. . . .

Le capital de production est à la base d'une vie intensive. Seul il permet à l'homme de multiplier ses objets de consommation. Il faut comprendre sous ce nom tous les objets intermédiaires capables d'agir plus efficacement et plus rapidement que le seul travail de l'homme sur la matière première, dans le but de lui faire subir toute transformation de forme, de constitution ou de lieu qui lui donnera son caractère d'objet utile à l'humanité.

Le capital de production comprend deux variétés : le capital créateur d'énergie et le capital outil de transformation.

Le capital, créateur d'énergie, n'a pendant longtemps eu qu'une faible valeur sur notre globe, Dans l'antiquité, la presque totalité des lourds charrois imposés par les constructions a été effectuée par des esclaves. Ce n'est qu'au douzième siècle que la découverte du trait permit d'utiliser le cheval comme moteur de traction. Au dix-septième siècle, par temps de calme plat, les navires étaient propulsés par des galériens.

La domestication des animaux et l'utilisation de l'énergie dynamique libéra l'homme du plus dur esclavage. N'oublions pas toutefois que, pour que l'animal travaille, il faut qu'il mange. Pour que le travail d'un animal soit utile, il faut qu'il soit moins pénible pour l'homme de produire la consommation de la bête de somme que de fournir directement le travail exigé de l'animal. C'est ce qui est. Un cheval exige de l'homme une consommation égale à la sienne. Il fournit dans le même temps une énergie dix fois plus considérable.

L'utilisation de l'énergie, avant toute transformation biologique, fit faire un pas encore plus grand à la civilisation. L'utilisation du charbon,

du pétrole, des chutes d'eau met à la disposition
de l'humanité des milliards de kilowatts. Cependant un pas reste encore à faire : l'énergie que nous
utilisons aujourd'hui sur une vaste échelle a déjà
subi plusieurs transformations où elle s'est dégradée. La chaleur solaire recueillie par les chutes
d'eau ne représente qu'une minuscule partie de
celle que reçoit le globe terrestre. Il nous faudra
plus tard transformer directement la lumière solaire en énergie électrique. Ce sera la grande tâche
de demain.

Les capitaux de transformation sont plus variés
et en conséquence plus difficiles à classer que les
capitaux producteurs d'énergie. On peut schématiquement les diviser de la manière suivante :

1° **Capitaux de transformation de constitution
interne.** — Outillage des industries chimiques, de
la sidérurgie, de la distillation de la houille, etc.

2° **Capitaux de transformation de forme.**

3° **Capitaux d'échange et de transport.** —
Comprenant non seulement tout le matériel roulant
et fixe de locomotion (voies ferrées, routes, canaux,
wagons, autos, navires, etc...), mais encore les
capitaux commerciaux, *es capitaux d'assurance* et les *capitaux bancaires*, destinés à réduire au minimum les mouvements, soit de monnaie métallique, soit d'objets manufacturés ou non.

Notons qu'une même entreprise utilise généralement en proportions variables ces diverses
variétés de capitaux et qu'un même capital peut
être à la fois classé dans plusieurs catégories.

Les capitaux agricoles répondent aux mêmes
indications. La terre doit être considérée comme
une vaste entreprise de produits chimiques, dans

laquelle le travail fait par la plante ou l'animal consiste à transformer des corps simples amenés à pied d'œuvre par l'homme en matières élaborées nécessaires à notre existence.

Dénier à la terre la valeur du capital, c'est vouloir ignorer l'immense labeur improductif que doit fournir l'homme sur un sol vierge avant d'en faire une exploitation capable de se couvrir des seules récoltes nécessaires à notre existence. La terre n'est pas une « matière première ».

Dans l'agriculture, les capitaux de transformation de forme et de constitution interne, c'est le sol ameubli et cultivé, auquel viennent se joindre le matériel de distillerie, de vinification... le matériel de labour, le cheptel (fabrique vivante transformant des plantes inassimilables par l'homme en produits protoplasmiques alimentaires); ce sont nos minoteries, nos boulangeries, nos sucreries, raffineries, etc...

Si nous suivons l'évolution de la production, nous voyons donc que, dans un pays, la base est constituée par les capitaux de transformation de constitution interne (production des céréales, de la viande, du fer, du bois).

. . . .

L'homme n'aurait que faire de son capital de production s'il pouvait se mettre à l'abri des multiples dangers que la nature a semés à chacun de ses pas. C'est pour parer à ces embûches qu'il constitue le capital de protection. Celui-ci comprend :

1° L'habitation, dans la mesure où elle est nécessaire à une vie saine et hygiénique (les hygiénistes admettent qu'un cubage d'air de 30 mètres est suffisant par personne), et le mobilier. Au dessus d'une certaine limite difficile à préciser, l'habitation et le mobilier deviennent du capital de protection.

2° Les capitaux d'hygiène, — Les recherches de Pasteur et de ses élèves ont révélé à l'homme tout un monde d'ennemis nouveaux. Il a fallu créer contre eux une organisation offensive et défensive. Cette lutte a déjà fait disparaître de nos régions des maladies comme la rage, la peste, la variole, le choléra. Elle se poursuivra sans répit, nous l'espérons, contre celles qui, encerclées, se défendent encore, telles que la typhoïde, la scarlatine, la syphilis et abattra sans nul doute les deux plus terribles : la tuberculose et le cancer.

Mais ce qu'il faut voir et comprendre, c'est que la lutte n'est possible qu'avec un capital considérable et spécialisé.

La typhoïde exige, pour être combattue, des installations très coûteuses d'adduction ou de stérilisation d'eau. Demain, il faudra créer des laboratoires préparant industriellement les vaccins préventifs ou les sérums curatifs.

La lutte contre la variole a demandé la création des laboratoires de vaccins anti-varioliques et l'entretien d'une « main-d'œuvre » médicale destinée à en faire l'application.

La lutte contre la syphilis exigerait, outre la construction d'usines destinées à produire les substances chimiques efficaces, la création de tout un système prophylactique de dispensaires coûteux à entretenir.

En attendant le jour où pourra se faire l'immunisation contre la tuberculose, nous en sommes réduits, pour cerner l'affection, à envisager des mesures préventives et curatives demandant un capital considérable : locaux d'habitation vastes et aérés, dispensaires pour tuberculeux au premier degré, hospitalisation et retrait de la circulation des malades ayant des lésions ouvertes, stérilisation des objets souillés, instrumentation (radiographie) pour mettre en évidence les lésions ou les bacilles (laboratoires de microbiologie).

Si les Allemands, les Anglais et les Américains nous ont devancés dans cette lutte contre la maladie, ce n'est pas parce qu'ils ont des savants supérieurs aux nôtres, la science se trouve partout et nous avons fait plus pour elle que tout autre pays. Mais l'application demande un capital qu'il est impossible d'obtenir en France à bref délai, comme nous le montrerons.

. . . .

Le capital d'attaque et de défense est constitué par le matériel (objets et locaux) utilisé par la police et la justice à l'intérieur, tandis que l'armée en constitue l'armature pour la politique extérieure. La nécessité de ce capital saute aux yeux et ce ne sont pas les lamentables débuts de la Société des Nations qui nous laissent prévoir une ère où la moralité universelle rendra inutile toute force de répression.

. . . .

Le capital de luxe, qui comprend le capital artistique, constitue la quatrième catégorie de capitaux. Nous insisterons ultérieurement sur le rôle que ces objets sont appelés à jouer dans la production proprement dite et la place qui doit leur être réservée dans la vie courante.

. . . .

La monnaie constitue le cinquième groupe. Mais il faut comprendre sous ce nom le métal seul qui a une valeur par lui-même. Cette restriction ne préjuge en rien d'un système monétaire, car nous sommes persuadés, pour des raisons qui ne peuvent trouver place ici, que les échanges ne se régleront plus dans l'avenir qu'à l'aide de papier et non de métal. Mais le papier ne sera jamais un capital au sens que nous avons réservé à ce mot, et, si nous venons à réaliser un système strictement fiduciaire derrière lequel ne se trouvera aucune garantie métallique, nous n'aurons pas le droit, quand nous ferons le bilan du pays, de porter à l'actif la valeur de la monnaie circulante.

CHAPITRE III

LA PRODUCTION (*suite*).

I. — La constitution du capital. L'épargne.
II. — Détermination du nombre des travailleurs par le
capital. La méthode de Taylor.

I

Le rôle du capital est si important dans toute
société et sa signification est si mal comprise
dans certains milieux, que nous nous croyons
obligés de rappeler brièvement ce qu'il représente
et quel est son mode de constitution.

Le capital est créé par l'épargne, c'est-à-dire
par l'accumulation d'objets de consommation dé-
tournés de leur but primitif. Il importe d'étudier
avec soin par quel mécanisme se fait cette transformation d'objets, alimentaires pour la plupart, en
outillage, constructions, etc...

Supposons qu'une collectivité veuille creuser
un canal et que sa création nécessite pendant deux
ans l'emploi de 1.000 hommes (entrepreneurs, ingénieurs, contre-maîtres et ouvriers). Pendant
deux années, ces hommes vont mener un travail de
terrassement et de maçonnerie qui ne leur donnera

aucune production utilisable pour leur existence. Cependant ils ont des besoins à satisfaire et il est indispensable de leur procurer des moyens d'existence.

Cette exigence ne pourra être remplie que si l'entrepreneur possède une réserve d'objets de consommation (aliments, vêtements...) égale *aux besoins de mille travailleurs pendant deux années.*

Si l'entrepreneur n'a pas ces denrées en nature (et en pratique il ne les a pas) il possède cependant des titres (monnaie, effets commerciaux, etc...) qui lui permettent à n'importe quel moment d'entrer en possession de la fraction *du stock* nécessaire sur l'heure. Il faut donc qu'il existe derrière les titres possédés par l'entrepreneur une quantité déterminée d'objets de nécessité.

Toutes les organisations de crédit n'iront pas à l'encontre de ce fait. Si elles sont parfaites, elles permettront de réduire au minimum le transport des objets de consommation, elles sauront éviter l'immobilisation sans raison des objets épargnés longtemps avant la prise de possession par l'entrepreneur, mais elles ne permettront pas de créer quelque chose avec rien, de constituer une richesse en faisant tourner la machine à imprimer les billets.

Si la nation est fermée aux transactions étrangères, il est indispensable que les réserves portent uniquement sur des denrées de consommation et *suivant la proportion exacte des besoins.* Ces échanges internationaux permettent, au moins dans une certaine mesure, de pallier à cette nécessité. Il se peut qu'une nation riche se démunisse de ses réserves sans accepter aussitôt l'importation d'objets de même valeur, mais la créance devra toujours être soldée, nécessitant un jour ou l'autre de la collectivité, créatrice de capital, la constitution d'un stock de prélèvement sur sa production. Seule la production peut créer la richesse et sans elle, ni le crédit, aussi bien organisé soit-il, ni les échanges, ne peuvent avoir la moindre action.

. . . .

Nous venons de prendre un cas très simple ; nous avons supposé en effet que la machine n'intervenait pas dans la constitution du capital. Nous allons voir que toutes les constitutions de capital se ramènent en définitive à la même conception.

Soit par exemple une locomotive à créer. Nous aurons besoin, pour arriver au but : de matières premières (fer, cuivre, etc...) de travailleurs agissant sur ces matières premières par l'intermédiaire de machines plus ou moins compliquées.

Notre épargne devra donc en principe être constituée : de matières de consommation pour les travailleurs (comme dans l'exemple du canal), d'un stock ouvrable de matières premières et d'un stock de matières destinées à alimenter les machines qui servent à la construction (charbon, huile, etc.)

Mais le stock de matières d'entretien pour la machine n'a pu être constitué que parce que des mineurs, des raffineurs, etc..., ont travaillé et produit ce stock. Or ces hommes qui ne peuvent *consommer leur production réelle* doivent en réalité être entretenus par un prélèvement consenti par la collectivité sur les denrées de consommation humaine.

De même le fer, le cuivre ont été extraits par des mineurs, traités par des métallurgistes qui, eux non plus, ne peuvent consommer ce qu'ils produisent. D'où nécessité pour la collectivité d'accorder à ces ouvriers des articles de consommation, *sans échange possible actuel avec des objets représentant des moyens d'existence*, dans la mesure où ces objets sont indispensables à la vie des travailleurs.

Or la collectivité n'a pu faire vivre ces travailleurs en les occupant à des tâches stériles *sur l'heure*, que parce qu'elle avait pu réserver sur sa production d'objets consommables un stock égal en valeur à la valeur du capital au moment où il est livré pour entrer en usage. C'est dire qu'une locomotive ne sera créée que si la nation accepte une épargne d'objets de consommation qui lui soit égale en valeur, et ne pourra pas être créée en dehors de ce mécanisme.

. . . .

Ceci nous montre que dans le monde des travailleurs il convient de faire une place à part aux producteurs de l'épargne. La vie de cette catégorie est liée à l'esprit d'épargne de la nation. Les producteurs des objets de consommation ont sur place ce qui est nécessaire ; leur travail est-il divisé, ils sont en mesure d'effectuer l'échange *immédiat* de leur production contre des articles qui leur sont nécessaires. Le producteur de l'épargne ne peut donner, lui, qu'une promesse en échange des denrées qui sont nécessaires à son existence. Sa situation, en période de disette alimentaire, est donc grave ; il a besoin comme tout homme de moyens d'existence égaux chaque jour,

tandis que le producteur d'objets de consommation peut attendre plusieurs semaines ou même
plusieurs mois avant de rénover son outillage.

.   .   .   .

L'homme est sollicité par deux désirs entre lesquels il hésite ; ou bien sacrifier l'avenir et jouir
sans réserve de l'heure présente ; ou bien, redou-
tant des heures pénibles, se priver aujourd'hui
pour assurer le lendemain. Cette seconde menta-
lité est seule compatible avec le progrès humain ;
c'est elle seule qui peut assurer l'avenir des enfants. Il s'en faut malheureusement que l'homme
soit du haut en bas de l'échelle sociale pénétré de
cette vérité. L'esprit d'épargne et de prévoyance
est une qualité surtout réservée aux classes élevées ; il est certain que si la totalité des revenus
d'une nation était, en l'état actuel de l'éducation
de la masse, remise aux travailleurs suivant leur
apport personnel, il n'y aurait plus de possibilité
d'épargne nationale. De nombreux faits vont à
l'appui de cette affirmation.

Au cours de la guerre, de nombreuses augmen-
tations de salaires ont été accordées, avec effet
rétroactif. Les rappels qui ont été consentis auraient pu et auraient dû être épargnés. On sait
qu'il n'en a rien été. Charmés de l'aubaine, les bénéficiaires ont fait des dépenses totalement inutiles qui ont abouti au gaspillage d'objets de consommation dont le stockage eût été sérieusement
utile à l'heure présente.

Bien souvent des ouvriers font de petits héritages ; on sait que, le plus souvent, cesh éritages
sont gaspillés en achats somptuaires, sans aucun
rapport avec la situation de l'individu.

Nous n'accusons pas la masse de son imprévoyance. Habituée à vivre parcimonieusement, obligée de renoncer aux multiples tentations de la vie moderne, elle ne peut résister au désir d'améliorer brusquement son sort, quand l'occasion s'en présente.

Le régime du patronat a précisément eu l'heureuse influence de constituer très rapidement du capital et par suite d'améliorer en quelques années les conditions de la masse.

Si les ₜpatrons versaient intégralement à leurs ouvriers la valeur de leur production, l'épargne serait minuscule. La construction des vastes entreprises qui caractérisent l'Amérique, la réfection de notre outillage seraient ajournées à des époques très éloignées.

Il est faux de prétendre que les prélèvements effectués par le patronat sur la production du prolétaire constituent un profit servant uniquement à l'industriel. Chacun sait que la majeure partie des sommes ainsi prélevées ne servent pas à la satisfaction de besoins strictement personnels et familiaux ; ils servent à la création de nouvelles entreprises sur le territoire. Or ces entreprises ont été construites par les travailleurs de l'épargne. Le bénéfice ou profit patronal représente donc pour sa presque totalité les salaires de ces travailleurs. Supprimez-le par l'application d'un système à la Lénine et vous réduirez aussitôt au chômage toutes les industries qui, dans un pays, entretiennent et accroissent le capital national. Ni les événements de Hongrie, ni ceux de Russie ne vont contre cette affirmation.

Est-ce à dire que le régime du patronat soit *le*

seul qui permette la constitution rapide de l'épargne, du capital, et l'amélioration du bien-être de tous. Nous ne voulons nullement être aussi absolus. Il est possible que l'avenir nous réserve un nouveau mode de prélèvement sur la production, équitable et volontairement consenti, qui ait les avantages du profit patronal (épargne centralisée et considérable) sans aucun de ses inconvénients (danger de l'utilisation de l'épargne pour des entreprises sans bénéfice pour le prolétaire).

. . . .

Cette rapide revue de l'épargne nous permet les conclusions suivantes sur lesquelles nous aurons souvent à nous appuyer.

1° Le capital ne peut être constitué que par un *prélèvement sur la production totale des objets consommables*. Cette réserve, faite au détriment du présent, permet à la collectivité d'entretenir, pendant une durée déterminée par la grandeur de l'épargne, un nombre donné d'ouvriers (travailleurs de l'épargne) dont le labeur créera l'une des nombreuses variétés de capitaux.

2° Au fur et à mesure que l'accumulation de capital permettra aux travailleurs de produire davantage, à travail égal, on voit qu'une *même épargne d'objets consommables déterminera la constitution d'un capital sans cesse croissant*. Autrefois un homme mettait huit jours pour faire un filet de pêche, d'où la nécessité pour obtenir ce résultat d'une épargne de 8 jours d'objets consommables. Aujourd'hui avec les machines le même travail exige trois heures, c'est-à-dire que la même épargne permet la constitution d'un capital 20 fois plus grand, compte tenu des frais de marche, d'entretien et . d'amortissement de la machine ([1]).

3° Si les échanges internationaux sont difficiles ou impossibles, il sera nécessaire que l'épargne soit constituée par un stock de réserve, comprenant des objets consommables *dans la mesure exacte des besoins des travailleurs* employés à la création de capital.

Ainsi, supposons une surproduction de papier. On pourra créer un stock de réserve de papier, mais celui-ci sera incapable de créer du capital, s'il n'existe pas dans le monde une nation manquant de cette matière et acceptant son importation contre l'exportation de denrées nécessaires à la vie. Au contraire une épargne de blé, de viande, de vin, en un mot de denrées indispensables à la vie permettra avec le maximum de facilité la création de capital. C'est dire l'importance actuelle d'une politique agricole à gros rendement.

4° Dans l'état actuel de l'éducation de la masse, il est indispensable que l'épargne soit prélevée sur la production par un nombre minime d'individus constituant la classe « capitaliste ».

II

Le capital outil de transformation et moyen de

(1) Notons en passant que la répercussion de ce fait détermine une diminution progressive de la valeur d'un capital, en dehors de toute question d'usure : une automobile valait 25.000 francs il y a 15 ans. Une voiture de même valeur mécanique coûtait en 1917, 5.000 francs en Amérique (dans les comparaisons de prix, il faut bien entendu faire les corrections dues à la variation du pouvoir d'achat de la monnaie).

protection est le plus puissant levier de l'humanité. Il est le complément indispensable de l'intelligence qui, sans lui, serait incapable de réaliser ses conceptions les plus élémentaires. Mais,
libérant l'homme de la nature, il le rejette dans
une nouvelle dépendance : la sienne. L'homme ayant
forgé ses outils en est devenu l'esclave. Il pré-
fère ne pas vivre que d'en être réduit aux conditions de ses ancêtres ; et, le voudrait-il, qu'il ne
le pourrait pas. Habitué à modeler le milieu à son
gré, l'homme moderne perd progressivement la
faculté inverse si répandue dans les espèces in-
férieures : l'adaptation. Il est exact que nous sommes plus sensibles aux profondes modifications de
nos habitudes que nos vigoureux ancêtres, et la
gravité des épidémies de grippe engendrées au
cours de la guerre, dans une population qui avait
dû restreindre assez modérément son confort, tient
peut-être à ce que nous avons perdu l'habitude de
réagir aux souffrances et aux privations.

L'introduction dans l'industrie et l'agriculture
d'un outillage spécialisé, exigeant une formidable
énergie mécanique, permet sans doute d'accroître
démesurément la *production par travailleur*,
mais cet avantage considérable, que combattent
seuls quelques esprits rétrogrades, a, comme toute
médaille, son revers. Le côté sombre de notre
civilisation, c'est la dépendance rigoureuse de
l'homme à la machine, créant pour le travailleur
l'impossibilité de trouver du travail en tout lieu et
à tout instant.

Quelques exemples vont nous faire toucher du
doigt ce rapport presque invariable existant entre
le nombre des travailleurs et le capital existant.

Soit une entreprise industrielle possédant un nombre déterminé de producteurs ayant chacun un poste fixé à l'avance : les uns sont occupés à la force motrice, d'autres aux machines-outils, d'autres à la manutention des premières matières et des objets ouvrés, les derniers à la direction, la comptabilité, la partie commerciale, etc... Que se passera-t-il le jour où 1.000 ouvriers nouveaux (supposons que le nombre des ouvriers existants soit aussi de 1.000) désireront obtenir du travail dans la même usine. Une machine-outil qui fonctionne avec un seul ouvrier, une machine à vapeur qui n'a besoin que d'un mécanicien ne peuvent produire davantage avec deux ouvriers au lieu d'un, si l'on admet que légalement *la durée du travail ne doit pas excéder une fraction déterminée de la journée*. Si, par philanthropie, ou sous la poussée de l'opinion, le patron ou le directeur de l'entreprise acceptent ces nouveaux ouvriers dans leur usine, le rendement restera invariable et il en résultera obligatoirement pour tous une diminution de salaire de 50 p. 100.

Le même raisonnement s'applique aux maisons de commerce. Supposez un grand magasin occupant 2.000 employés. Chaque employé a son poste assigné dépendant de l'étendue des locaux, du nombre des rayons, du chiffre des affaires. En l'état actuel de celles-ci (qui sont à peu près indépendantes du nombre des vendeurs), 2.000 employés suffisent à assurer le travail.

Essayez d'en faire entrer arbitrairement 1.000 nouveaux ; ce sera pour eux le chômage ou pour les 2.000 autres une diminution de salaire. La surface labourée par un cultivateur est sous la dépendance de sa charrue; 6 hommes conduisant cet outil ne feront pas plus de travail qu'un seul. Mais un homme avec un tracteur fera plus de travail que 6 hommes avec 12 chevaux.

Ces réflexions nous conduisent à conclure qu'il existe dans la collectivité, un *nombre maximum* de travailleurs, déterminé par le capital existant. Si le capital est à un moment donné plus considérable que la main-d'œuvre disponible, on aura une crise par défaut; si au contraire la main-d'œuvre est en excédent, ce sera le chômage d'une fraction de travailleurs.

A égalité de valeur, un capital occupe plus ou moins de bras. Tout dépend du perfectionnement des méthodes de production, de la valeur du capital de protection, de l'armement, etc... Toutefois, il est faux de croire qu'un capital est d'autant plus utile à la masse qu'il occupe davantage de bras. C'est l'antique hérésie, reprise par certains économistes dont Sismondi, qui regrettait la suppression de la meule à bras, prétendant que l'on supprimait ainsi le gagne-pain de ceux qui y étaient occupés. C'est l'erreur d'hier des ouvriers luttant contre le machinisme en Angleterre.

Il est exact que l'échange d'un capital contre un nouveau capital, produisant une même quantité avec une main-d'œuvre moindre, peut créer une crise pénible dans le monde du travail. Mais la crise ne dépend pas de la machine; elle dérive de la répartition défectueuse de ses produits.

Lors de l'apparition des machines-outils et de l'énergie mécanique en Angleterre, il y eut une vague de paupérisme. Elle est facilement explicable. Des tissages, des industries sidérurgiques purent, sans diminuer leur production, abaisser de 50 à 60 p. 100 la main-d'œuvre. La production n'ayant pas varié comme quantité aurait, semble-t-il, dû assurer le même confort, à égalité de répartition. Mais les propriétaires (égoïstes comme les hommes de tous les milieux) spéculèrent sur l'excès de la demande et achetèrent très au-dessous de sa valeur réelle l'effort de l'ouvrier. Les salaires, au lieu d'augmenter, comme l'eût permis un accroissement de rendement, diminuèrent, en raison de la lutte pour la vie dans laquelle les patrons avaient le dessus. Ceux-ci purent réellement ne donner à leurs ouvriers que le *salaire minimum*. Quant à l'armée de réserve des sans travail. son existence précaire fut péniblement assurée par l'aumône, ou par quelques maigres rémunérations intermittentes.

Il convient cependant de ne pas oublier que la production nationale restait pour le moins égale, pendant que diminuait la consommation moyenne de la famille. Le profit patronal s'en trouvait très fortement accru. Mais ce profit ne pouvait servir à l'industriel. La surproduction de drap, de bonneterie, de cotonnades ne pouvait, en toute logique, être absorbée par le patronat, puisqu'il ne l'était pas par la masse. Il en résultait une épargne grandissante d'autant plus facile à échanger que l'Angleterre était à l'époque le seul pays du monde ayant une importante production mécanique. Progressivement et rapidement, il en résulta la création d'un immense capital productif, tandis que très naturellement disparaissait la crise de chômage, le nombre d'emplois croissant à nouveau, à mesure que croissait le nombre des outils.

Les ouvriers de la génération suivante ont ainsi très largement profité de la génération précédente, et l'on sait en effet, qu'à partir de 1860, la crise ouvrière diminua, puis disparut pour faire suite à un équilibre entre l'offre et la demande, accompagné d'une valeur très élevée des salaires.

On peut donc affirmer que le grand confort de l'ouvrier anglais de 1900 a été payé par la misère du prolétariat, de 1820 à 1850. Avouons cependant, pour être justes, que les patrons de 1820 ne songèrent pas, quand ils exploitèrent leur main-d'œuvre, au bien-être du prolétariat de la deuxième génération. Ils crurent surtout viser leur intérêt propre, et furent les bienfaiteurs du peuple, sans le vouloir.

Karl Marx, observant le prolétariat anglais en période de crise, constatant ensuite une crise analogue en Allemagne au moment de l'industrialisation de ce pays, pouvait donc croire fondée sur des bases solides sa théorie de la surpopulation ouvrière, fatale, d'après lui, avec le régime capitaliste. Les événements ont cependant ruiné ses déductions. Avant la guerre, l'Angleterre et l'Allemagne souffraient d'une crise inverse. L'Amérique manquait d'ouvriers malgré un apport annuel de 1 million d'émigrants. Un observateur qui aurait généralisé sur ce fait aurait conclu à la fatalité, dans la société moderne, d'un défaut permanent de travailleurs. Cette évolution en sens inverse se comprend au contraire fort bien quand on constate l'accumulation formidable de richesses productives qu'Anglais, Allemands et Américains constituaient chaque année. Le capital marchait plus vite que la main-d'œuvre et la libération de travailleurs produite en remplaçant du capital ancien par du capital à rendement supérieur, ne suffisait plus, jointe à l'appoint annuel des immigrants et à l'excédent des naissances sur les décès, pour saturer le capital créé par l'épargne.

Nous concluons donc : Soit C_1 le capital de production *travaillant* [1] a un instant donné dans la nation. Si nous appelons T_1 le nombre de travailleurs affectés à son emploi, nous voyons que, étant donné la législation et les coutumes du pays, qui assignent au travail une durée déterminée dans la journée et dans la semaine, il existe pour le rapport $\dfrac{C_1}{T_1}$ une valeur déterminée par la constitution du capital C_1. Le nombre T_1 est donc déterminé par C_1.

Si la catégorie productive de la nation est au-dessous de T_1, elle devra se compléter par l'immigration.

Si elle est au-dessus du chiffre assigné, elle sera réduite au chômage ou à l'émigration [2] dans un pays possédant des capitaux en excès.

Ainsi donc, nous voyons qu'à chaque instant le capital détermine une valeur pour T_1. Cette valeur est-elle absolue et la constitution du capital interdit-elle les moindres variations ? Nous allons prouver le contraire et déterminer les conditions

---

[1] Cette loi schématique est juste dans l'ensemble et fausse dans ses détails. Nous avons précisé *capital travaillant*, car la création d'un capital ne rend pas nécessaire son fonctionnement. Une entreprise peut faire faillite et ne jamais pouvoir fonctionner sous l'influence de causes générales que nous ne pouvons exposer ici sans sortir des limites que nous nous sommes tracées.

[2] Mais non nécessairement à la misère, car la production par travailleur peut être considérable et permettre, si la répartition est équitable, que la consommation moyenne soit élevée pour chacun.

capables de faire varier T_1 dans un sens ou dans l'autre.

Supposons donc un pays possédant un capital total C_1 déterminé, exactement saturé par un nombre T_1 de travailleurs. La constitution de notre société et la concurrence, heureusement permise par le régime du patronat et de la liberté commerciale, font que tout directeur d'entreprise cherche à utiliser le minimum de main-d'œuvre chez lui.

On peut donc dire que le coefficient $\dfrac{C_1}{T_1}$ est toujours maximum pour la faculté moyenne d'organisation de l'élite d'un pays.

Et cependant, le nombre ainsi obtenu dans la presque totalité des entreprises humaines, en France plus qu'en Angleterre, en Angleterre plus qu'en Amérique, est inférieur au nombre minimum absolu : il y a presque partout gaspillage de main-d'œuvre.

C'est à Taylor que revient le mérite d'avoir montré, par une étude scientifique de l'organisation du travail, que la plupart de nos exploitations fonctionnent avec une main-d'œuvre trop considérable : le capital peut, avec quelques modifications faciles à réaliser, produire autant avec 2, 3 fois moins de travailleurs. Dans des observations préliminaires, le remarquable industriel avait montré la possibilité d'obtenir d'un porteur de gueuses de fonte, d'un maçon, un rendement double à l'aide du même matériel. Puis, étendant ultérieurement ses recherches à l'étude de tous les rouages des entreprises industrielles, il a généralisé sa théorie et prouvé qu'une méthode scientifique de répartition du personnel dans les subdivisions technique, commerciale et financière d'un établissement permettait un rendement égal avec un personnel très inférieur. Les élèves du maître américain, après de patientes recherches cinématographiques, ont à leur tour établi d'excellentes méthodes pour amener l'ouvrier à éviter tout geste, tout mouvement inutiles, tandis qu'ils étudiaient des dispositifs simples, faciles à installer (casiers pour les pièces de montage, chemins roulants, amenant sous la main de l'ouvrier les pièces dont il a besoin, boîtes à outils bien étudiées) permettant l'utilisation maxima du capital de production.

Nous ne saurions trop suivre dans cette voie l'exemple qui nous vient d'Amérique et unir tous nos efforts à ceux du professeur Le Châtelier qui s'est fait en France l'ardent défenseur du « taylorisme ». Si nos commerçants savaient grouper leurs commandes, si nos compagnies de chemins de fer consentaient les quelques terrassements nécessaires pour rendre pratiques les chargements des wagons, si nos agriculteurs savaient créer et entretenir des équipes agricoles disciplinées, si l'Etat exigeait des grandes administrations et de sa bureaucratie du travail modernisé, si l'armée avait des chefs rompus aux questions de rendement, nous nous apercevrions que la France, même après la saignée qu'elle vient de subir, ne manque pas de main-d'œuvre. Mais sachons bien que ce travail d'organisation ne peut être le fait de la masse; seule l'élite intellectuelle est capable de mener à bien une pareille tâche.

Toutefois, cette libération progressive de main-d'œuvre n'est pas sans inquiéter nos milieux ouvriers qui voient dans le procédé un moyen de diminuer leur position vis-à-vis du patronat par la création d'une armée de « sans-travail ». L'argument est de poids et nous ne saurions méconnaître le danger que courrait une classe ouvrière dont une importante proportion serait réduite au chômage. Nous verrions sans nul doute se produire une nouvelle vague de misère et d'exploitation honteuse de la main-d'œuvre. Nous aurions créé pour la masse une formidable menace d'oppression économique.

C'est pourquoi il est indispensable de supprimer le chômage suite du taylorisme. La question est loin d'être insoluble, et l'on peut y remédier par toute une série de mesures :

1º Le travail de nuit, ou du moins l'allongement de la durée du travail journalier qui pourrait, en deux équipes, s'échelonner de 6 à 24 heures ; travail du dimanche avec repos hebdomadaire par roulement. Cette mesure, dont l'application serait possible dans toutes les industries destinées à produire des objets de nécessité, absorberait une main-d'œuvre considérable ;

2º Suppression du travail de l'enfant, attribution aux femmes enceintes ou allaitant d'allocations élevées pendant une durée plus ou moins grande, et toute œuvre sociale, que nous ne pouvons réaliser avant d'avoir taylorisé la production.

La réduction des heures de travail comme mesure primitive est une erreur économique. Elle est capable de diminuer le chômage, au même titre que les mesures précédentes, mais elle s'accompagne *fatalement* d'une diminution de salaire. Si le salaire fiduciaire est maintenu, le prix de la vie s'élève corrélativement. C'est pourquoi .

la réduction des heures de travail doit être com.-
battue. S'il est vrai que certains ouvriers, faisant
des travaux très pénibles ou très insalubres, ne
peuvent, sans grave danger pour leur santé, travailler plus de 8 heures, beaucoup de professions,
qui exigent la présence plus que l'effort, peuvent parfaitement être exercées pendant au moins 10 heures
par jour. A l'heure actuelle, des enfants souffrent
parce que notre production est insuffisante pour
les nourrir. Or, un père qui peut travailler davantage et refuse de le faire, au nom d'une théorie se
disant humanitaire, est un criminel.

NOTE

Dans ce chapitre, comme dans les suivants, nous
parlons de valeurs et nous comparons des valeurs.
Les faits nous montrent en effet, que dans tout milieu
humain déterminé, il existe une valeur à peu près
établie pour chaque article. La valeur est donc un
fait, que nous n'avons pas le droit de discuter. Nous
indiquerons ultérieurement les réserves qu'il convient
de faire dans certaines évolutions susceptibles de mo-
modifier brutalement les échelles de valeurs.

Cependant il n'y a pas lieu, à notre sens, d'essayer
d'établir primitivement une théorie de la valeur, pour
établir consécutivement une théorie de la production
et de la population. La valeur est dans le domaine
économique une donnée analogue à la pression dans
le domaine physique. Elle est due à une somme d'actions individuelles aussi élevée que le nombre des
habitants de la nation, chaque action individuelle

étant elle-même sous la dépendance d'une somme incommensurable de mobiles psychiques, c'est-à-dire biologiques. On peut dire que chaque homme est un facteur dans le problème de la valeur.

A quoi servent désormais les équations mathématiques dans un problème aussi ardu ? Que la valeur soit une fonction définie à chaque instant, l'expérience nous le démontre. Mais nous ne connaissons pas les variables de la fonction ; tout raisonnement sur elle est donc de la spéculation pure.

De même, nous estimons à juste titre que la pression est la somme de tous les mouvements moléculaires qui se passent dans un gaz. Comme nous ne connaissons rien ou peu de choses des mouvements moléculaires, nous devons enregistrer les pressions sans en connaître exactement la nature intime. Cette ignorance ne nous a pas empêchés de découvrir les lois schématiques qui relient volume et pression, et nous avons pu tirer de ces données des applications industrielles extrêmement intéressantes.

CHAPITRE IV

LE RENDEMENT DU CAPITAL

I

Nous possédons maintenant les données suffisantes pour aborder le problème du fonctionnement du capital. Nous connaissons son mode de constitution et nous savons, qu'une fois créé, il utilise un nombre déterminé d'ouvriers. Supposons maintenant que le vaste organisme, que nous avons essayé jusqu'alors d'étudier au point de vue statistique, se mette en marche, et voyons les résultats de cette collaboration — capital, travail.

Un ouvrier possédant un outillage rudimentaire et peu spécialisé n'est pas rigoureusement l'esclave de son instrument : l'adresse personnelle, l'activité et l'initiative individuelles jouent un rôle considérable dans la rapidité et la valeur de la production. De nos jours, la spécialisation croissante et l'automatisme tendent, avec l'unification des méthodes, à supprimer ces contingences. La machine, tournant à une vitesse donnée constante, livre en série des objets semblables, et le travail réel de l'ouvrier se borne à un rôle de surveillance et aux quelques mouvements réflexes destinés à la manœuvre de l'outil (1).

Le vrai travail d'intelligence a précédé l'exécution : c'est celui de l'ingénieur qui a conçu l'instrument et ses liaisons mécaniques, de l'organisateur qui a su accumuler les réserves nécessaires à son établissement, de l'ouvrier spécialisé — *skilled man* des Américains — qui a construit les moules de fonderie, a usiné les pièces de la machine. Celle-ci, une fois créée, déterminera pendant toute sa durée la quantité d'objets fabriqués qu'elle débite : tout au plus, un bon ouvrier pourra-t-il, par une attention soutenue, accélérer le travail de son outil, légitimant ainsi les barèmes de primes graduées à la production.

Ce déterminisme de la production par le capital, que nous touchons du doigt dans la fabrication en série des grandes usines équipées à l'américaine, est cependant presque aussi rigoureux dans le domaine agricole : un sol cultivé avec des outils d'un modèle donné, par des méthodes culturales en cours (ancien système des jachères ou système moderne des cultures alternes) ne dépend pas du

____

(1) Des événements récents ont mis cette vérité en évidence. Les syndicats ouvriers, ayant promis de produire autant en 8 heures qu'en 10, se sont aperçus que cette promesse était inexécutable, car la vitesse de production dépend de la machine et non de leur bon vouloir. Le maintien de la production, coïncidant avec une diminution des heures de travail, est impossible à réaliser avant la réfection de l'outillage.

plus ou moins de main-d'œuvre affecté au travail. Le nombre des travailleurs T, étant déterminé par l'outillage et par les méthodes employées, il est impossible d'accroître le rendement d'une terre sans recourir à des procédés nouveaux ayant pour caractéristique de créer du capital. C'est ainsi qu'un système quelconque d'irrigations, nécessitant des travaux improductifs sur l'heure, pourra dans l'avenir accroître les rendements à l'hectare dans certaines régions recevant une quantité d'eau de pluie insuffisante.

C'est ainsi que l'emploi en grand d'engrais minéraux exigera l'exploitation de gisements ou la création d'usines de produits chimiques.

Dès lors, dans une étude ayant pour but, non la répartition de la production, mais la création des moyens d'existence, il devient logique de faire entrer un facteur nouveau : *le rendement brut* du capital, π. Nous désignerons sous ce nom le rapport des valeurs $\dfrac{\Pi}{C}$ de la production *totale* créée par une série de producteurs T, à la valeur du capital utilisée par ces producteurs au même instant (création, protection, défense, luxe, etc...)

. . . .

Nous aurions toutefois une conception fausse de la production si nous nous bornions à l'étude du coefficient précédent. Tout n'est pas bénéfice pour l'homme dans la différence existant entre le rendement sans capital et le rendement avec capital. De même que l'homme ne fournit un travail qu'à la condition essentielle de se réserver pour ses besoins une part plus ou moins importante, de même le capital exigera une alimentation spéciale.

L'animal producteur d'énergie réclame, pour fournir son effort, du foin, de l'avoine, une étable ; le moteur à vapeur exige du charbon, de l'huile ; la machine-outil des matières de graissage ; la terre des engrais annuels, des semences.

Il devient donc indispensable de défalquer de la production totale une part plus ou moins considérable, destinée à l'alimentation du capital. C'est ce que nous appellerons la consommation du capital.

. . . .

Une fois cette soustraction faite, nous n'aurons pas encore obtenu la production à répartir entre la population. En effet, le capital une fois créé n'est pas éternel, sa vie est limitée et d'autant plus courte que le travail auquel il a été astreint a été pénible.

Une machine-outil est bonne à jeter à la ferraille au bout de 10 ans. Une locomotive est invalide au bout de 30 ans. Les rails doivent être remplacés au bout de 6 à 8 ans ; les maisons tombent en ruines après une centaine d'années, et les plus belles œuvres d'art sont méconnaissables au bout de 15 à 20 siècles.

Un sol, dans la mesure où il représente un capital, est usé en quelques années si l'on ne vient à son secours par une foule de procédés.

Pour que l'homme puisse toujours avoir à sa disposition la même quantité de capital, il doit le remplacer au fur et à mesure de sa disparition. Étant donné le mode de création du capital, ce remplacement ne peut être fait que si la collectivité accepte chaque année de pourvoir aux besoins d'un certain nombre de travailleurs, improductifs sur l'heure, en leur abandonnant un stock d'objets consommables égal en valeur à la valeur de la quantité de capital à remplacer par an. Nous appellerons cette valeur l'*amortissement*, valeur qui, capitalisée, devra être retranchée de la production totale pour obtenir la production réellement consommable.

L'amortissement n'est pas un procédé de progression si les méthodes et l'organisation du pays s'immobilisent dans une même routine. Cependant si un peuple, par son épargne et son esprit de décision, accroît rapidement le rendement brut de son capital, il y aura possibilité, pour reconstituer un même outillage, de diminuer sans cesse la valeur réelle de l'amortissement.

Un exemple va nous montrer cette évolution : un individu possède un lit et, se basant sur des observations antérieures, admet qu'il devra le remplacer au bout de 50 ans. S'il a payé ce lit 100 francs, il devra constituer un amortissement de 2 francs par an.

Mais, arrivé au terme de l'usage, le lit peut être remplacé dans des conditions toutes différentes. Alors que le lit primitif, en bois, avait dû être fait par un menuisier en 5 journées de travail et avait exigé comme transport, fabrication des planches, rétribution des forestiers, etc..., 15 autres journées de travail, un lit métallique, par suite de l'outillage moderne, ne vaut plus que 40 francs représentant seulement 4 journées de travail [1].

---

[1] Dans tous nos raisonnements, nous omettons volontairement de tenir compte des variations du pouvoir d'achat de la monnaie. Nous indiquerons à propos des vérifications de notre théorie les corrections qu'il convient d'apporter aux valeurs lors de variations dans le pouvoir d'achat dues à l'abondance ou à la rareté de la monnaie circulante.

Cette diminution de la valeur réelle du capital à amortir n'a pu se faire qu'en raison de la création de tout un capital nouveau par l'épargne (industrie du fer). Sans ce fait nouveau, aucun progrès n'aurait pu être réalisé, tandis que dans notre hypothèse, les 3 cinquièmes de notre amortissement iront grossir l'épargne, au grand profit de la production.

Soit A l'amortissement capitalisé d'un capital C; soit K_p la consommation en matières spéciales (charbon, graisses, engrais, semences) du même capital C. Nous appellerons coefficient moyen d'amortissement a, le rapport $\dfrac{A}{C}$ et k_p, coefficient de consommation du capital le rapport $\dfrac{K_p}{C}$. Nous reportant à la définition donnée plus haut du rendement brut du même capital C nous appellerons *rendement net* la différence

$$\rho = \pi - (k_p + a)$$

Il nous a paru indispensable de faire intervenir la totalité du capital national dans cette définition et non pas seulement le capital de production. En effet, tous les capitaux ont une influence dans la production : un pays, eût-il les usines les plus perfectionnées, qui ne posséderait pour les ouvriers ni maisons d'habitation, ni mobilier, ni églises, ni monuments, aurait sans doute un rendement nul. C'est pourquoi il nous est interdit d'affirmer *a priori* que la destruction de tel objet d'art n'aura aucune répercussion, à l'autre bout du pays, sur une production des plus prosaïques, celle des semelles de souliers par exemple.

7

Si une nation a un capital C, son revenu sera exprimé par le produit C_p. Si nous réfléchissons à ce que représente en objets cette valeur nous voyons qu'il s'agit :

1° De tous les objets *consommables par l'homme* produits dans l'année ;

2° *De l'épargne capitalisée*, c'est-à-dire de la fraction de capital créée dans l'année et qui n'est pas destinée à remplacer un capital de même valeur arrivé à terme d'existence.

II

Il est particulièrement intéressant d'étudier, au moins dans leurs grandes lignes, les facteurs qui permettent l'accroissement ou la diminution de la valeur p. N'oublions pas que la valeur réelle du capital est représentée, à un instant donné, par la valeur, au même instant, du stock de réserve de matières consommables (épargne) nécessaire à sa constitution (compte tenu des conditions du travail et du perfectionnement de l'outillage).

Cette donnée étant présente à l'esprit, nous allons voir que la valeur de p dépend, d'une part, de la constitution du sol, et d'autre part de la valeur morale et intellectuelle de l'homme qui vit sur lui.

1° p dépend de la richesse du pays en matières premières : c'est-à-dire de la valeur géologique du pays, de l'hydrographie, de l'orographie.

C'est ainsi qu'un capital très important devra être enfoui dans une mine située à 1.000 mètres de profondeur, tandis qu'un outillage de faible valeur permettra un rendement égal dans une exploitation à fleur de terre.

Un sol placé dans une vallée très irriguée sera naturellement fertile, et son défrichement préalable n'aura demandé que de faibles efforts, tandis que la transformation d'un marécage en terrain cultivable aura demandé des travaux préliminaires considérables. Une terre placée à une latitude et à une exposition telles que la température y soit constante ou du moins sans grandes variations (terrains en bordure de la côte nord de la Bretagne par exemple) produira, toutes conditions de travail humain étant égales, davantage qu'une autre terre identique placée dans un climat sec ou froid.

La possibilité de faire de la culture extensive permet à un travailleur d'accroître notablement sa production par l'emploi de machines agricoles rapides, relativement peu coûteuses. Le cultivateur qui cherche, faute de place, à accroître sa production par la culture intensive devra user d'un capital beaucoup plus considérable (la nécessité d'employer des engrais exigeant par exemple la création préliminaire d'usines de produits chimiques, d'exploitations minières, etc...).

Une voie ferrée, ayant le même débit, exigera un capital d'établissement dix fois plus considérable s'il s'agit de créer une ligne perpendiculaire aux vallées, que s'il s'agit de lignes suivant les cours d'eau.

Les exemples, que nous pourrions citer à l'infini, montrent bien que le rapport p est bien sous la dépendance de la configuration et de la géologie d'un sol.

2° Mais ρ dépend aussi des facultés humaines, et tout particulièrement de l'esprit d'organisation et de la valeur de l'élite intellectuelle de la nation.

Deux machines, à valeur égale, sont loin d'avoir le même rendement. Chaque jour nos industriels, appliquant les données nouvelles que leur fournissent les chimistes, les physiciens et même les biologistes, améliorent leur outillage : tandis que les premières machines à fabriquer les chaussures permettaient par exemple à un ouvrier de faire une paire de souliers en 2 heures (calcul de temps moyen), des machines actuelles font le même travail en dix minutes, en absorbant une énergie mécanique à peine supérieure.

Dix grues antiques, mues à la main ou à la vapeur, ont un rendement bien inférieur à un pont roulant électrique moderne qui évite les transbordements, nécessaires dans le premier exemple.

3° ρ étant une différence $(\pi\text{-}K_p\text{-}a)$, le rendement dépend intimement de ces trois facteurs. Or, dans les deux alinéas précédents, nous avons eu uniquement en vue le rendement brut π.

Mais notre capital consomme une fraction sans cesse croissante de notre production. Certes la machine permet à l'homme de décupler son action, parfois même de la centupler ; cependant les services rendus par elle ne sont pas gratuits. Qu'importe un nouvel outillage produisant 4 fois plus que l'ancien, si la différence de production est nécessaire pour alimenter les machines en charbon, huile, essence, etc...

Nous voyons donc intervenir dans les données du capital le facteur K_p qui nous montre que nous pouvons améliorer le rendement, en diminuant la consommation du capital. Ces vues ont, en France, une importance particulière. Des milliers de tonnes de charbon, des millions de mètres cubes d'oxyde de carbone sont vomis en pure perte par toutes nos cheminées d'usines, alors que de simples appareils de récupération permettraient de réduire à peu de chose ce monstrueux gaspillage. Quand on songe au pénible travail du mineur, on ne peut apprendre sans mélancolie que les 2/3 au moins du charbon extrait s'envolent en fumée, passent dans les cendres ou créent une chaleur improductive ? A la Société de Statistique de Paris, M. Cadou a montré que, par l'installation de grands centraux électriques, le cheval-vapeur — heure pouvait dépenser seulement 0 kgr. 625 de charbon, tandis que la moyenne des installations françaises est de 3 kilogrammes.

Un autre exemple, non moins instructif, peut être puisé dans l'agriculture. Les animaux de boucherie (que l'on peut considérer comme le rendement d'un capital productif, *le cheptel*, alimenté par une consommation de capital représenté par le foin, les denrées alimentaires, etc...) perdent, dans le trajet qui leur est imposé pour se rendre du Centre à Paris, une moyenne de 50 à 100 kilogrammes par bœuf gras, suivant la température et la durée de voyage. Si l'on se rappelle que le poids en viande nette *par tête* est d'environ 400 à 430 kilogrammes, on voit que la perte subie est de 1/10 à 1/4 du total (représentant au point de vue nutritif une perte encore plus considérable, car la perte porte surtout sur la graisse). Cette perte regrettable, qui se traduit par un gaspillage de fourrage, de main-d'œuvre, d'étables, pourrait être empêchée par la création d'abattoirs centraux dans les régions d'élevage et par l'installation de frigorifiques. Notons que l'économie à réaliser porterait sur environ 800.000 tonnes de viande nette, ce [qui lui donnerait une valeur de 100 à 200.000 tonnes.

Ces deux exemples montrent l'immensité de l'œuvre à accomplir, et c'est là qu'intervient le 3ᵉ facteur, *le coefficient d'amortissement* En remplaçant le capital usé nous devons, cr qu- ois que nous établissons un capital neuf, chercher à créer un capital de même valeur, mais dont le coefficient de rendement net soit maximum. Cette œuvre, non plus que toutes celles ayant trait au capital, n'est pas l'apanage de la masse, mais celui de l'élite intellectuelle.

III

Nous pouvons dorénavant étudier le problème du salaire (¹). Nous avons renoncé à diviser les revenus d'une nation en salaires et profits, ce qui complique inutilement la question. Nous avons d'ailleurs vu qu'en réalité le profit représente la première étape du salaire des travailleurs de l'épargne.

Soit un pays ayant un capital de production C_1. Ce capital occupant un nombre déterminé de producteurs T, produit une quantité d'objets utiles

---

(1) Dans cette étude nous nous sommes bornés aux seuls éléments capables d'intervenir dans le problème de la population.

égale à $(C_1 + C_2 + \ldots)$ ρ, C_2, etc... représentant les diverses catégories de capitaux, que nous avons très schématiquement ramenées à cinq.

Cette production comprend trois variétés d'objets :

1° Les uns sont rigoureusement nécessaires à la vie (aliments de nécessité, pain, viande, articles d'épicerie, vêtements, etc...).

2° Les seconds sont indifférents à une vie saine et hygiénique, ce sont les objets de luxe (alcool, tissus rares, parures féminines, etc...), les deux catégories étant naturellement reliées par des intermédiaires comparables aux teintes innombrables qui relient deux couleurs fondamentales du spectre.

3° Les troisièmes constituent les objets caractérisant la capitalisation de l'épargne.

Supposons que ρ_1, ρ_2 et ρ_3 soient les coefficients de rendement moyen par franc *de capital moyen total* dans ces trois catégories. Soit d'autre part (expression toujours schématique) C^n_1 et C^l_1 les capitaux de création spécialement affectés à la production des objets de nécessité et de luxe. La production totale du pays pourra s'écrire (1)

$$[(C^n_1 + C^l_1 + \ldots) + C_2 + C_3 + \ldots] (\rho_1 + \rho_2 + \rho_3)$$

Soit T_1 le nombre des travailleurs affectés aux capitaux C^n_1 et C^l_1.

Ces producteurs comprennent au moins trois catégories :

1° Les capitalistes, c'est-à-dire les travailleurs

_____

(1) Pour être plus exact on devrait écrire en multipliant autant qu'il est nécessaire les catégories de capitaux d'articles de consommation.

$$\Sigma(C).\Sigma(\rho)$$

ayant préféré reverser une partie de leur revenu à une entreprise de longue durée plutôt que de la consommer dès sa production. Ils constituent, dans la Société, le même rôle que le lac artificiel établi en amont d'une usine hydraulique pour en régulariser le débit : ils sont les réservoirs de l'énergie potentielle d'une collectivité.

2° Le personnel intellectuel des entreprises (invention, organisation, direction et surveillance).

3° Le personnel exécutant (travailleurs proprement dits).

Nous appellerons *salaire moyen brut* des travailleurs T_1, la valeur :

$$s'_1 = \frac{[(C^a_1 + C^l_1 + \ldots) + C_2 + C_3 + \ldots] (\rho_1 + \rho_2 + \rho_3) - E}{T_1}$$

E étant l'épargne capitalisée dont la consommation est impossible et qui ne saurait dès lors entrer en ligne de compte dans le salaire.

Le salaire brut représente une quantité réelle d'objets consommables qui fixera le taux moyen limite assigné à chacun. Si ce taux est atteint ou près d'être atteint, aucune mesure de répartition quelle qu'elle soit ne pourra améliorer le bien-être de la masse.

Mais nous n'avons pas encore la valeur du salaire moyen réel. En effet, la catégorie T_1 ne constitue pas, et loin de là, la seule fraction active de la population. Une partie, d'autant plus considérable que la nation est plus civilisée, est occupée à des travaux à proprement parler improductifs, c'est-à-dire qui ne se traduisent pas par des objets consommables. Deux catégories au moins doivent être signalées :

1° *les travailleurs du capital* T'_1, occupés à la production de capital, soit qu'il s'agisse de producteurs capitalisant l'épargne, soit de travailleurs remplaçant le capital usagé.

2° *les travailleurs virtuels* qui comprennent une série d'individus très dissemblables par leurs fonctions.

a) travailleurs affectés au capital de protection et d'armement : armée, corps médical, police et magistrature, corps enseignant, capitalistes ayant prêté leur épargne pour la constitution des capitaux de protection et d'armement.

b) travailleurs affectés à l'exploitation du capital de luxe et du capital artistique — artistes divers, personnel des théâtres, jeux, personnel des musées, des bibliothèques.

Soit T_2 l'ensemble de ces travailleurs. Leur travail ne produit et *ne tend à produire aucun objet*, mais leur fonction est loin d'être négligeable. En réalité, ces hommes créent une production que l'on peut qualifier de virtuelle, déterminant, chez celui qui en profite, une série de sensations esthétiques, le relèvement du niveau moral, le sentiment de la sécurité sociale, que l'on peut économiquement considérer comme une *consommation virtuelle*. La valeur attribuée à cette consommation résulte d'un accord intervenant entre les catégories $(T_1 + T'_1)$ et T_2 qui aboutit à ce que la catégorie $(T_1 + T'_1)$ accepte le partage des objets consommables constituant son salaire brut avec la catégorie T_2 qui ne peut donner en échange aucun objet matériel. Nous aboutissons dès lors *au salaire réel moyen*, représentant la valeur d'objets consommables mis à la disposi-

tion de chacun des membres de la population
active du pays :

$$s_2 = \frac{\Sigma(C).\Sigma(\rho) - E}{(T_1 + T'_1) + T_2}$$

La valeur s_2 représente exactement une quantité
d'objets de consommation, c'est-à-dire d'objets dont
l'homme ne peut user sans que cet usage ne s'accompagne d'une destruction. Elle est en corréla-
tion directe avec la « cherté de la vie », c'est-à-
dire avec le rapport existant à un instant donné
entre le salaire monétaire et le prix moyen des
denrées.

. . . .

Considérons les valeurs s'_1 et s_2 ; on voit qu'elles
diffèrent très sensiblement. Elles vont nous permettre de prendre notion d'une autre valeur, capitale dans une nation : *la valeur de la consommation virtuelle*, qui mesure en quelque sorte le
degré de civilisation d'un peuple. Si les producteurs « réels » T_1 recevaient intégralement la
valeur de leur production moyenne, ils recevraient un salaire égal à s'_1. Mais, comme nous
l'avons vu plus haut, s'ils consommaient intégralement leur production, la vie des travailleurs du
capital T'_1 serait rigoureusement impossible. Il
s'agit là d'une affirmation qui a reçu une éclatante
confirmation dans l'insuccès du bolchevisme économique : la suppression du profit et la distribution en salaires de la totalité de la production a
aussitôt bloqué la vie sociale ; toutes les usines
eussent été obligées de fermer totalement leurs
portes, si le gouvernement n'eût provisoirement
lutté contre la disparition de l'épargne par une
émission continuelle de papier-monnaie. Encore

est-il que cet expédient n'a pas été suivi d'effets bien encourageants.

Dans une collectivité qui veut non seulement maintenir son capital national à niveau, mais encore l'enrichir (fabrication d'outillage nouveau à gros rendement, habitations hygiéniques, etc...) il est donc nécessaire, *quel que soit son régime politique*, que le *salaire monétaire moyen* donné à chaque travailleur se rapproche de la valeur :

$$s_1 = \frac{\Sigma(C).\,\Sigma(\rho) - E}{T_1 + T'_1}$$

C'est cette valeur qui va servir de base au salaire fiduciaire du groupe T_2. Les travailleurs le constituant devront recevoir, en même temps que le groupe T_1, des « lettres de crédit » (papier-monnaie ou monnaie) sur le stock de produits consommables, telles que les droits de chaque individu T_2 soient en moyenne égaux à ceux de chaque travailleur T_1.

C'est ce qui se produit dans les périodes d'équilibre économique. Les travailleurs T_2, en même temps que les producteurs réels, jettent sur le marché leur « production virtuelle » et la valeur de celle-ci s'établit de manière à ce que leur gain monétaire s'équilibre à celui des travailleurs T_1.

Cette conclusion est vérifiée par la grande différence existant (toutes corrections dues aux variations monétaires étant faites) à deux époques différentes, entre deux actes identiques de producteurs virtuels ; par exemple un médecin, payé avant la guerre trois fois autant qu'il l'était au début du dix-huitième siècle, est relativement moins payé aujourd'hui qu'a diminué notre production réelle ; un professeur, un homme de lettres mènent une vie à peu près honorable de nos jours, alors qu'ils se différenciaient à peine de la domesticité il y a trois siècles.

Nous voyons donc que, dans une collectivité employant à la fois des producteurs réels et des producteurs virtuels, il existe une valeur moyenne du salaire fiduciaire s_1, déterminée par la valeur de *la production directement consommable et par le nombre des travailleurs réels.*

Ce salaire s_1 comprend, d'une part, la valeur moyenne des objets consommables mis à la disposition de chaque travailleur et, d'autre part, la valeur moyenne de la « production virtuelle » qu'ils auront à se répartir. Cette production déterminera chez les bénéficiaires une « consommation virtuelle » qui comprend entre autres choses : la jouissance d'un local d'habitation (le loyer étant le processus d'échange entre le propriétaire (groupe T_{12}) et le producteur réel) ; le sentiment de sécurité dû à l'entretien d'une armée ; l'instruction donnée par un personnel enseignant ; le sentiment de sécurité physiologique : entretien de médecins et de professions se rattachant à l'hygiène et à l'assistance ; les sensations artistiques (acquittement des droits d'entrée aux spectacles, rémunérations aux rédacteurs d'un journal, d'un livre, etc...).

La valeur comparée de cette consommation virtuelle à la consommation réelle sera établie, en moyenne, de façon à ce que la quantité d'objets consommables revenant à chaque travailleur soit identique, quelle que soit sa catégorie. La part réservée dans le salaire fiduciaire à la consommation virtuelle $s_1 - s_2$ sera donc établie de telle sorte que :

$$s_1 - s_2 = s_2 \frac{T_2}{(T_1 + T_1)}$$

Si ces équations étaient exactement vérifiées, chaque travailleur recevrait une quantité égale de produits consommables de luxe ou de nécessité et aurait une identique consommation virtuelle. Nous aurions affaire au communisme parfait. Or, nous constaterons que, dans la réalité, et en ce qui concerne la presque totalité des produits, ces équations sont vérifiées. Un système social qui veut chercher l'amélioration dans un nouveau mode de répartition est donc voué à la faillite certaine; le *progrès ne peut venir que de l'accroissement de la production par travailleur.*

Les équations ci-dessus nous montrent que la consommation virtuelle, dont la valeur est sensiblement proportionnelle à l'état de civilisation d'un peuple, sera d'autant plus considérable que le nombre des travailleurs T_2 sera plus élevé.

Il ne faudrait pas croire cependant que ce nombre T_2 peut être quelconque. Une valeur maxima lui est assignée. En effet, les producteurs réels ne consentiront à abandonner une part de leur production qu'autant que cette privation puisse être compensée par un avantage équivalent. Or il est pour s_2 une valeur minima au-dessous de laquelle il est impossible de descendre. C'est cette valeur minima, déterminée par des besoins surtout physiologiques, qui, avec la valeur de T_1 (sous la dépendance du capital C_1) déterminera à son tour le nombre des travailleurs T_2 que nourrira une nation.

Certes la catégorie T_2 peut à la rigueur atteindre un taux un peu plus élevé; mais il faut pour cela qu'elle puisse s'imposer par la violence au reste du pays en exigeant de lui le paiement de lourds impôts (dictature militaire).

Si au contraire la catégorie T_1 a la libre disposition de ses produits, la catégorie T_2 sera strictement limitée et ne pourra s'étendre qu'à la condition d'indiquer aux producteurs réels les voies à suivre pour accroître leur rendement tout en diminuant leur nombre (rôle des savants et des organisateurs).

Si, voulant passer outre, une partie de la collectivité essaie de multiplier T_2 en y dirigeant sa jeunesse, elle courra à un désastre. La quantité consommable $(s'_1 - s_2)$ T_1 mise à la disposition de T_2 étant invariable, les citoyens de cette catégorie devront entreprendre une lutte très dure qui, débutant par une diminution générale de leurs salaires ou traitements, se terminera par l'élimination brutale du trop plein. Les « déclassés » ainsi rejetés seront fatalement réduits au chômage, car aucune place ne leur sera réservée dans la catégorie T_1. Ils devront mourir ou s'expatrier, en maudissant la mère patrie qui les a dirigés dans une voie sans issue.

CHAPITRE V

LES VARIATIONS DU SALAIRE

I

Reprenons l'équation donnant la *valeur du salaire moyen réel* :

$$s_2 = \frac{[(C^n_1 + C^1_1 + \ldots) + C_2 + C_3 + \ldots]\,(\rho_1 + \rho_2 + \rho_3) - E}{(T_1 + T'_1) + T_2}$$

Ce salaire représente la quantité moyenne d'objets consommables qui est répartie en moyenne à chaque travailleur. Or, ainsi que nous allons le voir sous peu, il est une partie de cette somme qui est particulièrement importante dans le problème de la population. C'est celle qui représente la consommation de nécessité et qui peut s'exprimer :

$$s_n = \frac{\Sigma\,(C)\,(\rho_1)}{(T_1 + T'_1) + T_2}$$

. . . .

Cette valeur étant capitale et conditionnant directement la cherté de la vie, cherchons à nous rendre compte comment nous pouvons l'accroître et au moyen de quels éléments.

1° **Action sur les groupes T'_1 et T_2.** — Quand on constate l'existence de privations chez les humbles, on est naturellement amené à traiter d' « indésirable » une foule d'individus — artistes, savants, capitalistes, hommes de lettres — qui paraissent vivre injustement aux dépens des producteurs réels. Ce sentiment qui a fait dire aux hommes de 93 que « la République n'a pas besoin de savants » a dicté aux bolcheviks l'emploi des bourgeois pour les besognes serviles. Comme il ne peut guère être question de l'extermination d'une catégorie de citoyens (ce qui serait une manière plaisante de repeupler un pays), conviendrait-il pour accroître le salaire réel de faire faire un travail « utile » au groupe des fainéants parasites de la Société ?

Quelles seraient (toutes conditions de capital restant égales) les conséquences de ce transport de T_2 vers T_1, obtenu par la persuasion ou l'obligation (Ex : campagne pour le retour à la terre).

Nous avons vu que le capital de production C_1, détermine le nombre des travailleurs qui lui sont affectés. Le capital de production souffre donc, en période normale, d'une crise de main-d'œuvre par excès plutôt que d'une crise par défaut, étant donné la mauvaise organisation générale du travail. Il est donc impossible d'utiliser le prélèvement fait sur le groupe T_2 ou, si on le fait, on n'augmentera pas la production réelle du pays.

Conséquence : la « consommation virtuelle » du pays aura diminué sans déterminer un accroissement de salaire brut. La vie matérielle n'en souffrira pas sur le moment, mais la vie intellectuelle et artistique, qui est un des facteurs importants du progrès, subira une atteinte très grave. Au lieu de diminuer les misères existantes, on aura réduit à la mendicité des hommes habitués à une vie cérébrale et à un luxe relatif.

2° Action sur la production de luxe $\Sigma (C)_{\beta}$ — Il est bien évident que le retentissement doit être nul sur la production de nécessité. Il convient cependant de préciser quelques points. La suppression pure et simple de produits de luxe a été envisagée, pour l'alcool-boisson par exemple. Cherchons quels en seraient les retentissements.

La production de l'alcool occupe un capital c^l et un nombre de travailleurs de la première catégorie t_1 (vignerons, betteraviers, distillateurs, fabricants de liqueurs, commerce en gros et en détail des spiritueux, employés de la régie et de l'octroi). La vente étant interdite, tout travail va se trouver bloqué et toute la série t_1 va se trouver sans salaire ni revenu. Il serait peut-être possible de transformer partiellement le capital c^l en capital déterminant d'une autre production, mais la chose est difficile, au moins sur une large échelle.

Nous ne pourrions assurer la vie des travailleurs t_1, qui serait suspendue du fait de notre mesure, qu'en payant des indemnités de chômage pendant toute la durée du temps nécessaire pour créer un nouveau capital de production saturant cette main-d'œuvre. Pour une suppression aussi importante que celle de l'alcool, il s'agirait en

France d'une durée minima de cinq années (1).

Cette suppression, notons-le bien, n'aurait pas amené de variations dans les constituantes de s_n. C'est pourquoi la mesure, acceptable à la rigueur pour l'alcool qui est nuisible, ne pourrait être recherchée pour toute autre catégorie de luxe.

C'est ainsi que la taxe de luxe a été proposée comme taxe de redressement moral dont le but serait de diminuer les dépenses somptuaires effectuées par certains citoyens. La mesure serait parfaite si elle pouvait influer favorablement sur la production de nécessité. Il n'en est rien, au contraire.

En effet, supposons un consommateur décidant, guidé par sa conscience ou brimé par une taxe excessive, de diminuer ses achats d'objets de luxe. Le résultat immédiat sera la diminution de rendement du capital c^1 affecté à cette production, dont les marchandises ne trouveront plus acquéreur. Les travailleurs t_1 affectés à son exploitation verront baisser leur salaire et devront (patrons et ouvriers réunis) subir la totalité du sacrifice consenti par le consommateur. Si la crise se prolonge, il y aura chômage et faillites. Dans ces conditions nous aurons diminué la quantité totale d'objets produits, mais sans *influer sur la production de nécessité*, car celle-ci ne saurait, par suite de la saturation de son capital, tirer un parti quelconque des travailleurs libérés. s_0 restera identique, s_2 diminuera.

---

(1) Prétendre que l'indemnisation serait inutile parce que les travailleurs de l'alcool, débitants, distillateurs, ne sont pas *intéressants* c'est émettre une injustice monstrueuse sur laquelle nous n'insisterons pas. Cette catégorie de citoyens a payé sa dette envers la Patrie. Elle n'a donc aucun reproche à se faire et il n'appartient à personne d'en faire un rebut social.

Une plus fâcheuse répercussion est à craindre.
Il est probable que le consommateur visé ci-dessus,
fier de la victoire remportée sur son désir, essaiera de compenser la diminution de jouissance
produite par sa privation volontaire en relevant
sa consommation de nécessité : « Tu as patrioti-
quement accepté, dira-t-il à sa femme, le sacrifice d'une bague de prix ; nous allons fêter cette
héroïque décision par un plantureux dîner sur les
boulevards ». Raisonnement stupide, car il pri-
vera la collectivité d'une production de nécessité
supérieure à celle qui eût été réservée à notre
homme dans l'hypothèse de l'achat de luxe. La
production refusée n'a pas pu en effet être compensée par une égale production de nécessité. Il
y a eu suppression pure et simple de l'une sans
réaction sur l'autre.

Conclusion : toute mesure supprimant *brutalement* une production de luxe prive le consommateur d'une satisfaction légitime, détermine une
diminution du salaire total ou une crise de chômage chez le producteur et risque d'abaisser la
quantité moyenne d'objets consommables réservée
aux consommateurs moins fortunés (accroissement
du prix des denrées sous l'impulsion d'un accroissement de la demande).

II

Nous allons voir maintenant que les seules actions capables de modifier d'une manière durable
le salaire visent le capital.

1° **Action sur le rendement du capital.** —

Nous avons vu que le rendement théorique maximum d'un capital est sous la dépendance de sa constitution primitive. C'est ainsi qu'une machine à vapeur est calculée pour donner avec une consommation de charbon déterminée une puissance maxima, qu'une locomotive ne peut sur une ligne donnée tirer qu'un nombre maximum de wagons, qu'un wagon a une contenance qu'on ne saurait dépasser, etc...

Cependant la plupart de nos capitaux n'atteignent pas leur rendement théorique, parce que les travailleurs ne savent pas les utiliser. La faute en est presque toujours aux chefs qui ne savent pas coordonner les actes du travail qu'ils dirigent, ce qui détermine des heurts, des arrêts, des fonctionnements à vide.

Au lieu de se perdre en stupides récriminations contre le régime, le capitalisme, l'étatisme, les représentants de la nation devraient exiger des entreprises un rendement maximum. Mais celui-ci ne peut être obtenu que par une intime collaboration de tous les rouages économiques et non par des luttes stériles entre classes ou partis.

Accroître p dans une entreprise, c'est accroître d'autant le salaire moyen de chacun. C'est le seul moyen d'obtenir une réelle élévation des conditions de l'existence. Nous ne pouvons indiquer ici, même sommairement, un plan qui puisse permettre cet accroissement. La question est trop vaste pour cet ouvrage. Sachons toutefois que l'accroissement doit surtout porter sur les industries capables d'engendrer une élévation de la production de nécessité. Là est la base de tout programme démocratique.

L'accroissement de ρ doit être accompagné de la diminution de $\dfrac{C_i}{T_i}$, ce qui nécessiterait de la part de l'État un contrôle vigilant de la main-d'œuvre afin d'éviter le chômage, source de tous les mouvements populaires. Nous avons vu à propos de la méthode de Taylor les procédés qui permettraient d'éviter toute crise par excès de travail.

2° **Action directe sur le capital.** — L'action sur le rendement est la seule que nous puissions mettre en œuvre aujourd'hui. Malgré tous nos efforts, l'élévation du salaire ne serait pas considérable, car un capital défectueux et insuffisant ne peut pas avoir un gros rendement. Quel que soit l'esprit d'ordre et de méthode de nos dirigeants, l'exactitude et le zèle des exécutants, nous ne pourrons égaler l'Amérique parce que ce pays a sur nous l'immense supériorité d'un outillage moderne. Avec 10 de nos petites installations, nous ne pourrons pas faire le travail de l'immense usine merveilleusement agencée ; 100 de nos petites exploitations agricoles de 5 hectares ne pourront pas donner les revenus moyens d'une seule grosse exploitation de 500 hectares où tout travail est fait à la machine, où les engrais sont employés sans compter, où la main-d'œuvre est rare par suite d'une bonne organisation.

Il convient d'agir sur le capital plus que sur tout autre élément. Cette possibilité d'action, nous la possédons au moment où un des nombreux capitaux utilisés par l'homme arrive à terme d'usage.

Quand nous remplacerons le capital $C^n{}_i$, nous devrons créer un capital répondant aux derniers progrès de la technique moderne. L'entreprise, arrivée à terme d'usage, est-elle petite et ne se prête-t-elle pas aux exigences du gros rendement ? N'hésitons pas à fusionner toutes les entreprises semblables pour créer une vaste installation, seule capable de donner une haute valeur à ρ et à $\frac{C_i.}{T}$ La France chaque année amortit 10 milliards au moins de capital usagé. Il s'agit donc d'une valeur égale à la moitié de la valeur totale de notre réseau ferré. Ces 10 milliards permettent des réalisations grandioses. Nous devons les oser.

. . . .

Une importante partie du capital créateur d'objets de luxe C^l_i est également amortie. Une grave question se pose à ce sujet. Devons-nous créer un capital à production identique ou au contraire profiter du moment où nous pouvons déterminer n'importe quelle production pour porter notre effort sur le capital C^n_i, qui mettra à la disposition de la masse une plus grande quantité d'objets de nécessité. Ne voit-on pas là un procédé pour obtenir sans heurt, sans injustice, la solution de l'irritant problème de l'alcool ? Ne voit-on pas là l'unique manière de diminuer réellement la consommation de luxe en obtenant parallèlement une augmentation de la consommation de première nécessité. Une fabrique de soieries de luxe doit remplacer son outillage usé, remplaçons-le par des métiers faisant une grosse quantité de drap solide et chaud. Nous aurons permis aux humbles d'avoir des vêtements convenables et nous aurons privé quelques coquettes seulement de toilettes étincelantes.

. . . .

Mais le capital de création est doublé d'une série aussi importante de capitaux divers. Quoique plus lentement, ceux-ci doivent être amortis. Nous nous trouvons à ce moment encore devant un problème délicat. Devons-nous remployer intégralement l'amortissement, ou devons-nous le transformer en un capital de création?

Le remploi du capital d'armement s'impose d'une manière absolue, tant que subsistent des menaces de la part de pays voisins. D'autre part, une guerre de conquêtes doit être considérée comme légitime si elle rapporte plus qu'elle ne coûte. Ces deux considérations, que doit écouter tout gouvernement digne de ce nom, impliquent donc l'entretien permanent d'une force armée, suffisante pour satisfaire les visées agressives ou défensives de la nation qu'il représente.

Le remploi du capital de protection peut être envisagé dans des crises très sévères. Le poilu a appris que la pire des privations est celle du pain, de viande, de vin, de feu. Il vaut mieux vivre dans un local étroit, si l'on est bien chauffé et ravitaillé, qu'au large dans un château sans feu avec quelques biscuits et une boîte de « singe ». Si donc, par une série de circonstances imprévues un pays souffre dans sa consommation de nécessité, aucune hésitation ne doit être permise. Ne relevons pas les maisons qui s'effondrent, arrêtons toute construction nouvelle. Portons tout notre effort sur le capital de création produisant les objets les plus nécessaires à la vie : agriculture et industries annexes.

En dehors de ces périodes de misère générale,

nous ne devrons pas diminuer notre capital C_2 de protection. Bien plus, nous devrons savoir l'améliorer. Le sort du paysan Français et de l'ouvrier n'est pas enviable et la question des logements salubres n'est pas résolue. Nos hôpitaux sont antiques, nos laboratoires humiliants, nos œuvres d'hygiène de la rue et de la ville embryonnaires, sauf dans deux ou trois grandes villes. Nos hygiénistes auront le devoir, lorsque nous pourrons élargir notre capital de protection, de nous dire quelle question doit avoir la priorité : l'accroissement des locaux d'habitation ou la constitution d'un capital d'hygiène scientifique (écoles et laboratoires, dispensaires pour tuberculeux, syphilitiques, cliniques capables d'hospitaliser la totalité des malades, quel que soit leur rang social, etc...)

. . . .

S'il est permis de discuter au sujet du remploi du capital de protection amorti, il semble que la question se simplifie beaucoup quand il s'agit du capital de luxe proprement dit. Un château, un bijou, un monument public sans utilité pratique doivent être amortis. Ne devons-nous pas édifier en leur lieu et place un capital de création C^n_1 ? Nous n'hésiterions pas à répondre par l'affirmative, s'il était démontré que le luxe n'a aucune action dans l'intensité de la production de nécessité. Il n'en est malheureusement rien et l'homme qui accepte de produire beaucoup sans rechercher d'autre satisfaction que celle du devoir accompli est encore une exception.

Considérons un chef d'entreprise. Son action sur la production est immense. S'il sait régler les différents rouages de ses services, diminuer les pertes de temps et d'effort, obtenir une stricte discipline dans son personnel, il peut produire deux fois, dix fois plus que si son usine était abandonnée sans chef à quelque vague soviet de braillards. Cherchons par la pensée à mesurer la part réelle prise dans tout acte de notre existence par les savants qui nous apportent chaque jour une précision sur les lois naturelles, par les inventeurs qui appliquent à l'homme ces découvertes. Nous verrons que ces hommes sont les auteurs de la moitié au moins de notre production.

Or, cette part importante ne peut pas être soldée par une consommation de nécessité. Celle-ci n'absorberait pas le vingtième de celle-là.

Par contre, l'affinement du goût chez l'intellectuel, l'apparition de besoins spéciaux, vont créer chez lui la nécessité de satisfaire le sentiment artistique qui nécessitera pour lui un cadre adapté à sa valeur. D'où la nécessité d'un appartement luxueux, d'une automobile de plaisir, d'un mobilier ancien, etc... Ce capital de luxe, qu'il est facile d'évaluer, est nécessaire pour déterminer l'effort. Sa suppression entraînerait un découragement complet qui aussitôt retentirait sur le rendement de l'entreprise dirigée. Une collectivité doit donc accorder à ses dirigeants, dans l'intérêt de tous, un confort matériel qui permette le maximum de rendement pour le capital $C_i{}^o$. Il vaut mieux qu'un industriel possède une usine et un château, si le rendement est ρ, que de le voir à la direction de deux usines, avec un traitement de petit fonctionnaire, si, dans le deuxième cas, le « je m'en fichisme » dont il fera preuve aboutit à déterminer un rendement de $\frac{\rho}{2}$ pour chaque entreprise. Nous schématisons cette vue dans le tracé ci-contre :

Cette courbe nous montre la nécessité du capital de luxe. Nous pouvons faire un raisonnement analogue pour la consommation réelle ou virtuelle de luxe. Nous verrions ainsi que la fraction du salaire réel, représentant la quantité produite d'objets de nécessité, est maxima pour une valeur donnée de la consommation de luxe. C'est ainsi qu'un industriel évacué du Nord sur la Bretagne nous a conté le fait suivant : ayant établi une filature employant la main-d'œuvre du pays, il avait constaté un rendement très inférieur à celui auquel il était habitué. Certes, le manque d'habileté professionnelle y était pour beaucoup, mais il notait chez ses nouveaux ouvriers une apathie regrettable. Dans le but de stimuler leur ardeur, il eut l'heureuse idée de provoquer dans le pays l'installation d'un cinéma. Dès ce jour, la salle de spectacle ne désemplit pas et le rendement fut accru dans une proportion très symptomatique.

Souvenons-nous donc, quand nous cherchons à réaliser des progrès, que l'homme n'est pas et ne sera jamais un être à morale froide, rigide, absolue. S'il convient au moraliste de combattre tous ses défauts, l'économiste, soucieux avant tout d'améliorer le sort des humbles, devra tolérer des faiblesses s'il ne peut les supprimer sans danger (¹).

----

(1) C'est par exemple la ligne de conduite à tenir vis-à-vis de la prostitution. Le moraliste portera sur elle une condamnation absolue; l'économiste, qui s'inspire davantage des réalités et sait qu'elle a existé en tous temps et en tous lieux, cherchera à réglementer le vice pour en diminuer les retentissements fâcheux.

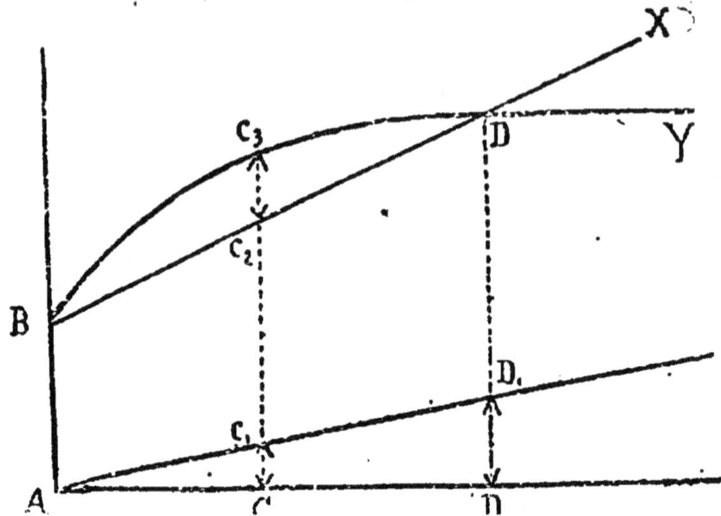

Légende. — Soit en A un état tel qu'un capital C_1, détermine une production mesurée par AB. Supposons que nous affections à l'entreprise un capital nouveau (croissant suivant AC_1D_1).

Dans un premier cas nous créons un capital analogue à C_1. La production montera proportionnellement au capital nouveau suivant une droite Bx, par exemple.

Dans un deuxième cas nous créons du capital de luxe que nous mettons, soit à la disposition des chefs de l'entreprise, soit à celle des employés. La courbe croîtra suivant By, d'abord plus vite par exemple que Bx, puis moins rapidement. L'état économique le plus favorable à la collectivité sera l'état C, dans lequel l'adjonction au capital C_1. d'un

capital de luxe ΔC déterminera le rendement maximum : $\dfrac{\text{Production}}{C_1 + \Delta C}$

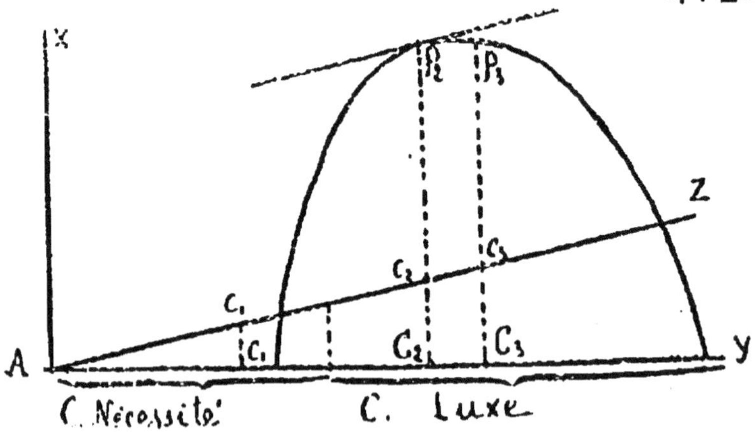

Légende. — Exemple théorique de la production d'un travailleur réel, sous l'influence de sa consommation.

Soit C_1c_1 la consommation *minima* pour permettre l'existence. Tout travail est impossible (faiblesse physiologique). Au-dessus, sous l'action d'une consommation plus élevée, d'abord de nécessité, puis de luxe, la production s'accroît. À C_2 (consommation optima), la différence entre la production et la consommation est maxima. Sous l'influence d'une nouvelle incitation, la production peut encore s'accroître jusqu'à $C_3 p_3$, mais l'écart entre production et consommation diminue $c_3p_3 < c_2p_2$.

Au-dessus de ce taux, la production baisse, puis s'annule (alcooliques, morphinomanes, capitalistes désœuvrés).

III

Nous avons jusqu'à présent supposé la nation comme un organisme fermé, devant tirer toute sa production d'elle-même et d'elle seulement. Les échanges internationaux permettent de donner une plus grande souplesse au système. C'est ainsi que, dans l'hypothèse d'un pays isolé, la production de luxe, la création d'objets pour la consommation du capital doivent avoir des limites strictes, rigides, qui exigeraient des dirigeants, lors de la création des différents capitaux, une prévoyance et une science d'une extrême précision. Heureusement intervient un mécanisme régulateur : le commerce extérieur.

Celui-ci permet à un capital, produisant des objets de luxe par exemple, de mettre cependant à la disposition de la masse des matières alimentaires. Un pays qui extrait du charbon l'échangera contre du fer, etc...

Ces procédés échangistes décèlent cependant de la part des peuples qui s'y abandonnent trop facilement une fâcheuse inertie. Il faut être à deux pour un échange. Or, les pays qui produisent les denrées de nécessité sont ceux qui croissent le plus rapidement en population. Plus ou moins rapidement, mais fatalement toutefois, il arrivera un moment où ces pays n'auront plus d'objets de nécessité à échanger, d'autant plus vite d'autre part que l'accroissement du rendement coïncidant avec l'accroissement de $\dfrac{C}{T}$ permettra l'utilisation des ressources locales pour les productions complémentaires.

La nation qui aura vécu dans une tranquille inertie, en comptant toujours échanger ses produits, sera dès lors extrêmement menacée. Ce pays sera acculé, soit à accepter une diminution de la quantité moyenne de denrées de nécessité mises à la disposition de chaque travailleur, soit, s'il veut vivre et prospérer, à obliger les pays qui étaient acheteurs de continuer à se servir chez lui. Cette obligation, qui cherchera d'abord à s'imposer par une guerre de tarifs et de primes à l'exportation, déterminera fatalement une lutte armée, d'autant plus que, souvent, le producteur d'objets de luxe est en même temps un pays industriel, capable de créer très rapidement un armement puissant.

Il faut donc qu'un pays n'accepte de produire du « luxe », comme monnaie d'échange, qu'à l'expresse condition que toutes les matières premières, capables de créer des denrées de nécessité, sont intégralement employées. Cette limite étant atteinte, le pays devra agrandir la métropole en lui adjoignant (accords économiques ou colonisation) des terrains capables de produire les objets de nécessité manquants.

C'est ainsi que l'Angleterre, pays industriel dont la production agricole ne pourra jamais subvenir à la population, est dans l'obligation absolue de prolonger son empire par l'exploitation de terrains cultivables. L'affranchissement total de ses dominions serait un désastre sans précédent dans son histoire.

. . . .

En dehors de cette cause de nécessité absolue, nous n'avons pas le droit de considérer l'exportation de produits complémentaires comme le meilleur moyen de subvenir aux besoins alimentaires de la masse. D'ailleurs, ne voit-on pas la perte d'effort considérable que détermine ce procédé? Une simple comparaison va nous en montrer le mécanisme : supposons un individu possédant une machine à vapeur, une dynamo et un appareil de chauffage électrique. Supposons que, pour chauffer son appartement, cet homme fasse tourner sa génératrice et se chauffe avec l'énergie électrique ainsi produite. Nous trouverons l'idée originale sans doute, mais peu économique, car le procédé utilisera à peine 5 p. 100 de la chaleur fournie par la combustion du charbon. Un appareil à chauffage central par la vapeur donnerait un rendement de 18 à 25 p. 100.

Le pays qui cherche à se créer des denrées de nécessité par l'échange de produits de luxe agit de même. Il se sert d'un stade intermédiaire qui détermine fatalement une déperdition (frais de transport, intermédiaires divers). Certainement nous ne devons pas condamner le procédé dans sa période actuelle. De même que l'homme dont nous parlions sera bien obligé de se chauffer par l'électricité s'il a cette installation, et non le chauffage central, de même le pays, conscient de son erreur, devra se servir de son capital de luxe jusqu'au jour où son capital producteur d'objets d'échange viendra à amortissement. Il pourra le remplacer par un capital produisant directement les articles qui étaient jusqu'alors importés. Il serait du rôle

de l'État de diriger et de coordonner les efforts sur
ce terrain.

. . . .

Il est une autre exportation sur laquelle nous
devons insister pour porter sur elle la *plus sévère
des condamnations* : celle des capitaux.

Supposons un pays ayant une épargne quelconque ; quelques individus, poussés par une
conception économique antidémocratique, portent
cette épargne à l'étranger au lieu de la capitaliser dans le pays. Ces capitaux (intérêt et
primes à l'émission réunis) rapporteront environ
6 p. 100 qui seront répartis entre les différents
capitalistes. Quel sera le retentissement sur le
pays ?

Comme nous le verrons plus loin, une série de
capitaux comprenant toutes les catégories donne
à la nation un rendement pouvant atteindre
20 p. 100. C'est donc 14 p. 100 qui ne sont pas
utilisés dans le pays et sont perdus pour lui. Or,
ces 14 p. 100 représentent des traitements et des
salaires dont sont frustrés les nationaux. A vrai
dire, le capital exporté produit bien ces 14 p. 100,
mais au profit d'ouvriers, d'entrepreneurs et de
fonctionnaires étrangers. C'est là un procédé inad-
missible : l'épargne d'une nation constituée par
des prélèvements effectués sur la production des
travailleurs du pays appartient au pays, et ceux
qui, par les hasards de l'existence, s'en trouvent
être les dépositaires, n'ont pas le droit d'en user
au profit de tiers, pour développer l'industrie,
l'agriculture et l'armement de voisins qui seront
peut-être un jour des ennemis.

Mais, comme nous l'avons vu, le stock d'objets

consommables non utilisé par les producteurs de la consommation représente non seulement l'épargne, mais encore l'amortissement. Accroître l'exportation de capitaux, c'est non seulement arrêter l'enrichissement du pays, c'est l'appauvrir en diminuant son capital qui n'est pas remplacé lorsqu'il arrive à terme d'usage ; c'est donc diminuer la production et par là même les salaires. C'est ruiner sciemment et lentement une nation.

Nous avons trop longtemps pratiqué cette politique inepte. Il n'est que temps d'y renoncer pour laisser l'Amérique jouer ce rôle à son détriment. On prétend aujourd'hui que les États-Unis, en vendant plus de produits qu'ils n'en achètent, s'enrichissent formidablement. Cette erreur, inspirée du mercantilisme, est en train d'arrêter l'essor de cette nation. Tandis que le prix de la vie augmente, que des grèves se déclarent, que l'immigration diminue, les financiers américains entassent leurs créances sur l'étranger, dont le recouvrement menace d'être problématique.

Nous n'avons pas à nous plaindre de cette évolution, toute à notre profit, mais l'avenir prouvera au peuple Américain son erreur que quelques-uns de ses représentants commencent, malheureusement pour nous, à apercevoir.

Une seule exception doit être apportée à cette interdiction d'exportation de capitaux. Il est indiscutable que la possession, pour une nation, d'une grande partie du capital exploité sur un sol étranger constitue pour elle le début de la colonisation de ce sol.

L'exportation de capitaux, associée, il est vrai,

à son contrôle rigoureux et à sa direction, constitue donc, à notre époque, la première étape de
l'agrandissement de la Patrie, dont la deuxième
doit être la conquête armée ou l'imposition d'un
traité de protectorat. En dehors de cette éventualité, seule favorable à l'expansion de la race,
l'exportation de capitaux doit être rigoureusement
interdite.

IV

Nous voici arrivés au terme de notre étude de
la production. Nous avons essayé de n'en dégager
que les faits essentiels en les groupant d'une manière aussi schématique que possible. Nous n'avons
retenu que les données indispensables à la compréhension du problème de la population.

Nous pouvons désormais démentir d'une manière absolue les vues d'après lesquelles la production ne pourrait s'accroître que par une augmentation préliminaire du nombre. Pas une fois
nous n'avons noté la nécessité pour le travailleur
d'avoir une très nombreuse famille, dans le but
d'accroître son rendement. Les meilleurs ouvriers
ne sont pas fatalement ceux qui ont le plus d'enfants, et nous estimons au moins imprévue la solution qui voudrait donner, dans l'armée ou l'administration, un avancement hors tour aux pères
de nombreux enfants !

Retenons donc les faits suivants :

1º La production d'un pays dépend de son capital (en dehors des conditions géologiques non imputables à l'homme). Plus le rendement et la valeur de ce facteur seront élevés, plus la production sera considérable.

2° la production est surtout sous la dépendance du capital productif. Il y a donc lieu de réduire au minimum, imposé par l'hygiène et l'état moral des citoyens, la valeur des capitaux de protection, d'art et d'armement ;

3° Le nombre des travailleurs effectifs d'une nation est proportionnel à la valeur du capital de production pour un degré de perfectionnement mécanique. Il ne faut donc pas songer à l'utilisation de main-d'œuvre disponible avant d'avoir créé le capital nécessaire à la création de ses moyens d'existence ;

4° Le nombre des travailleurs *virtuels* d'une nation est directement déterminé : par la production effective de chaque travailleur du groupe précédent et par la part de cette production que ce travailleur accepte d'échanger contre une *consommation virtuelle;*

5° Le nombre des adultes sains d'une nation, arrivant à l'âge adulte, étant déterminé par la natalité et la mortalité infantile, tandis que le nombre possible des travailleurs est fixé par le capital existant, on ne saurait rechercher une relation directe entre le nombre des travailleurs et le nombre théorique de la population active calculé d'après les taux de natalité et de mortalité ;

6°. L'accroissement du capital est indépendant de la population. Il relève uniquement de l'épargne de chaque individu sur sa consommation, proportionnelle (si l'on peut s'exprimer de la sorte) à l'esprit de prévoyance et de sacrifice de l'individu ;

7° A capital égal, le rendement est sous la dépendance de l'organisation de la production : celle-ci est le fait de l'élite intellectuelle du pays.

CHAPITRE VI

CHARGE INFANTILE ET NATALITÉ

I. — Les facteurs déterminants principaux de la charge
infantile.

II. — Le taux de la natalité optima.

III. — La diminution de la natalité constatée dans les
pays civilisés est un processus de progrès facilitant l'expansion de la race. Elle n'est pas condamnable économiquement.

I

Le mécanisme de la production, que nous venons d'étudier, nous interdit de considérer la population comme sa cause déterminante. Or, nous avons vu plus haut que les faits démontraient un parallélisme presque mathématique entre les deux facteurs : la production n'étant pas l'effet de la population en est donc vraisemblablement la cause. C'est cette hypothèse que nous allons chercher à vérifier, à la lumière de nos connaissances sur la biologie humaine. Les recherches des physiologistes du dernier siècle nous ont appris assez exactement quels étaient les besoins alimentaires essentiels de l'homme. Ces données vont nous fournir une base très sérieuse pour l'établissement d'une théorie de la population.

La production agricole jointe à l'importation annuelle met en effet à la disposition de la nation un stock assez bien connu des denrées alimentaires qui est utilisé par la somme de toutes les familles. Nous pouvons dès lors, en appuyant sur les chiffres fournis par les hygiénistes, connaître presque exactement le nombre de bouches que peut alimenter la production du pays, sans crainte de déterminer l'affaiblissement de la race par l'insuffisance de nutrition, et ce nombre nous donnera la valeur correspondant au maximum de puissance vitale du pays. Si la réalité lui est inférieure, nous aurons le droit de nous émouvoir et de flétrir le gaspillage familial. Sinon, nous aurons démontré le bien-fondé de notre thèse, à savoir que l'homme, comme tout être vivant, obéit à la loi de l'expansion maxima et que son nombre ne saurait être accru avant la création de nouveaux moyens de subsistance.

. . . .

Soit R_n la valeur de la production de nécessité (vivres, vêtements, éclairage, chauffage, etc...) égale, ainsi que nous l'avons vu à $\Sigma\,(C)_{fi}$ et $(T_i + T'_i) + T_2$ le nombre total des travailleurs de la nation. La part moyenne qui sera réservée à chacun et qui représentera la fraction consommable du salaire fiduciaire moyen sera

$$\frac{R_n}{(T_i + T'_i) + T_2}.$$ Cette part moyenne ne représente évidemment pas la part qui sera achetée par chaque travailleur, car certains de ceux-ci sont célibataires, tandis que d'autres ont une famille

nombreuse. Mais ce serait la fraction affectée à chacun, si, par un procédé quelconque, on venait à égaliser les charges de famille, ou, ce qui revient au même, à mettre enfants, mères, infirmes, vieillards à la charge de l'État.

Sur cette quantité de denrées mises, en moyenne, à sa disposition, le travailleur va prélever pour ses propres besoins une ration que nous désignerons par K et qui représentera la consommation moyenne de nécessité de chaque travailleur. Cette fraction K sera sensiblement la même pour tout travailleur du pays. Il ressort d'enquêtes alimentaires que la consommation individuelle du pain pour l'adulte est la même pour tous à quelques grammes près, que la consommation de viande diffère relativement peu, ainsi que celle de sucre, de légumes secs, etc... Bien que différant un peu plus, la quantité consommée de charbon, de bois et d'éclairage varie relativement peu de l'un à l'autre, et la quantité de linge et de vêtements usée par an et par adulte ne subit pas, *dans la masse*, de grandes oscillations. Si nous venions donc, comme nous l'avons fait pour quelques denrées, à établir des coefficients de consommation égaux pour tous et concernant les seuls articles de nécessité, nous ne modifierions pas sensiblement les conditions de vie des neuf dixièmes de la population.

Soit P la population totale du pays. Nous appellerons « *charge sociale moyenne* » du travailleur le coefficient $\dfrac{P}{\Sigma(T)} = h$, c'est-à-dire le nombre moyen de personnes que chaque travailleur doit faire vivre par son labeur.

Mais cette « charge sociale » est composée de deux parties fort différentes :

1° La catégorie la plus importante est constituée par les enfants, c'est-à-dire, en France, par la presque totalité des individus de 0 à 16 ans. Soit h_i le nombre moyen d'enfants à la charge de chaque travailleur.

2° Une deuxième catégorie est constituée par les adultes à la charge des travailleurs : femmes ne travaillant pas, malades, vieillards, infirmes. Soit $\dfrac{\Sigma(T)}{m}$ la fraction correspondant à cette catégorie.

Nous aurons :

$$h = h_i + \frac{1}{m} + 1$$

Nous pouvons admettre — et ce faisant, nous ne sortirons pas des approximations fatales avec les moyennes — que la consommation de nécessité moyenne des adultes à charge est sensiblement égale à K.

Soit enfin k la consommation moyenne de la totalité des enfants (nous préciserons plus loin cette valeur). Nous pourrons écrire l'équation suivante rendant compte de la destruction des matières consommables :

$$R_n = \Sigma(T) . (1 + \frac{1}{m}) . K + \Sigma(T) . h_i . k$$

ce qui donne :

$$h_i = \frac{\dfrac{R_n}{(\Sigma T)} - K (\frac{1}{m} + 1)}{k}$$

et $h_i . \Sigma(T)$ nous donnera la population infantile totale maxima que peut nourrir un pays, si nous estimons *nécessaires* les consommations K et *k* moyennes pour chacun de ses membres.

. . . .

Cette formule théorique va nous permettre de discuter, sans nous égarer, les possibilités d'accroître dans un pays la charge infantile.

1° Rôle des travailleurs. — La charge infantile est d'autant plus grande que le nombre des travailleurs est petit. Cette conclusion théorique est vérifiée dans la pratique. Dans les pays essentiellement agricoles, à population disséminée, il n'existe pas ou peu de travailleurs virtuels et de producteurs de luxe. Toute l'activité du pays est absorbée par la besogne des champs. Or l'observation démontre que ce sont ces pays qui comptent es plus nombreuses familles.

Il parait donc sensé, à première vue, quand il s'agit d'accroître la charge infantile d'un pays, de chercher à diminuer le nombre de ses travailleurs virtuels ou producteurs de luxe.

Mais comment obtenir le résultat ? Le passage d'une catégorie à l'autre est impossible en temps normal sans constitution de capitaux préalables. Et d'ailleurs, ce passage pourrait peut-être agir sur la quantité de production, mais non sur le nombre Σ (T) qu'il conviendrait de réduire.

Resterait la suppression de toute la catégorie des « soi-disant inutiles » en les obligeant à disparaître ou à émigrer. Mais il faut convenir qu'il s'agirait d'une mesure au moins paradoxale, que celle qui consisterait à priver un pays d'une partie de ses adultes pour en augmenter la puissance.

Et, pourtant, ce serait le résultat rapidement obtenu, si l'on acceptait aveuglément des taxes sur le luxe élevées qui, nous l'avons vu, détermineraient aussitôt le chômage dans les professions correspondantes avec, en conséquence, la misère et la nécessité de l'exil.

2° Rôle de la production de nécessité. — C'est le facteur le plus important et c'est ce qui explique comment il paraît être le seul quand, comparant la production à la population, on voit ces deux valeurs suivre des courbes sensiblement parallèles.

Nous avons plus haut consacré un chapitre aux conditions capables d'accroître ce revenu en même temps d'ailleurs que le rapport $\dfrac{Rn}{\Sigma\,(T)}$ qui représente, ne l'oublions pas, la fraction la plus importante du salaire réel. Théoriquement, la charge infantile doit être élevée dans les pays où ce rapport est grand, ce qui est le cas pour les nations ayant un nombre réduit de travailleurs urbains et une production agricole à gros rendement obtenue avec une main-d'œuvre limitée. L'observation vérifie précisément cette vue : le Canada, la République Argentine, certains États de l'Ouest aux États-Unis ont des familles extrêmement nombreuses et vigoureuses. Or, nous y savons la production agricole intense avec une main-d'œuvre très restreinte, grâce à l'emploi d'un outillage mécanique perfectionné.

Un pays qui veut chercher à accroître sa charge infantile doit donc chercher à se rapprocher de cet état, c'est-à-dire, puisque la diminution de Σ (T) ne peut être envisagée, accroître au maximum sa production agricole, sans supplément de main-d'œuvre et grâce seulement au progrès de ses procédés culturaux.

3º Rôle des adultes à charge. — L'examen de l'équation nous montre que h_1 sera d'autant plus élevé que $\dfrac{1}{m}$ sera plus faible.

Cette fraction comprend :

a) Les femmes à la charge des travailleurs (mères de familles par exemple);

b) Les malades, les infirmes et les vieillards ;

c) Les chômeurs.

Effectivement, dans les peuples à mœurs primitives où la femme est considérée comme une bête de somme, où les infirmes sont peu secourus, où les vieillards n'ont à compter sur aucun secours de la part de la collectivité, où les chômeurs sont réduits au brigandage ou à la mendicité, on constate des familles très nombreuses : par exemple la Russie, la Serbie, certains pays musulmans, les tribus du Sénégal, etc...

Est-ce à dire qu'il convienne, pour augmenter la charge infantile d'un pays, de condamner à mort vieillards et infirmes (procédé, dit-on, très en honneur dans certaines tribus d'anthropophages), et d'obliger la femme à un travail exténuant ? Bien que nous estimions qu'il serait excessif d'interdire tout travail à la femme, nous pensons toutefois que la présence de la mère au foyer pendant une grande partie de la journée est nécessaire, que la protection de la femme enceinte doit être étendue, de même que celle de la nourrice. A notre sens, toute mesure fiscale ou législative qui essaierait de diminuer le facteur $\dfrac{1}{m}$ nous paraît devoir être mûrement pesée avant d'être mise à exécution.

Et d'ailleurs, il ne suffirait pas de décréter que

tout adulte en âge de le faire doit travailler ; il faudrait encore trouver du travail à cette main-d'œuvre. Or, pour obtenir un résultat sur la charge infantile, il faudrait que cet appoint pût accroître la production de nécessité, chose impossible avant la création de capital nouveau.

Dans un État civilisé, il ne faut donc pas compter sur la diminution primitive obtenue, soit par coercition, soit par persuasion, de la charge adulte, pour accroître la charge infantile. Le seul résultat qui pourrait être ainsi obtenu, c'est l'abaissement du niveau moral par la désertion du foyer et l'accroissement de l'âpre concurrence vitale (1).

4° **Rôle de la consommation des adultes.** — La charge infantile sera d'autant plus considérable que la consommation sera plus faible. Effectivement, les peuples ayant beaucoup d'enfants sont généralement sobres ; par exemple, en Italie du Sud, en Bulgarie, où la nourriture est presque exclusivement végétale, composée de seigle ou de maïs ; au Japon, où l'alimentation du peuple est souvent réduite à du riz et quelque poisson séché, la charge infantile est très élevée.

Il paraît donc justifié de conseiller, sinon d'imposer, à un peuple qui veut relever sa charge infantile, une compression sévère de sa consommation de nécessité. Il s'agit là d'une mesure appelée, selon nous, à rendre d'immenses services à la cause de la nation.

Il ne faudrait pas cependant chercher à obtenir

____

(1) Par contre des mesures inverses, accroissant $\frac{1}{m}$ diminueront la charge infantile (rôles des lois dites sociales).

ce résultat en essayant de diminuer la valeur des revenus des plus riches au moyen des taxes chargeant les célibataires, les gros capitalistes, etc... Ces taxes diminueraient simplement la part réservée à la consommation de luxe, mais ne donneraient aucun appoint à ceux qui manquent de denrées de nécessité. Elle créerait d'autre part, comme nous l'avons vu, le chômage dans les industries de luxe.

La seule méthode capable d'obtenir une compression de K, en dehors d'une problématique persuasion, serait le rationnement généralisé à toute la nation. Cette méthode, qui a permis à l'Allemagne de tenir tête quatre années au monde ligué contre elle, lui donnera sans doute la possibilité d'un relèvement rapide. Parce que nous n'avons pas voulu imiter nos voisins, la vie reste chère et dure chez nous et l'existence d'une famille nombreuse est radicalement impossible pour un petit salarié.

Il ne faut pas croire cependant que le contingentement donnerait en France un résultat qui égalerait notre charge infantile à celle de l'Allemagne d'avant-guerre. La soif de jouissance dont on nous accuse aujourd'hui à tort et à travers est beaucoup plus apparente que réelle. Notre ration actuelle est nettement inférieure à celle d'avant-guerre, puisque nos ressources intérieures jointes à l'importation sont loin d'égaler les valeurs de 1914. Or, à cette période, nous verrons que la ration alimentaire était plutôt inférieure en moyenne à celle que les physiologistes nous décrivent comme utile à une vie hygiénique. Descendre au-dessous de cette valeur, c'est exposer le pays, en dehors d'un fâcheux retentissement sur la moralité du citoyen, à de graves atteintes.

La guerre qui nous a imposé un rationnement assez sévère nous a, d'autre part, amené une recrudescence de la tuberculose pulmonaire, tandis qu'une épidémie de grippe, maladie souvent sans gravité dans un milieu résistant, a déterminé des milliers de décès. L'Allemagne, comme le démontrent les quelques statistiques de mortalité qu'elle a publiées depuis la guerre, a souffert beaucoup plus que nous, et ce pays, qui était fier de ses progrès dans la lutte contre la tuberculose, a vu le terrible mal décupler chez lui ses ravages, tandis que la mortalité infantile s'accroissait sans mesure.

Nous devons donc nous priver pour accroître la charge infantile du pays, mais jusqu'à une limite *optima*, au-dessous de laquelle nous ferions mauvaise besogne. En France, les restrictions devraient surtout être le fait de certains milieux aisés où le gaspillage, tant à la table des maîtres qu'à l'office, est un véritable scandale. Savoir manger frugalement ferait plus de bien à la cause de la charge infantile que toutes les donations, fêtes de charité et autres trompe-l'œil, dont les résultats sont nuls, sinon négatifs.

5° **Rôle de la consommation infantile.** — La charge infantile sera enfin théoriquement d'autant plus élevée que la consommation infantile sera plus basse. Ceci nous mène à une série de mesures ayant pour but de ramener au taux exactement nécessaire à une vie hygiénique la ration alimentaire de l'enfant. Quelques efforts pourraient être utiles, particulièrement dans les familles aisées, où, sous prétexte de servir l'enfant, on se livre à un gaspillage criminel de denrées nécessaires : lait, œufs, farines diverses, etc...

Est-ce à dire cependant que cette action serait suivie d'un effet important ? Nous ne le pensons pas, car des enquêtes récentes, portant sur l'alimentation de l'enfance, montrent au contraire que la ration infantile est généralement au-dessous du taux optimum, ce qui a pour résultat d'accroître la mortalité infantile.

. . . .

Il est en effet une raison qui fait subir au facteur k, moyenne de la consommation infantile de 0 à 16 ans, des variations très étendues suivant les peuples et les milieux : la variabilité de constitution du contingent infantile.

Supposons en effet un pays où la mortalité infantile soit nulle ; en supposant une natalité sensiblement constante, nous voyons qu'il aura pour chaque âge le même nombre d'enfants. Soit un autre pays où la mortalité du premier âge soit au contraire très élevée : il y aura 2,3 fois plus d'enfants de 0 à 1 an que de 15 à 16 ans.

Or, la consommation de l'enfant de 16 ans, presque adulte, est élevée, tandis que celle du nouveau-né est minime.

Dans le premier pays, la consommation moyenne k, telle que nous l'avons définie, sera beaucoup plus élevée que dans le second, même si à chaque âge chaque enfant ne consomme pas davantage.

En résumé, nous voyons donc qu'un pays, disposant d'une même quantité d'objets de consommation pour ses enfants, en élèvera un nombre d'autant plus grand, que la mortalité infantile sera plus considérable et que la mort des enfants se produira plus vite après leur naissance, c'est-à-dire au moment où leur consommation est moindre.

Effectivement, nous savons que les pays qui ont le plus d'enfants pour 1.000 adultes sont précisément ceux où la mortalité infantile est le plus élevée. C'est ainsi que la Russie a 643 enfants de moins de 15 ans pour 1.000 adultes, mais une mortalité de la première année de la vie de 130 pour 10.000 habitants, l'Allemagne 550 pour 1.000 avec une mortalité de 57, l'Angleterre 440 enfants seulement avec une mortalité d'à peine 31.

Ces résultats sont-ils inexplicables et n'y aurait-il pas un lien intime entre une charge infantile très grande et la mortalité infantile?

Les enfants qui naissent ne sont pas tous viables : certains présentent des malformations congénitales incompatibles avec l'existence, d'autres héritent d'une syphilis qui les condamne à peu près fatalement à la mort, quels que soient les soins déployés pour enrayer l'évolution normale de leur affection. Ce sont là des « ratés » de la nature qui pourraient sans doute être réduits en nombre par une sélection rationnelle des parents, mais qui existent fatalement à tous les âges et dans toutes les nations et qui existeront tant que ne seront pas réformés nos règlements concernant le mariage d'individus tarés. Il ne s'agit pas d'ailleurs d'un lot bien nombreux et il n'est pas certain que la proportion par rapport à la totalité des naissances excède 3 à 5 pour 100 (morts-nés déduits).

A côté de ce déchet fatal, on trouve un lot comprenant le reste des enfants et qui est constitué par des représentants capables d'arriver à l'âge adulte. Mais parmi eux existent des différences considérables. Façonnés par une longue hérédité, ils ont chacun un terrain spécial. Tandis que les fils d'alcooliques et de tuberculeux auront une fragilité tissulaire considérable, offrant une proie facile au bacille de Koch, d'autres n'auront pas acquis cette résistance aux affections contagieuses qui paraît être le fait de l'enfant des villes. D'autres encore auront un tube digestif défectueux ou assimileront mal la nourriture qui leur est donnée, tandis que leurs voisins présenteront un appareil respiratoire particulièrement sensible aux variations de température.

Donc, autant de terrains que d'individus, avec une gamme descendante de résistance physiologique. Chaque enfant a, dès lors, un taux de consommation minima (représentant quantitativement et qualitativement une certaine ration alimentaire et toute dépense nécessaire à l'entretien-chauffage, linge, vêtement, propreté corporelle) au-dessous de laquelle *il doit mourir*.

Supposons, dès lors, un pays possédant un stock alimentaire à partager entre ses enfants et ayant un nombre donné de nouveau-nés tel que la ration revenant à certains soit inférieure à leur ration minima d'entretien : ceux-ci disparaîtront et, laissant le champ libre, permettront aux autres, par leur mort, d'atteindre l'âge où ils pourront eux-mêmes subvenir à leurs besoins.

Cette conception nous rend compte d'une série de faits troublants :

1° Il est avéré que la mortalité infantile est beaucoup plus élevée dans les familles ayant plus de 2 ou 3 enfants. Une enquête que nous avons faite aux armées nous a appris que, dans les familles d'ouvriers industriels ou agricoles ayant compté plus de 6 enfants, la mortalité atteignait souvent 50 p. 100;

2° Dans deux familles nombreuses d'ouvriers ayant les mêmes ressources, comptant le même nombre d'enfants, que les parents soignent avec le même zèle, on constate des taux de mortalité fort différents. Cela s'explique en admettant que dans un des cas les enfants, issus de parents très sains et sains eux-mêmes, résistent malgré une alimentation et des soins obligatoirement rudimentaires à cause de la médiocrité du salaire paternel, tandis que dans le second cas la résistance infantile est trop faible à cause d'une hérédité défavorable;

3° Les familles nombreuses des gens riches n'offrent qu'une faible mortalité. Cependant les médecins savent que les tares héréditaires sont bien semblables chez l'ouvrier et chez le bourgeois. Mais les ressources de la famille étant moins limitées, il est possible de tenir chaque enfant, quelle que soit sa faiblesse constitutionnelle, au-dessus de son taux de consommation minima. Un enfant, né de parents riches tuberculeux, a 90 chances pour 100 de vivre, sans être touché par l'horrible maladie; né dans un milieu pauvre, au contraire, il sera presque fatalement atteint.

II

Il n'est pas impossible d'établir pour chaque âge une consommation moyenne minima telle, qu'avec cette ration, le plus débile puisse avoir de grandes chances de subsister (exception faite pour les tarés, qui constituent une infime minorité). Soit k_m la valeur de cette consommation minima pour l'enfant de 0 à 1 an.

En nous basant sur les données fournies par les médecins de l'enfance, nous avons estimé, *au cours d'avant-guerre* à 0 fr. 50 par jour, ce taux, comprenant les dépenses totales imposées à la famille, soit par l'allaitement artificiel, soit dans les cas d'allaitement maternel par le supplément de nourriture imposé à la mère (chauffage, couchage, blanchissage compris). Bien que faible, cette somme pouvait, à l'époque, être considérée comme un minimum compatible avec l'existence (1).

La complication du régime alimentaire, les frais croissants d'entretien nous amènent à l'estimation des dépenses suivantes compatibles avec une vie saine :

de 1 à 3 ans dépense moyenne journalière de   0 fr. 75
de 3 à 8 ans. . . . . 1 »
de 8 à 13 ans . . . . 1 fr. 75

A partir de 13 ans, l'enfant commence à travailler, ce qui diminue en partie les frais à la charge des parents. Il convient cependant d'évaluer à 0 fr. 50 par jour pendant encore 3 années la moyenne des dépenses journalières de l'enfant jusqu'à 16 ans (et encore cette moyenne s'établit

---

(1) Ce taux est une moyenne pour la France. Étant donné les écarts de prix des denrées chez le producteur à la campagne et chez l'ouvrier à la ville, il signifie pour Paris, par exemple, une dépense moyenne de 0 fr. 65 et pour la campagne de 0 fr. 35.

en tenant compte des dépenses effectuées par tous les jeunes gens allant au lycée jusqu'à 20 ans et par toute la masse des étudiants).

Si k_m est la valeur de la consommation moyenne de 0 à 1 an, nous aurons donc schématiquement la croissance suivante des consommations affectées par la nation à l'entretien de la charge infantile :

De 0 à 1 an . . . . k_m

De 1 à 3 ans. . . . . $\frac{3}{2} k_m$

De 3 à 8 ans. . . . . $2 k_m$

De 8 à 13 ans . . . . $\frac{7}{2} k_m$

De 13 à 16 ans. . . . . k_m

Appelons A, B, C, D, E le nombre moyen d'enfants existant par année d'âge dans ces diverses catégories. La totalité des enfants de la nation s'écrira :

$$A + 2B + 5C + 5D + 3E = h_i . \Sigma (T)$$

et en faisant la somme de leurs consommations nous aurons :

$$k_m (A + 3B + 10C + 17D + 3E) = \Sigma(T) \left[\frac{Rn}{\Sigma(T)} - K(1 + \frac{1}{m}) \right]$$

Les nombres A, B, C... ne sont pas égaux, même si le pays a une natalité stationnaire. La mortalité infantile intervient en sorte que le dernier terme E peut, après avoir eu la valeur de A, 15 ans auparavant, n'en plus représenter que la moitié.

Or, ce qui est intéressant pour un pays, ce

n'est pas le nombre des enfants nouveau-nés, mais bien le nombre des enfants arrivant à l'âge adulte. Nous voyons que, pour une valeur déterminée du stock de nécessité (2e terme), E sera maximum quand A, B, C, D auront la même valeur, c'est-à-dire quand la mortalité sera nulle. Nous avons supposé que k_m remplissait les conditions suffisantes, sinon pour annuler la mortalité, du moins pour la restreindre aux seuls enfants non viables.

Supposons que k diminue, le nombre des enfants augmentera, mais la mortalité s'accroîtra encore plus rapidement. A, B seront accrus, mais le seul terme intéressant E aura diminué. Nous aurons réalisé l'état existant en Russie où 50 p. 100 seulement des enfants arrivent à l'âge d'homme. Il y a, dans ce pays et les pays semblables, un immense gaspillage de vie et un gaspillage non moins grand d'objets de nécessité, car tout ce qui a été consommé par les enfants décédés l'a été en pure perte pour la nation.

Donc l'état vers lequel nous devons tendre théoriquement et qui se trouve être précisément celui vers lequel tendent les nations civilisées doit être celui pour lequel A serait égal à E.

Pratiquement, A peut représenter environ 95 p. 100 de la natalité, les 5 p. 100 restants étant constitués par les déchets inévitables dont nous avons parlé plus haut. En comptant jusqu'à 16 ans une perte supplémentaire de 5 p. 100, inévitable encore à cause des accidents, maladies, que nous ne pouvons encore combattre par une hygiène suffisante, nous voyons qu'en appelant N_0, la natalité optima pour laquelle l'utilisation du stock affecté à l'enfance serait maxima, nous pourrions écrire :

$$N_o = 1,10 . \Sigma . (T) \frac{\dfrac{Rn}{\Sigma(T)} - K\left(1 + \dfrac{1}{m}\right)}{34\, k_m}$$

$$= 0,033 . \Sigma(T) \frac{\dfrac{Rn}{\Sigma(T)} - K\left(1 + \dfrac{1}{m}\right)}{k_m}$$

Cet état de natalité optima est celui qui donnera à un pays le maximum de puissance. S'il est dépassé dans la pratique, *il faudra* que l'équilibre se rétablisse et qu'une forte mortalité vienne permettre, en supprimant des bouches superflues, au contingent survivant de satisfaire ses besoins physiologiques ([1]).

Nous voyons que les facteurs qui déterminent la natalité optima sont les mêmes que ceux qui régissent la charge infantile. Nous ne reviendrons pas sur la discussion du problème.

A titre d'exemple cependant, nous citerons un phénomène qui parait suggestif. En 1914, on constate, dans les 6 premiers mois de l'année, un excédent des décès sur les naissances atteignant 25.000 unités. Or l'année 1913 donnait, au contraire, un excédent de 42.000 naissances.

Si nous nous reportons à cette époque nous constatons :

1° Une variation du rapport des travailleurs réels T_1 aux virtuels T_2. En effet la loi de recrutement de 1913 accroit notre armée de 220.000 hommes prélevés sur T_1. La masse des travailleurs virtuels

---

(1) Cette nécessité, hélas, dure mais froidement réelle, obscurcit sérieusement les conceptions sur le « droit sacré de l'enfant à la vie ».

s'accroît donc au détriment de celle des producteurs réels ;

2º Ce prélèvement ne pouvait être sans conséquence sur la production. Certes, il eût été facile, si nous avions auparavant regroupé nos travailleurs, d'obtenir une production égale et même supérieure, en organisant nos entreprises. Mais nous n'avons pas procédé de la sorte et nous avons brutalement arraché à leurs occupations 200.000 jeunes gens sans chercher à prendre des mesures complémentaires pour parer l'éventualité. Il en est résulté une perturbation de la production, visible sur les courbes de notre revenu agricole et industriel (stationnement du troupeau, faible récolte de blé et de pommes de terre, affaissement de la production houillère).

Nous avions à choisir entre l'accroissement de la mortalité ou la diminution de la natalité ; nous nous sommes arrêtés à cette deuxième solution.

Autre exemple : l'Allemagne, dont la production consommable s'est considérablement affaissée au cours de la guerre, a vu son taux de natalité décroître dans des proportions extraordinaires (50 p. 100), tandis que doublait la mortalité infantile. Étant donné l'affaiblissement économique que lui imposera, s'il est exécuté, le traité de Versailles, on peut prévoir, pour les 30 années qui vont suivre, que notre ennemi aura un chiffre de natalité qui tombera sans doute au-dessous du nôtre.

En résumé nous pouvons conclure :

1º La charge infantile est d'autant plus considérable dans un pays, qu'est élevée la part moyenne d'articles consommables représentée dans la valeur monétaire totale du salaire. La diminution de la consommation de luxe n'aura d'effet que si elle peut être remplacée, valeur pour valeur, par une consommation de nécessité (ce qui ne peut être que par une action préliminaire sur le capital ou une modification de nos habitudes d'exportation);

2° La charge infantile présentera son maximum de valeur sociale, c'est-à-dire donnera au pays le maximum de jeunes adultes, quand la natalité se sera fixée au taux pour lequel l'enfant trouvera dans sa famille les soins hygiéniques minima pour une vie saine et hygiénique. Nous appelerons ce taux *la natalité optima*.

. . . .

Nous n'avons pris dans les facteurs déterminants de la charge infantile que les plus importants, négligeant volontairement d'autres facteurs qui, à notre sens, ont une importance moins considérable. Nous ne voudrions pas cependant les passer sous silence, mais nous tenons à faire remarquer que l'adjonction de nouvelles conditions économiques diminuera au lieu d'accroître la valeur théorique donnée à la natalité optima.

Parmi ces facteurs deux sont surtout importants : l'habitation et l'école.

Nous savons combien sont exigus les locaux où s'entassent les familles nombreuses dans les grandes villes et combien sont misérables la plupart des maisons habitées par nos paysans. Des efforts considérables seraient souhaitables pour accroître l'hygiène familiale : démolition de maisons insalubres, distribution de l'eau potable dans les moindres villages, éclairage électrique, construction d'écoles saines, etc...

Cependant, nous refusons de voir dans ces facteurs l'importance qu'y attachent certains hygiénistes. Certes, la mortalité est considérable dans certains quartiers sordides, mais nous estimons que cette mortalité est due, non aux maisons, mais aux conditions misérables de nourriture, d'habillement, de chauffage de leurs habitants. S'il était possible de faire habiter les maisons dites insalubres par des individus ayant de gros revenus, nous verrions qu'en réalité leur importance n'est pas capitale.

Nous ne sommes pas opposés à la construction de logements clairs, aérés, vastes et ensoleillés, mais nous nous trouvons en face de problèmes extrêmement angoissants. La guerre nous a terriblement appauvris et nos capitaux disponibles vont être très limités. Nous devons donc choisir entre une capitalisation dans le domaine de la production ou dans celui de la protection. Si nous faisons des maisons neuves après avoir abattu les locaux insalubres, si à grands frais nous entreprenons de grands travaux de voirie, nous devons délaisser notre agriculture et notre industrie. Il faut savoir sérier les questions. Sachons remettre à plus tard ces travaux.

La guerre nous a donné de bien intéressants renseignements à ce sujet. Des milliers d'hommes ont vécu dans des abris infects, mal ventilés, enfermés, suintant l'eau de toutes parts, mais ils étaient bien vêtus, assez bien chauffés et surtout bien alimentés. Leur morbidité n'a pas été très élevée malgré les crises de surmenage moral et physique qui leur furent souvent imposées. Négliger cet exemple serait une grave erreur.

Il semble que dans ce domaine nous suivions une évolution semblable à celle qui a régi nos vues sur l'infection. Au lendemain des découvertes de Pasteur les chirurgiens, convaincus que l'infection des plaies se faisait par l'air, exigeaient autour d'eux un luxe de précautions : salles fermées à coins arrondis, pulvérisations antiseptiques, etc. Or, nous savons aujourd'hui que la plupart de ces précautions sont inutiles, car les germes de l'air ne sont *généralement* pas pathogènes. L'infection se fait par les mains et les instruments.

De même, deux facteurs régissent l'évolution de la tuberculose, du rachitisme et des autres maladies semblables : une nutrition insuffisante, une aération défectueuse. La première cause est capitale, la seconde accessoire. C'est pourquoi nous l'avons négligée dans une étude de la natalité qui doit être schématique, si elle ne veut pas être incompréhensible.

III

Il importe de bien comprendre la valeur exacte des données théoriques que nous avons ci-dessus exposées. Elles ne représentent nullement la réalité : celle-ci est bien plus complexe. Nous avons supposé la possibilité, pour un esprit doué d'une faculté d'organisation supérieure, de répartir exactement, avec le minimum de gaspillage, la production totale de nécessité du pays. Nous avons supposé que cette répartition égalitaire ne retentissait pas sur le moral du pays et que les masses, une fois reçue la part qui leur revient, laissaient de côté tout but égoïste pour ne songer qu'à la prolongation de l'espèce. C'est dire que les nombres théoriques que nous pourrons obtenir en partant des données staslistiques réelles nous donneront des maxima et non des minima.

Cependant ces nombres peuvent nous donner des indications extrêmement précieuses sur les causes réelles de la diminution de la natalité. Nous savons que cette diminution n'intéresse pas seulement la France. Un simple coup d'œil jeté sur les courbes de natalité des pays civilisés montre une diminution lente, mais certaine, du facteur.

Lorsque nous constatons la généralité d'un fait dans l'espèce humaine, nous n'avons pas le droit de le condamner *a priori*. Certes, les actes humains ne sont pas toujours profitables à la race, souvent même, accomplis dans la meilleure intention, ils lui sont néfastes. C'est ainsi que les fous de Russie détruisent aujourd'hui le capital et l'élite intellectuelle, dans l'obscure croyance de servir ainsi la cause du peuple. Mais déjà les esprits commencent à se rendre compte qu'il s'agit d'une évolution rétrograde et l'on peut prédire avec certitude le retour à des conceptions sociales différentes.

L'homme, en effet, est invinciblement poussé vers le mieux, c'est-à-dire vers la perfection de son espèce. Sachant plus ou moins vite prendre conscience des résultats de ses actes, il élimine toujours ceux qui s'opposent aux tendances de progrès. L'extension d'une coutume, d'une tradition a dès lors de grandes chances, surtout si

elle résiste à l'épreuve du temps, d'être un pro·
cessus d'amélioration.

Or, nous constatons précisément cette généra·
lisation dans la restriction de la natalité. Il s'agit
d'un fait, à vrai dire récent, puisqu'il n'a réelle·
ment pris d'ampleur que depuis une cinquantaine
d'années. Mais n'est-il pas troublant de le voir
gagner tous les peuples ? Et, cependant, si nous
faisons abstraction de la France, tous ces peuples
voient croître leur population plus rapidement
qu'à aucune époque, tandis qu'augmente la valeur
de leur richesse et de leur revenu.

Cette simple constatation doit nous inciter à
une profonde réflexion, et c'est pourquoi nous
avons chercher à expliquer le phénomène.

.   .   .   .

Admettons notre théorie. Le phénomène s'éclaire
et cesse de devenir incompréhensible.

Il existe dans l'espèce humaine une « natalité
naturelle » élevée et capable de permettre le doublement en moins de 25 ans. Malheureusement, le
nombre des travailleurs et leur production sont
limités par un facteur essentiel, le capital, et, de
la sorte, le nombre des enfants à la charge de
chaque travailleur est strictement limité, si l'on
veut éviter une mortalité considérable et désastreuse pour le pays.

Il n'est pas douteux que, si le travailleur le
pouvait, il multiplierait à l'extrême ses moyens
de production. Malheureusement, la chose est
impossible, car elle se heurte à des difficultés
insurmontables. Ces difficultés peuvent, il est
vrai, être réduites par une élite intelligente, mais
le tout pour un peuple est de posséder cette élite,

qui accepte de confondre ses intérêts particuliers avec ceux de la nation.

Dès lors la masse, pour assurer le maximum d'expansion à la génération suivante, se voit dans l'obligation d'abaisser sa fécondité afin que la nation atteigne son taux optimum de natalité. L'homme adapte ses réactions vitales au milieu, dans l'incapacité actuelle où il se trouve d'agir sur lui.

Nous ne devons pas oublier cependant que le « taux optimum » n'a pas de fixité. Soumis aux conditions de la production, à la composition du groupe des travailleurs, aux conditions climaté-riques qui exigent pour chacun une consommation différente, il constitue une valeur souple, variable, capable de descendre très bas pour remonter ul-térieurement.

S'il est exact que la France diminuait sa nata-lité pour s'adapter à ses conditions économiques (et nous verrons le taux théorique s'accorder à 1/10 près avec le taux effectif), nous ne devons avoir aucune inquiétude sur son avenir et traiter de billevesées les calculs nous annonçant que dans 40 ans le pays n'aura plus que 10 millions d'habitants.

S'il est exact que l'Allemagne suivait la même voie, nous pouvons affirmer que sa natalité se fixera à des taux ne dépassant pas 15 à 18 p. 1.000 tant qu'elle sera soumise à des redevances envers les Alliés.

Par contre, gardons-nous bien de faire des comparaisons hâtives et de mettre en regard des éléments d'origine différente. Un pays à forte production, n'ayant pas recours à l'immigration, pourra posséder un taux optimum de natalité élevé, voisin même de la natalité naturelle, dans les périodes d'intense prospérité. Nous sommes donc incapables de tirer un enseignement quelconque de la comparaison brutale des deux taux différents de la natalité. Nous devons surtout éviter de porter, en concluant, les pires jugements sur les familles des humbles.

. . . .

Donc nous devons considérer la restriction de la natalité comme un phénomène de progression tant qu'elle a pour but de fixer ce facteur au niveau du taux optimum. Au-dessous de lui, la restriction de la natalité devient à nouveau un signe de régression. A ce moment seulement elle poursuivra des buts égoïstes et cherchera à accroître le confort des parents. A ce moment seulement, nous aurons le droit de pousser un juste cri d'alarme. Mais, auparavant, tenons-nous en au conseil plein de franchise que donnait récemment encore M. Brieux (1) : « Il faut dire aux Français atteints de pauvreté de ne pas faire d'enfants... L'homme qui procrée sans réflexion, qui ajoute un convive autour d'une table insuffisante, cet homme là est une brute. »

Ayons des enfants, soit! Sachons tout sacrifier pour les élever sainement, mais arrêtons-nous dès que nous ne sommes plus en mesure de leur donner ce qui leur est nécessaire. Si un père ne doit pas hésiter à sacrifier ses fils quand l'avenir de la Patrie l'exige, il n'est pas de son devoir de procréer des enfants qu'il sait condamnés d'avance.

____

(1) M. Brieux, article du *Matin*, 11 octobre 1909.

N'ayons aucune reconnaissance aux parents qui, ayant une famille nombreuse, abandonnent leurs enfants aux soins de la charité publique.

La France doit raisonner comme le chef de famille ; elle doit vouloir des hommes et non des naissances ; elle doit imposer au citoyen l'effort maximum qu'il peut fournir. Il ne faut pas qu'elle demande davantage. Soyons sévères, mais soyons justes (1).

(1) Quant aux pseudo-moralistes qui osent actuellement prétendre que le Français, avachi, éperdu de luxe, oublie ses devoirs de famille, nous leur dédions la lettre suivante écrite par un témoin qui a su se pencher sur l'affreuse difficulté de la vie à l'heure actuelle.

« On peut demeurer froid devant un champ de bataille et garder un cœur ferme au chevet des blessés. Ce spectacle de l'enfance ravagée est insoutenable... Nous lisons pour nous réconforter des notes comme celles-ci :

Age de l'enfant : 6 ans. — Bronchite, entérite.
Parents : père tué à l'ennemi, mère tuberculeuse.
Nombre d'enfants : six.
Logement : une pièce et une cuisine.

« Ou :
Age de l'enfant 8 ans, Bronchite double.
Parents : père tuberculeux.
Nombre d'enfants : sept.
Logement : une voiture aménagée en roulotte.

« ou celle-ci :
Age des enfants : 7 ans, 6 ans, 5 ans.
Parents : mère épuisée, père réformé sans pension.
Nombre d'enfants vivants : huit ; morts : huit.

« ou cinquante autres fiches, bilan de la journée, chacune résumant, concise et terrible, une petite vie étouffée entre des murs, sous un toit... » (*Colette* : Les Enfants pâles, circulaire pour la Cure d'Air.)

Voilà des faits, et nous en avons partout observé de semblables.

Que la campagne pour le relèvement de la natalité vienne à porter ses fruits avant que nous ayons modifié notre outillage et accru notre production, et ce ne seront plus cinquante, mais des milliers de familles qui seront dans la situation décrite ci-dessus.

CHAPITRE VII

LES VARIATIONS DE LA POPULATION

I. — La relation d'équilibre des facteurs économiques.
II. — L'erreur des remèdes destinés à accroître primitivement la population.
III. — Les retentissements économiques de l'accroissement des productions de luxe et de nécessité.

I

Nous venons de voir comment la charge infantile peut croître en suivant la progression du revenu de nécessité. Mais il nous reste à étudier la série des mécanismes économiques complexes qui régissent, non seulement la charge sociale d'un pays, mais encore la valeur totale de la population. Ce facteur est, en effet, non seulement sous l'influence du nombre des enfants vivant dans la nation, mais encore de l'afflux étranger ou de l'exil des nationaux. L'émigration et l'immigration sont des éléments qu'il serait mauvais de négliger, surtout quand on les voit atteindre, par année, comme en Amérique ou en Italie, des valeurs dépassant le cinquantième de la population totale.

. . . .

Supposons que P soit la population d'une nation

où le capital ait une valeur C, avec un rendement net ρ. Soit E la valeur de l'épargne capitalisée, c'est-à-dire de toutes les constructions, bâtiments, machines, outillage, constituée en sus du capital existant dans le pays l'année auparavant. Soit K la consommation moyenne en articles consommables de toutes catégories (nécessité, utilité, luxe), telle que si A, B, C, D... sont les différentes catégories semblables de la population ayant des consommations respectives de K_A, K_B... nous ayons :

$$K = \frac{\Sigma(K_A . A + K_B . B + ...)}{P}$$

Soit enfin h la charge sociale moyenne de chaque travailleur telle que nous l'avons définie plus haut.

Si la *totalité des objets consommables est utilisée*, nous pourrons exprimer au bout de l'année l'activité sociale du pays par l'équation :

$$(1) \qquad P . K = T . h . K = C\rho - E$$

Supposons que l'épargne E soit capitalisée avec un rendement ρ_1, différent de ρ.

Supposons qu'une fraction du capital soit arrivée à terme d'usage et remplacée par une valeur égale de capital donnant à C un rendement quelconque ρ_2 et posons :

$$C\rho_1 + E \rho_2 = (C + E)(\rho + \Delta\rho)$$

$\Delta\rho$ sera positif ou négatif suivant que l'amortissement et la capitalisation de l'épargne se seront faits suivant un processus progressif ou régressif.

Mais il n'est pas certain que cette évolution du capital ait pu se faire sans que le nombre des travailleurs se soit modifié. Au contraire, une extension du machinisme aura pu libérer de la main-d'œuvre, tandis que, par exemple, la diminution des heures de travail en aura réclamé, ainsi que la capitalisation d'une épargne nouvelle. Donc, tandis que le capital devient $C + E$, le nombre des travailleurs sera passé à $T + \Delta T$.

D'un autre côté, sous l'influence des variations de la production, soit en quantité, soit en qualité, chaque consommateur subira une variation de bien-être qui se traduira par un accroissement ou une diminution ΔK de la consommation moyenne.

Enfin les capitalistes jouissant d'un revenu différent de l'année précédente épargneront une somme différente qu'il est possible de représenter par $E + \Delta E$.

Quant à la charge sociale elle sera devenue $h + \Delta h$.

Au bout de l'année notre relation (¹) sera devenue :

$$(C + E)(\rho + \Delta\rho) - (E + \Delta E) = (T + \Delta T)$$
$$(h + \Delta h)(K + \Delta K)$$

d'où l'on tire (1) :

$$(2)\ K(T.\,\Delta h + \Delta T\,h) + P.\,\Delta.\,K = (C + E)\,\Delta\rho + E\rho - \Delta E$$

En langage clair, cette formule signifie : tout accroissement de production consommable (2ᵉ terme) s'accompagne d'un accroissement de la consommation ou du nombre des consommateurs.

Nous verrons plus loin que, dans la pratique, on constate à chaque période et pour chaque peuple que *cette équation est vérifiée*. Elle est donc nécessaire, mais est-elle suffisante ? et peut-

____

(1) Ou $K(\Delta P) = (C + E)\,\Delta\rho + E\rho - P.\,\Delta K - \Delta E.$

on modifier automatiquement tous les facteurs de l'équation en agissant seulement sur un seul.

Prenons un exemple. Nous constatons que les éléments économiques d'une nation s'équilibrent à chaque instant de telle manière que leurs valeurs respectives satisfont à une équation que nous pourrions, si nous osions sortir des limites de l'observation, représenter, à la limite, sous une forme différentielle (1).

Supposons que nous donnions à la population une valeur différente? Pouvons-nous affirmer qu'aussitôt, capital, rendement, consommation, nombre des travailleurs prendront une nouvelle valeur qui permette l'établissement d'un nouvel équilibre dans lequel la population conservera précisément le niveau auquel nous l'avons arbitrairement amenée? Croyons-nous qu'il suffise de construire une ville pour qu'elle soit aussitôt peuplée, une usine pour que ses produits trouvent aussitôt un débouché, qu'il suffise par la parole ou par la plume d'encourager la consommation d'un produit pour que ce produit puisse aussitôt être acheté par la masse?

La vie courante nous apprend que non. Il ne suffit pas de construire une maison pour trouver un locataire, ni de faire surproduire une usine pour accroître ses débouchés, ni de vouloir travailler pour trouver du travail. Il existe certainement des lois, peut-être simples, peut-être complexes, qui limitent obligatoirement notre liberté.

____

(1). Les vérifications que nous donnons plus loin, basées sur les statistiques officielles, sont établies en prenant l'année comme unité de temps. Les variations sont dès lors considérables et ne nous permettent pas d'établir ce qui se passerait si elles devenaient infiniment petites.

Les anciens économistes, incapables de les démêler, même superficiellement, prêchent que l'inertie totale du gouvernement en matière économique est la méthode de choix. Cela sera sans doute vrai, tant que nous ne saurons rien des retentissements mutuels des facteurs sociaux les uns sur les autres, cela sera faux quand nous serons mieux renseignés.

Bien que la question soit très ardue, nous allons chercher, parmi les causes qui paraissent pouvoir être modifiées par le jeu de notre volonté individuelle ou collective, celles qui peuvent le plus facilement retentir sur le facteur population.

II

Supposons un pays ayant, comme le nôtre, une natalité restreinte, et cherchons à nous rendre compte quels seraient les retentissements ultérieurs d'un accroissement *primitif* de la natalité avant toute action préliminaire sur le capital, l'épargne, etc., etc...

Notons tout d'abord que nous ne pourrons réellement obtenir un résultat fécond par l'accroissement de la natalité que si nous empêchons une diminution correspondante des enfants arrivant à l'âge d'homme, c'est-à-dire que si cette mesure *n'est pas pour la famille une source de misère physiologique*, accroissant la mortalité infantile.

Or, s'il n'y a aucune économie à faire sur la consommation adulte de nécessité et sur la consommation infantile, nous ne pourrons maintenir une plus grande charge infantile que par deux moyens :

1° En consommant l'épargne au lieu de la capitaliser ;

2° En consommant notre amortissement au lieu de le capitaliser.

C'est cette évolution qui se produirait sans doute si nous acceptions les mesures financières néfastes proposées par les repopulateurs et qui s'inspirent des deux points de vue suivants :

Procurer des ressources aux familles nombreuses : 1° en imposant les revenus élevés appartenant aux célibataires ; 2° en établissant des taxes progressives sur les héritages (¹).

Les impôts ainsi prélevés seraient répartis entre les familles nombreuses ou serviraient, comme le voudrait le docteur Doizy, à l'octroi de primes à la natalité.

Ces mesures, si elles s'accomplissaient avec des moyens suffisants, arriveraient certainement à rehausser le taux de nos naissances. Mais que se passerait-il ailleurs ?

L'impôt sur les hauts revenus, privant une partie des privilégiés de la fortune, déterminerait une baisse dans la vente des produits de luxe, donc, comme nous l'avons vu, un chômage dans une des catégories des travailleurs nationaux.

Un degré de plus et nous verrions se tarir l'épargne. Celle-ci servant à faire vivre toute la catégorie de travailleurs destinés à sa capitalisation, nous voyons que nous déterminerions une crise commerciale dans les entreprises correspon-

---

(1) Des objections semblables peuvent être faites aux propositions, si humanitaires au premier abord, du « *sursalaire familial*

dantes, se terminant obligatoirement par une nouvelle crise de chômage.

La taxe sur les héritages aura des répercussions semblables. Prenons, par exemple, un fermier héritant d'une terre valant 100.000 francs. Il lui faut payer 20 à 30.000 francs même de taxe. Un seul moyen s'offre à lui : l'emprunt. C'est le moyen auquel il aura recours. Mais, dans la suite, lourdement grevé par cette charge, il remboursera ce qu'il doit en le prélevant sur le fruit de son travail; il devra délaisser les travaux d'entretien et de réfection de ses bâtiments, et la valeur totale de sa propriété diminuera, faute d'amortissement. En même temps, si la manœuvre s'étend, nous verrons chômer toute la catégorie des travailleurs normalement affectés à l'entretien et à l'amortissement du capital.

Or, les chômeurs ainsi créés ne pourront pas trouver des moyens d'existence dans le pays; puisqu'un capital nouveau n'aura pas été créé concurremment pour les employer; ils devront ou disparaître ou s'exiler. D'une manière ou de l'autre, la population adulte devra diminuer.

A vrai dire, si cette évolution ne détermine pas une de ces crises ouvrières qu'il est si facile de provoquer en notre temps, le nombre des enfants aura pu augmenter, car la consommation d'un enfant étant faible, un travailleur peut être remplacé par deux enfants. Mais qu'arrivera-t-il plus tard? Au bout de 15 à 20 ans, nous verrons survenir brusquement un surcroît de travailleurs. Or, notre capital, diminué par l'insuffisance des amortissements et la nullité de l'épargne, sera incapable de les employer sans faire une manœuvre inverse de celle que nous avions tentée : la diminution de la charge infantile pour créer une épargne utilisable par le nouvel afflux d'adultes. Il nous faudra, non seulemènt supprimer les avantages accordés aux familles, mais encore les obliger à se restreindre pour établir l'état de richesse qui était le nôtre avant le début de la malencontreuse expérience. En l'absence de mesures législatives, le prix des denrées s'élèvera de telle manière que les avantages accordés 20 ans auparavant cesseront d'exister et même seront dépassés.

Une telle évolution se ferait-elle sans à-coup? On peut en douter sérieusement.

III

Reprenons la relation d'équilibre existant entre les différents facteurs économiques d'une nation :

$$K (T. \Delta h + \Delta T. h) + P. \Delta K = (C + E) \Delta p + E p - \Delta E$$

Supposons que, par un des procédés que nous avons précédemment étudiés, nous arrivions à accroître notre production. Si cet excédent peut être réellement utilisé, il en résultera un accroissement du premier terme portant, soit sur le nombre des travailleurs, soit sur la consommation de chacun, soit sur la charge sociale moyenne. Cette deuxième variation sera-t-elle laissée au choix libre de chaque citoyen, ou bien des nécessités supérieures ne nous obligeront-elles pas, dans leur tyrannique déterminisme, à suivre une voie et non l'autre? Par exemple, une production nouvelle quelconque détermine dans le pays une hausse générale des salaires. Croit-on que cet excédent de ressources puisse être utilisé par l'ouvrier, suivant ses aspirations morales, soit à augmenter sa famille d'un membre, soit à accroître son bien-être ? Le problème est touffu et doit être discuté.

1er Cas. — Les modifications du capital et du rendement déterminent une production de luxe.

Supposons une entreprise fabriquant des objets de consommation complémentaire, des bronzes d'art par exemple. Parce qu'il vient de faire un héritage, parce qu'il possède des capitaux disponibles pour lesquels il ne trouve pas de commandite assez sûre, parce qu'il possède une faconde capable d'impressionner des actionnaires, notre entrepreneur décide d'accroître sa production. Cet accroissement demandera une augmentation du capital productif C_1, du rendement ρ et peut-être de la main-d'œuvre T.

Supposons dans un premier cas que la main-d'œuvre nécessaire à l'extension de l'entreprise puisse être trouvée sans qu'il soit besoin d'augmenter la totalité de la main-d'œuvre nationale (solution possible par un remaniement du facteur $\frac{C}{T}$ dans un certain nombre d'autres entreprises nationales). Supposons enfin que les autres productions, celles de nécessité en particulier, soient restées stationnaires.

La production en supplément va être vendue au public et fixée par lui. Il est possible que le prix de vente ait été identique aux prix antérieurs. Cette éventualité n'est pas certaine. Au contraire, il y aura sans doute, par suite de l'accroissement de l'offre, une diminution des prix de vente. La comparaison du chiffre d'affaires de l'année précédente avec celui de l'année suivante ne donnera donc pas la valeur réelle de l'accroissement de la production, mais bien une valeur plus faible.

Une première partie de l'accroissement réel du salaire national réel sera mesurée par l'accroissement des revenus fiduciaires de producteurs. Cet accroissement va permettre à ces travailleurs :

1º Soit de se procurer directement des bronzes d'art dans la mesure de leur accroissement de salaire (d'où augmentation pour eux de leur confort);

2º Soit de se procurer d'autres objets. Mais nous avons admis une égalité de production pour les autres articles; il n'y a donc pas davantage d'objets consommables à liquider une année que l'autre. L'appropriation par le producteur d'un article autre que sa production ne pourra se faire que si un consommateur accepte l'échange du produit de luxe contre un objet de consommation auquel il était habitué.

Tel acheteur du bronze d'art, pour l'acquérir, n'achètera pas un vêtement, qui ira dans ce cas au producteur. Toutefois, dans la gamme de sa consommation habituelle, le consommateur fera porter le sacrifice consenti sur les objets qui lui sont le moins indispensables, et il est certain qu'il ne libérera jamais des denrées de première nécessité. Un individu n'accepte pas de souffrir la faim pour satisfaire un besoin de luxe. Le producteur sera donc dans l'obligation à peu près absolue de consacrer son excédent de salaire à l'achat d'une denrée de luxe. Si le phénomène se multiplie, la masse des travailleurs pourra accroître son luxe, mais elle sera dans l'impossibilité d'accroître dans les familles le nombre de bouches, sous peine de réduire les nouveau-nés à la misère.

La deuxième partie de l'accroissement réel du salaire national sera représentée par le bénéfice réalisé par le consommateur à la suite de la diminution du prix de vente. L'abaissement de ce prix, portant sur un nombre plus ou moins élevé d'articles, permettra, la valeur fiduciaire des salaires des autres entreprises restant égale, à une série de travailleurs de se procurer un objet d'art ou de la même catégorie qu'ils ne possédaient pas auparavant. Mais par un mécanisme identique au précédent, il ne pourra y avoir pour la foule des consommateurs qu'augmentation du confort.

Notons que, si le phénomène se multiplie, sans mise en circulation d'une valeur monétaire égale à celle des transactions supplémentaires, le pouvoir d'achat de la monnaie augmentera, fait qui doit entrer en ligne de compte quand on vérifie des équations où entrent des quantités.

On peut, en généralisant, conclure, et l'observation confirme la conclusion :

« *Tout accroissement de production, obtenu sans accroiss   t de la main-d'œuvre nationale, dans une entreprise produisant des articles de consommation complémentaire, détermine un accroissement de bien-être chez le producteur et le consommateur, mais ne peut déterminer un accroissement de la population.* »

. . . .

Soit maintenant une entreprise accroissant sa production d'objets de consommation complémentaire par la création d'une usine nouvelle ou par l'emploi plus judicieux du matériel existant, *mais de telle sorte que la masse totale des travailleurs nationaux ait besoin de s'accroître d'une quantité* ΔT.

Supposons comme précédemment que seule cette entreprise ait prospéré, les autres affaires du pays restant identiques comme débit réel. Il en résultera que la production totale du pays devra, après la constitution de la nouvelle entreprise, dis-.tribuer des salaires à $\Delta T + T$ travailleurs au lieu de T comme précédemment. Supposons que les ΔT travailleurs aient été pris en dehors de la charge sociale, et que la totalité de notre production supplémentaire trouve preneur dans le pays, soit au prix antérieur, soit à un prix plus faible, mais encore rémunérateur pour le producteur. Que signifie cette absorption de nouveaux objets de luxe par le pays?

Pour que la population P qui consommait auparavant puisse se procurer ces articles, il est néces-saire qu'elle accepte d'abandonner une fraction plus ou moins sensible de sa consommation habituelle, afin de constituer un stock qui sera absorbé par les $\Delta T.h$ individus vivant sur les salaires de l'entreprise nouvelle. Par quel mécanisme va se faire ce sacrifice et sur quelles parties de la population va-t-il porter?

Tout serait parfait si les acheteurs qui se sont payé les objets de luxe acceptaient de réellement sacrifier pour cet achat les fractions d'objets consommables qui doivent revenir au producteur, c'est-à-dire s'ils diminuaient proportionnellement aux demandes des ΔT travailleurs leur consommation

de pain, de viande, de vin, de vêtements, etc... Il
n'en est malheureusement rien et, les achêteurs le
voudraient-ils, que la chose serait impossible, car
ils ne possèdent souvent pas pour leur usage les
objets de première nécessité entrant dans la valeur
de leur achat. Ainsi un bijou de 100.000 francs,
qui représente un nombre considérable de journées
effectives de travail, exigerait de la personne qui
en bénéficie l'abandon pendant 10 ans de la moitié
de ses objets de première nécessité. Ce qui ne
peut être et n'est pas.

Si l'acheteur est un producteur ayant des
avances, qui, ne l'oublions pas, impliquent l'existence nécessaire en un lieu quelconque de denrées
de consommation épargnées, il les sacrifiera, faisant ainsi passer sa satisfaction personnelle avant
l'intérêt général qui lui commanderait d'utiliser
ses économies à la création d'un capital productif.
Sinon, il essaiera de faire rétribuer davantage son
travail ; s'agit-il d'un commerçant, vendeur de
denrées de nécessité ? Il haussera ses prix, obligeant ainsi les travailleurs.les plus pauvres à réduire dans la mesure de la hausse leur consom-
tion de nécessité, l'économie ainsi réalisée servant
à mesurer l'existence des $\Delta T.h$ individus vivant
sur la production de luxe. S'agit-il d'un industriel,
il diminuera les salaires, ou accroîtra le prix de
vente de ses articles, faisant ainsi supporter le
sacrifice, soit par ses ouvriers, soit par la masse
des consommateurs et, en définitive, on verra le
travailleur de la classe la plus basse être le seul
frappé dans sa consommation de nécessité, la
seule qui puisse donner un sens au fameux « droit
à la vie ».

On peut donc conclure dans ce cas : « *Tout accroissement dans la production d'objets de luxe, déterminé par l'accroissement de la main-d'œuvre, ne peut être obtenu qu'aux dépens de sacrifices égaux en valeur acceptés par la masse de la nâtion. Ces sacrifices, s'ils étaient intégralement supportés par les bénéficiaires du confort, procéderaient d'une justice rigoureuse. Mais, dans la pratique, la part de privation portant sur la consommation de première nécessité est toujours supportée par les plus bas échelons de la collectivité.* » — Il ne faut pas perdre ce point de vue et accepter par apathie ou hypocrisie le raisonnement d'après lequel la création du nouvel objet de luxe est un bien, car il fait vivre de nouveaux ouvriers. Ces travailleurs eux-mêmes doivent être détrompés et avertis que le pain qu'ils mangent a été prélevé sur la ration déjà maigre d'ouvriers semblables à eux, mais moins favorisés.

Quelles seront les répercussions exactes sur la constitution de la population dans les deux éventualités que nous venons d'exposer.

Dans la première, le nombre des travailleurs n'a pas varié ; mais la part d'objets de luxe contenue dans le salaire moyen a augmenté.

Le revenu de nécessité du pays n'ayant pas bougé, il en résulte, T étant le même, que la charge infantile n'aura pas changé.

Si la natalité se trouve à son taux optimum, cet accroissement dans l'activité du pays n'aura pas de raison de déterminer une augmentation du nombre des naissances. En un mot, il n'y aura rien de changé dans la population. La vie pour les familles nombreuses restera aussi difficile, quelles que soient les taxes qui pourraient être instituées.

Dans le second cas, le nombre total des travailleurs T aura augmenté. Par contre, le revenu de nécessité sera resté le même ; il en résultera pour la charge infantile une diminution fatale, à moins que les travailleurs n'acceptent, pour compenser l'attribution de luxe à quelques citoyens, de diminuer leur ration d'entretien déjà maigre. Cette deuxième éventualité étant improbable, surtout dans les pays où la consommation de nécessité est à peine égale à un taux hygiénique, il y aura obligatoirement une diminution du nombre des enfants, diminution qui sera obtenue soit par l'accroissement de la mortalité infantile, soit par un nouvel affaissement de la natalité (1).

. . . .

2ᵉ Cas. — Les modifications du capital et du rendement accroissent la production de nécessité. — Il est nécessaire dans ce cas également d'examiner deux possibilités.

Supposons tout d'abord qu'il s'agisse d'un pays ne pratiquant pas la restriction volontaire de la natalité. Le pays, comme le prouvent les faits, aura une mortalité infantile très élevée.

Supposons qu'à une période donnée, à la suite des mesures portant sur le capital et son rendement, apparaisse un accroissement durable de

(1) Nous avons supposé une stagnation des autres affaires. Personne ne serait plus lésé et le luxe serait bienfaisant, c'est-à-dire sans retentissement fâcheux sur la masse, si le destinataire de l'objet créé voyait sa production excitée, suivant le mécanisme que nous avons décrit plus haut, et si son rendement s'accroissait d'une valeur égale ou supérieure à la valeur de l'objet de luxe. C'est dire combien devrait être minutieux le contrôle des statistiques du pays, pour savoir dans quel sens évoluent les citoyens.

production (différent par conséquent des fluctuations annuelles des récoltes). Une quantité plus considérable de denrées de première nécessité va se trouver en circulation.

Ces denrées vont en grande partie être conservées par le producteur, même s'il s'agit de grandes propriétés soumises à la volonté capitaliste. Le paysan en profitera ainsi que sa famille; la mortalité diminuera et le nombre d'enfants arrivant à l'âge adulte augmentera.

Une partie encore importante de l'accroissement sera réservée à la constitution du capital qui sera fixé dans le pays, soit à la suite d'un échange de denrées en excédent avec des objets manufacturés provenant d'un pays industriel, soit après création d'entreprises nationales utilisant dans le pays la main-d'œuvre en excès qui, au lieu d'émigrer, restera et permettra par là même un second accroissement de la population.

Nous pouvons voir que ce mécanisme rend parfaitement compte de l'accroissement rapide de la Russie et de l'Allemagne. Dans ce dernier pays, en effet, s'il est vrai que l'accroissement de la production industrielle a primé l'accroissement agricole, on doit savoir qu'en réalité cette politique économique équivalait, à la suite des échanges internationaux, à une véritable augmentation du revenu de nécessité.

Nous pouvons donc conclure : « *Dans un pays où n'agit pas la restriction volontaire, tout accroissement de la production de nécessité détermine un accroissement correspondant du capital et de la population.* »

Supposons maintenant un état où la restriction volontaire soit pratiquée, en sorte que chaque chef de famille ne procrée que les enfants qu'il se sent en mesure de faire vivre. Prenons par exemple le cas de la France où la production agricole était stationnaire et la mortalité infantile relativement basse.

Supposons qu'à la suite d'une meilleure organisation, d'un outillage neuf, d'une utilisation rationnelle de l'épargne, nous voyions augmenter la production de nécessité du pays. Il semble, *a priori*, que l'approvisionnement devenant plus facile, on doive constater un accroissément marqué de la population. Il n'en est rien.

La restriction volontaire, pratiquée par les parents, implique la volonté déterminée de ne pas laisser tomber la consommation moyenne des membres de la famille au-dessous de la consommation minima. Son résultat certain est de mettre chacun dans des conditions de vie possibles, sinon confortables. Dans un pays pratiquant la restriction volontaire, tout le monde mange donc à peu près à sa faim. C'était, au moins, dans les régions les plus instruites de la France, ce que l'on observait.

L'excès de production, surtout s'il est notable, ne pourra donc être absorbé sur-le-champ, la consommation de nécessité ne peut subir que de très faibles oscillations; on souffre avec 300 grammes de pain, on refuse une moyenne de 450. La population n'étant pas affamée et misérable ne se précipitera donc pas sur le nouvel apport des denrées de nécessité. Jeté sur le marché, l'excès de production ne trouvera pas preneur. Il y aura « surproduction ».

Dès lors, la loi de l'offre et de la demande joue impitoyablement au détriment du producteur. Celui-ci, ne trouvant pas acheteur, s'énerve, s'affole ; et, au lieu de tirer un bénéfice quelconque de son travail, il assiste, par l'effondrement des cours, à une ruine qu'il n'escomptait pas. Naturellement, il se promet bien l'année suivante de limiter sa production à un taux qui lui permettra d'avoir la position avantageuse vis-à-vis du consommateur.

Nous avons tous en mémoire la crise du blé et du bétail de 1890-1900, dont nous essayons plus loin d'esquisser le mécanisme ; celle du vin en 1905, et nous connaissons les mesures dites « de protection » prises pour empêcher l'introduction sur le marché des blés étrangers, des viandes frigorifiées, etc... Si notre production atteignait du jour au lendemain 150 millions de quintaux (et l'emploi des méthodes allemandes nous permet d'envisager cet avenir), nous assisterions, avec nos habitudes commerciales actuelles, à la ruine immédiate du paysan français.

Cette rigidité des cadres de la consommation de nécessité fait que tout excédent, même minime, de production, jeté sur un marché non réglementé, détermine une brusque chute des prix. Trop faible et de trop courte durée pour déterminer le consommateur à développer sa famille, il est sans avantages pour le pays.

Nous pouvons donc conclure : « *Un pays qui pratique la restriction volontaire ne peut, si la production des objets de nécessité n'est pas protégée contre les retentissements de la loi de l'offre et de la demande, voir s'accroître sa production dans cette catégorie. Il y a donc impossibilité pour lui, une fois l'état de stagnation atteint, de progresser dans le sens du nombre.* »

Pour terminer, qu'on veuille nous permettre une comparaison.

La nation est une machine marchant à une vitesse de régime donnée. Dans le pays à natalité naturelle, un volant est constitué par la misère gérérale ; tout accroissement de production sera absorbé par la masse. Au contraire, dans le pays à restriction volontaire, le volant est supprimé ; une accélération brusque tombe à faux et cale la machine. Ceci nous explique l'absence de crises de surproduction jusqu'au début du siècle dernier, alors que, de nos jours, on voit trop souvent des crises semblables, auxquelles un seul remède a jusqu'à présent été trouvé, remède pire que le mal, le malthusianisme économique (1).

(1) Ce qui précède n'est exact qu'en cas d'économie fermée. En réalité, les crises ont une intensité généralement moindre que celles que nous avons décrites, à cause de la possibilité des échanges internationaux. Les crises n'en existent pas moins comme le prouve l'expérience des dernières années.

CHAPITRE VIII

LES VARIATIONS DE LA POPULATION (*Suite.*)

I

Dans une nation, trois facteurs interviennent pour déterminer les variations de la population : la natalité, la mortalité et l'émi ou l'immigration. C'est ce dernier facteur qu'il convient d'étudier avec quelques détails. Nous prendrons pour être plus clairs quelques exemples schématiques.

1° **Peuple ne pouvant émigrer, ne possédant aucune épargne et incapable d'accroître le rendement de son capital.** — Il s'agit d'un peuple ayant une civilisation inférieure, le fait de ne pas avoir d'épargne indique le manque absolu de prévoyance, tandis que l'impossibilité d'accroître le rendement du capital indique l'inexistence d'une élite capable d'améliorer l'outillage et les procédés de production du pays.

Soit C le capital du pays et $\dfrac{C}{T}$ le rapport qui détermine T. S'il s'agit d'un pays peu civilisé, le rendement du capital sera relativement faible ; c'est dire que presque tous les travailleurs seront utilisés à la production de nécessité, ce qui caractérisera un pays agricole, ayant de très faibles agglomérations urbaines.

Une fois établie la consommation des travailleurs, il restera un stock alimentaire destiné à la charge infantile. Si la natalité est au niveau du taux naturel, il y aura obligatoirement une mortalité infantile élevée et, une fois cette mortalité fixée à un niveau constant, nous aurons le nombre A qui représentera le nombre des adultes arrivant à l'âge de travailler.

Mais, si le pays ne peut émigrer, si d'autre part des capitaux nouveaux ne permettent pas la croissance du nombre des travailleurs, il faudra que la mortalité des travailleurs T_m soit égale au nombre des adultes A, arrivant à l'âge adulte.

Cette nécessité déterminera une lutte pour la vie extrêmement âpre ; une concurrence effroyable se livrera entre les travailleurs, se traduisant dans les peuplades sauvages par le meurtre et l'assassinat, dans les pays plus avancés par le jeu de l'offre et de la demande aboutissant à la « loi d'airain des salaires ».

Population adulte misérable, grosse mortalité infantile, épidémies de toutes sortes, individualisme à outrance, existence de nombreux mendiants, telles seront les conséquences fatales de l'état théorique que nous venons de décrire et qui répond bien aux descriptions des peuples dans l'enfance.

Quant à la puissance du pays, elle restera invariable : pas de richesses nouvelles et maintien au même taux de la population.

Un seul remède peut être trouvé à cette situation pénible ; celui qui fut indiqué par Malthus : *la restriction des naissances*. La natalité devra descendre progressivement jusqu'au taux optimum correspondant à l'utilisation rationnelle de la production stationnaire de nécessité ; c'est-à-dire déterminé par : une consommation K hygiénique minima pour le travailleur et une valeur k analogue pour la charge infantile. Des lois pourront intervenir sur le travail de l'enfant et de l'adulte pour supprimer la lutte stérile par la concurrence et la misère des travailleurs.

C'est cet état vers lequel voulait s'acheminer la France. Il est, sans nul doute, supérieur à celui de la procréation désordonnée et de la liberté absolue du travail, car il utilise au maximum les forces vives *limitées* de la nation. Mais il s'agit d'un état dangereux, car il s'oppose au progrès. Condamnant tout effort et toute expansion, il crée le scepticisme et l'aboulie. Il voue le peuple qui s'y abandonne aux attaques de nations plus fortes, plus énergiques, douées d'une plus grande vitalité.

2° Le pays n'a pas d'épargne, son rendement du capital est stationnaire, mais il peut émigrer. — Nous verrons sous peu que l'émigration n'est pas toujours possible. Il faut, pour qu'elle se produise, que des pays existent dans le monde pouvant accepter des émigrants. Cette condition ne s'est réalisée en grand que depuis un siècle à peine, en Amérique et particulièrement aux

États-Unis. Donc, supposons un pays dont les adultes puissent s'expatrier et trouver ailleurs un emploi. Nous supprimons par là même la lutte si âpre qui doit exister entre travailleurs quand le capital national refuse d'accepter toutes les offres. La misère disparaît progressivement et les salaires s'accroissent, la part revenant à chaque famille augmente ; les luttes intestines disparaissent ou du moins s'atténuent. Si le pays possède un taux voisin de la natalité naturelle, nous voyons diminuer la mortalité infantile et croître la valeur de la charge infantile (diminution du facteur $\dfrac{1}{m}$ par l'exil des chômeurs et des mendiants). La valeur A du nombre d'adultes arrivant à l'âge du travail s'accroît.

Mais par suite des conditions d'existence supérieures qui peuvent être données aux travailleurs à la suite de l'augmentation des salaires, on voit diminuer la mortalité *des adultes* et par conséquent diminuer le nombre des places de remplacement : l'émigration doit s'accroître jusqu'au jour où s'établit un équilibre fixe entre les divers éléments économiques du pays. La diminution de la mortalité infantile donne à A une certaine valeur, tandis que la diminution de la mortalité adulte fixe à T_m le nombre des places de remplacement. L'émigration se fixe à un taux $A - T_m$, qui restera invariable tant que resteront identiques les autres facteurs (capital, rendement, salaires, etc...) de la population.

Nous avons vu deux États au moins présenter cette évolution : d'abord l'Allemagne jusqu'en 1895, ensuite l'Italie qui reste soumise à cette loi de la soupape d'émigration. Nous verrons en étudiant rapidement le problème de la population en Italie, qu'il est possible de déterminer, avec une approximation satisfaisante, quelle *doit* être l'émigration de ce pays et comment les nombres théoriques ainsi calculés répondent, à peu de chose près, au taux moyen réel constaté par les statistiques.

L'Italie s'effraie un peu de son émigration qui, à partir de 1905, atteignait près de 700.000 adultes par année. Elle ne l'empêchera pas, soit en colonisant, soit en s'annexant des territoires. Deux remèdes seulement s'offrent à elle : l'un que nous avons vu, la restriction de la natalité ; l'autre que nous allons étudier, l'accroissement de son capital et de son rendement économique.

3° La capitalisation productive de l'épargne détermine l'accroissement de population. Conditions de l'immigration. — Il s'agit là du premier, sinon du principal facteur déterminant l'accroissement de la population. Sans épargne, un pays ne peut grandir. Nous allons maintenant aborder l'étude de ce facteur extrêmement important que nous avons jusqu'à présent un peu laissé dans l'ombre.

Supposons, pour fixer les idées, un peuple ayant une natalité naturelle, un capital productif déterminé et un nombre de travailleurs T adaptés à ce capital, dont l'amortissement n'aboutit pas à l'accroissement du rendement ρ. Cette situation n'est guère représentée de nos jours ; il est même probable qu'en réalité elle ne s'est jamais présentée, car l'épargne va toujours avec un perfectionnement de l'outillage. Mais nous réservons l'étude de ce facteur pour le chapitre suivant, afin de ne pas embrouiller une question déjà très complexe. Notre capital admettait un nombre de travailleurs égal à T.

Nous capitalisons une épargne E. Si nous admettons le maintien des méthodes en cours nous devrons appliquer à cette épargne un nombre de travailleurs ΔT, tel que :

$$\frac{C}{T} = \frac{E}{\Delta T}$$

Il se produira donc une demande de main-d'œuvre dans le pays.

a) *Supposons un peuple qui émigre.* La demande sera facilement satisfaite. Le pays jouit d'un équilibre à peu près satisfaisant entre capital et travail, les conditions d'hygiène sont relativement bonnes. Le pays diminue de ΔT son émigration $A - T_m$. Le nombre des familles s'accroît.

Chacun de ces travailleurs va en moyenne gagner un salaire $\frac{E_2}{\Delta T}$.

Si ce salaire est constitué de manière à permettre une consommation analogue à celle qui a cours ([1]), si les besoins des nouveaux travailleurs et ceux des anciens ne déterminent pas un accroissement de la consommation moyenne de l'adulte ou de l'enfant, la charge sociale h restera en moyenne au même niveau et la population s'accroîtra d'un nombre $\Delta T . h$ d'habitants, c'est-à-dire sera :

$$\Delta P = \frac{T}{C} E \left(h_i + \frac{1}{m} + 1 \right)$$

___

([1]) Il faudra donc, comme nous l'avons vu plus haut, que l'épargne E soit capitalisée dans des entreprises créant des articles de nécessité.

b) *Supposons un pays à natalité naturelle* où règne une misère profonde et un chômage considérable (armée des sans-travail de Karl Marx). Nous pourrons très facilement trouver l'excédent de main-d'œuvre désiré ΔT parmi tous les miséreux du pays et nous ferons passer ainsi une partie importante de la « charge sociale » dans la catégorie des travailleurs. Nous aurons donc diminué assez sensiblement $\dfrac{1}{m}$. D'autre part la pluie des nouveaux salaires créés par la capitalisation productive de l'épargne E diminuera assez sensiblement la dureté de la loi d'airain. Le sort du travailleur s'améliorera sensiblement [1].

Enfin, bien que la charge sociale reste sensiblement la même, nous verrons s'accroître la valeur de la charge infantile, c'est-à-dire que nous verrons diminuer la *mortalité infantile* et arriver à l'âge adulte une proportion d'enfants plus considérable.

L'exemple significatif de la première évolution est fournie par l'Allemagne. Le pays avait depuis 1870 une émigration annuelle moyenne de 200.000 travailleurs. Dès 1890 commence la rénovation du capital et son accroissement progressif par l'épargne (valant 200 milliards en 1890, la richesse allemande était évaluée à 400 milliards par Helfferich en 1914). Presque aussitôt l'émigration cesse pour faire place dès 1908 à une immigration supérieure à celle de la France (75.000 en 1912).

c) *Il s'agit d'un peuple stationnaire pratiquant*

____

[1] Toujours à condition d'une épargne capitalisée dans des entreprises de nécessité.

la restriction volontaire. Là, il devient particulièrement difficile de recruter la main-d'œuvre. Le pays n'en peut fournir, car la misère a diminué, le chômage est nul, la lutte pour la vie beaucoup moins opiniâtre.

Un seul processus permet le recrutement de la main-d'œuvre : *l'immigration.* Celle-ci devra atteindre la valeur donnée à ΔT par le facteur E. Dans ces conditions elle ne déterminera aucune concurrence à la main-d'œuvre nationale, n'influera nullement sur les prix des salaires qui resteront pour le moins stationnaires, et donnera au pays un accroissement de population définitif.

. . . .

Ces conditions nous montrent les conditions nécessaires à l'immigration ; l'immigration exige l'existence de capitaux. C'est-à-dire qu'un pays émigrateur ne peut diriger son trop plein *n'importe où.* Il importe que là où se porte son effort existent des capitaux en abondance.

Ceci nous explique pourquoi Malthus considérait comme illusoire l'émigration. De son temps, en effet, il n'existait aucun pays ayant des richesses productives en excès. L'épargne des nations était très faible. L'Amérique, au contraire, offre de nos jours un champ considérable à l'afflux étranger. Ses capitaux immenses appellent sans cesse des travailleurs et ce phénomène ne nuit en rien à la marche ascendante des salaires. Les peuples y versent leur surplus.

Nous aurions tort cependant de croire que l'émigration puisse donner une force quelconque au pays qui rejette son trop plein. L'observation montre que l'émigrant, chassé de son pays par la misère, perd très rapidement son caractère national. Fondu dans la nation qui l'absorbe, il prend très vite la langue, les coutumes, les habitudes de son nouveau milieu. Il *change de patrie*. Les millions d'Allemands, d'Italiens, de Slaves qui ont conflué aux États-Unis ont adopté le type anglo-saxon, c'est-à-dire le caractère de ceux qui possèdent le capital. C'est pourquoi une nation ne doit pas souhaiter chez elle une *émigration* intense. Les millions d'Italiens qui se sont expatriés depuis 50 ans n'ont pas accru la puissance de ce pays. Ni les États-Unis, ni le Brésil, ni la Tunisie ne deviendront italiens, quel que soit l'afflux humain qui se porte vers ces contrées.

Ceci nous montre la différence essentielle existant entre l'émigration et la colonisation. L'émigration est le départ d'hommes sans richesses. La colonisation est le transport vers un pays d'hommes et *de capitaux*. C'est pourquoi l'Angleterre a pu se créer un immense empire colonial.

C'est pourquoi l'Allemagne, avec ses 3 millions d'émigrants sans le sou, n'a pu s'attacher les Etats-Unis, tandis qu'une centaine de mille de ses adultes, accompagnés de richesses considérables, a failli germaniser le Brésil. C'est pourquoi l'Italie ne pourra, étant pauvre et sans épargne, coloniser la Tripolitaine, et pourquoi les émigrants, qui s'étaient portés à Tripoli après la conquête du pays, ont dû rapidement abandonner cette côte inhospitalière. Puisque nous parlons de coloniser le Maroc, sachons méditer ces exemples, que l'on pourrait illustrer davantage encore en remontant à l'histoire de Rome et de Carthage.

.   .   .   .

L'immigration est presque le seul processus qui puisse permettre à un pays, pratiquant depuis longtemps la restriction volontaire, de s'accroître rapidement. Comme nous l'avons vu, l'accroissement primitif de la natalité est une manœuvre détestable. L'accroissement de la production de nécessité sans appel extérieur détermine des crises commerciales poussant le producteur au malthusianisme.

Il ne reste donc qu'une seule solution pour permettre l'accroissement de puissance du pays : la combinaison de l'immigration et de l'accroissement des productions de nécessité. A notre sens, l'ajustement des deux phénomènes est impossible à réaliser par la liberté complète de la concurrence et du travail. Une organisation financière très vaste, combinée au contrôle actif des mouvements des émigrants, est nécessaire pour mener à bien une tâche semblable. Il ne peut être question dans un ouvrage succinct d'ébaucher même rapidement l'organisation qui nous paraîtrait indispensable.

De nos jours, il est facile de trouver une main-d'œuvre d'immigration dans les pays où règne la misère et qui ne pratiquent pas encore la restriction volontaire. Le bolchevisme, qui ramène la Russie à un état moyenageux, nous fournira pendant longtemps le « matériel humain » dont nous pourrons avoir grand besoin, si les affres de l'anarchie n'enrayent pas le développement de notre pays.

Mais cette éventualité n'est pas éternelle. Si l'immigration devenait impossible faute d'émigrants, un pays serait-il condamné au stationnement perpétuel ?

4° Le pays a une épargne E à déterminer et sait accroître son rendement ρ et diminuer le rendement $\frac{C}{T}$. — *L'immigration est impossible.*

Nous avons vu plus haut comment nous pouvons améliorer ces deux variables, cherchons quel en sera le retentissement sur les autres facteurs économiques.

Soit C le capital national. Supposons que nous en ayons amorti une partie très importante de manière à porter le rendement à une valeur ($\rho + \Delta\rho$) outillage perfectionné, etc...

Soit T le nombre des travailleurs qui étaient affectés au capital C. Supposons que par une organisation de travail nous arrivions à diminuer ce nombre T et à l'amener à $T - \Delta T$.

Nous aurons porté la valeur du salaire brut moyen de la valeur :

$$\frac{C\rho - E}{T} \text{ à la valeur } \frac{C(\rho + \Delta\rho) - E}{T - \Delta T}.$$

c'est-à-dire que nous aurons accru la valeur réelle de tous les salaires. Par exemple, nous avions dix usines valant chacune 100.000 francs et employant 600 ouvriers et nous les avons remplacées par une seule usine à gros rendement, produisant 2 fois plus et n'occupant que 400 ouvriers. Nous aurons la possibilité : d'accroître les salaires et de diminuer les prix aux consommateurs.

Cependant nous avons libéré ΔT travailleurs.

Cette libération pourra être utilisée de deux manières différentes :

1° Soit en diminuant les heures de travail ou en réglementant le travail des femmes et des enfants;

2° Soit en utilisant cette fraction par la capitalisation d'une épargne E répondant à la condition :

$$\frac{C}{T-\Delta T} = \frac{E}{\Delta T}.$$

Malheureusement les crises commerciales seront bien plus difficiles à conjurer que si nous disposions de l'immigration. Certes, si l'épargne nouvelle est affectée à la production de luxe, il n'y aura pas d'à-coup, car la capacité d'absorption pour ces articles est infinie tant que le travailleur n'a pas à leur sacrifier une part quelconque de sa consommation de nécessité, ce qui est le cas puisque l'accroissement total du nombre des adultes est nul.

Mais, si l'augmentation porte sur la consommation de nécessité, il ne sera possible de trouver des bouches nouvelles que par une élévation de la natalité. Or, nous avons vu que la ration alimentaire de l'enfant, presque nulle à la naissance, croît progressivement jusqu'à l'âge adulte. Il faudra donc savoir doser très exactement et lentement les accroissements de la production de nécessité, de manière à éviter les crises trop brusques dues à une brutale élévation de certains rendements. Nous n'insisterons pas sur cette vue, toute théorique, dont la réalisation ne pourra guère intéresser que nos arrière-petits-fils.

II

Nous avons supposé jusqu'à présent des réactions d'accroissement. Il nous reste à envisager le retentissement sur la population d'une diminution de la production.

La diminution de la production de luxe est à peu près sans action. S'il est vrai que nous sommes habitués à jouir dans notre vie courante d'un cer-tain confort (ameublement, théâtre, lecture, vête-ments riches), nous ne subissons pas réellement un gros ennui de la suppression de ces objets.

Il en est tout autrement lors de la diminution de la production de nécessité. Comme nous l'avons vu, les taux de consommation dans ce domaine sont assez rigides, et le mobile de l'expansion maxima pousse l'homme à tirer parti de toutes ses ressources, ce qui est contraire à la constitu-tion des grandes réserves. Survienne une crise, elle est douloureusement ressentie par tous. Une fois les stocks épuisés, si la production ne peut remonter aussitôt à son niveau, il faut que la po-pulation diminue et c'est ce qu'elle fait par un mé-canisme que nous allons étudier.

La diminution peut être due à une foule de causes : cataclysme géologique, révolution, série de mauvaises saisons déterminant des récoltes déficientes ; mais la cause la plus efficace et la plus actuelle est la guerre.

Brusquement, dans un pays, l'équilibre écono-mique est détruit : les hommes partent à la fron-tière, les usines cessent leur production de paix pour fabriquer du matériel de guerre, l'outillage usé n'est plus remplacé, des destructions sans nombre diminuent le capital des états belligérants. La production s'affaisse et le retour au foyer ne peut rétablir l'ancien ordre des choses, car les conditions de production ne sont plus les mêmes : le pays qui pourrait, malgré ses morts, avoir la même main-d'œuvre en utilisant les femmes et en activant l'immigration manque de capital : des maisons et des usines sont détruites, les moyens de transport usés, la flotte diminuée, les mines en mauvais état, les hauts fourneaux éteints, le cheptel réduit, les envois d'engrais suspendus.

Aussi la production reste-t-elle au-dessous de ce qu'elle était auparavant et le seul moyen de la ramener à son taux serait de travailler d'arrache-pied à la reconstitution du capital.

Malheureusement, un obstacle se dresse *insurmontable avec le régime de la liberté des transactions :* la vie chère. Cherchons à nous rendre compte des causes profondes de ce phénomène et de l'abîme où il nous conduit.

La diminution de la production de nécessité doit logiquement aboutir à la diminution de la ration moyenne individuelle. Si chacun voulait accepter pendant un an ou deux le rationnement nécessaire, l'activité industrielle du pays pourrait persister et le mal être assez rapidement réparé. Il n'en est malheureusement rien.

La nation est constituée d'une série de catégories sociales ayant des revenus progressivement descendants. Supposons une période de déficience alimentaire ; les plus haut placés, possesseurs à chaque instant d'une quantité de numéraire en rapport avec leur revenu, vont accabler le plus faible. Ils restreindront leur train de vie, leurs achats de luxe, leurs frais de théâtre, de soirées. Cette évolution libère donc un certain nombre d'objets de luxe ou d'utilité relative, mais elle ne donne aucune parcelle alimentaire à qui que ce soit.

Chacun dans l'échelle sociale agit de même, n'acceptant la privation que sous la contrainte absolue. C'est donc la classe la moins favorisée de la nation (habitants des villes et surtout travailleurs virtuels) qui est la plus frappée.

Des crises de chômage éclatent aussitôt dans les productions de luxe. Les demandes ont baissé, les ouvriers désirent cependant des salaires leur permettant de lutter; les patrons se voient dans l'obligation de restreindre leur production en fermant une partie de leurs ateliers.

Mais la répercussion n'est pas terminée. Les ouvriers, se sentant battus dans cette course au pain, exigent des salaires plus élevés. Ceux-ci peuvent leur être accordés en élevant les prix de vente des articles fabriqués, mais cette élévation est difficile à un moment où chacun ne songe qu'à s'assurer un minimum d'existence matériel. Le patron doit donc prélever l'accroissement de salaire sur son profit.

Or, le profit, d'après ce que nous avons dit, est surtout réservé à l'épargne et à l'amortissement. Le patron incapable d'accroître ou de remplacer son outillage cesse ses commandes aux usines chargées de la réfection du matériel national. C'est le chômage pour les ouvriers de celles-ci.

La résultante de la diminution de la production est donc double :

1° D'une part accroissement des prix (¹) (dont

---

(1) Ou plutôt déséquilibre entre prix et salaires. L'accroissement pur des prix est dû à l'inflation fiduciaire.

profitent habilement tous les spéculateurs) dû, non
pas à un abaissement moral des commerçants,
mais à une lutte acharnée livrée entre les consommateurs qui n'hésitent pas à jeter tout leur
revenu dans la balance, pour ne pas diminuer
leur ration alimentaire;

2° Apparition de crises de chômage, dues à la
fermeture d'entreprises d'articles de luxe ou d'outillage, obligées de cesser ou de ralentir leur production faute de commandes.

Cette vie au jour le jour est déplorable. On arrive ainsi à ne plus produire de capital, au moment
même où la nation devait remplacer tout ce qui
avait été détruit par la guerre. Pendant ce temps
le matériel s'use, les rendements continuent à diminuer, la crise s'aggrave.

Le pays se trouve dès lors en présence d'une
crise de surpopulation. Il va falloir la résoudre.
Un remède logique, malheureusement employé
par nos ennemis et répudié par nous, peut rétablir
l'équilibre : le rationnement forcé. Celui-ci limi-
tant la ration individuelle de nécessité aux ressources du pays, la lutte entre consommateurs
cesse, par contre-coup les surenchères s'arrêtent
et la spéculation s'éteint ; le profit patronal reprend
sa valeur et l'outillage peut être rapidement reconstitué ; les demandes dans les catégories de
luxe ou demi-luxe reprennent et le chômage s'ar-
rête. Le pays peut renaître à la vie.

Cette heureuse évolution n'est pas toujours
possible. Elle exige en effet que la production du
pays, augmentée s'il est possible d'un contingent
sérieux d'importation, puisse donner à chacun une
ration minima suffisante à la vie. Sinon, on

aboutit alors à la même conclusion que celle qui survient si la nation refuse, sous couleur de libéralisme, une réglementation sévère de la consommation.

Brutalement rejetée, l'armée des chômeurs cherchera une revanche ; des scènes de pillage sur les marchés, dans les magasins, dénoueront le mécontentement croissant. Puis, devant l'acuité de la crise dont l'accroissement est fatal à cause du ralentissement de l'industrie, un mouvement révolutionnaire se dessinera. Abattu plusieurs fois, il renaîtra sans cesse jusqu'au jour où, ayant pris le dessus, il résoudra comme il convient la crise de surpopulation qu'on aura laissée naître. Des exécutions en masse, l'extermination par la famine d'une classe de la nation, les épidémies qui naîtront dans un milieu préparé par les privations, nivelleront le trop-plein. Au bout de 5 à 10 ans de convulsions atroces, le pays, diminué, retrouvera son équilibre. Les campagnes, peu touchées, n'auront pas vu décroître leur population, mais les villes dépeuplées attesteront les luttes fratricides dont elles auront été le théâtre. Si à ce moment un pays voisin a su combattre à force de courage et de discipline l'éclosion d'une crise analogue, c'en sera fait de nous. Nous subirons le sort de Carthage.

Retenons bien ce fait : ni la taxe officielle, ni celle déguisée que voudrait établir le gouvernement actuel en instituant un barême de prix « normaux » ne peuvent résoudre le problème angoissant de la « vie chère » et empêcher l'avènement d'une crise brutale. Seule la restriction, jointe peut-être à une émigration passagère, peuvent nous sauver. Or l'expérience démontre qu'il ne faut pas compter sur la bonne volonté des consommateurs pour arriver au résultat. La privation doit être imposée. Osera-t-on le faire avant l'accomplissement d'événements irréparables ?

. . . .

Est-il possible de prévoir quantitativement le phénomène et comment se dérouleront les événements prochains, si nous ne savons intervenir vigoureusement. Comme nous l'avons vu :

$$\Delta (T . h . K) = \Delta (C_p - E)$$

Or supposons un pays dans les conditions de la France de 1919 dont :

1° Le capital, par suite des destructions de guerre et du manque d'amortissement, soit diminué d'environ un cinquième (les dommages de guerre étant évalués à 120 milliards correspondant à 30 milliards environ d'avant-guerre et l'usure à 60 milliards : flotte, chemins de fer, cheptel, etc...);

2° Le rendement soit diminué d'environ un quart par une diminution des heures de travail et par le fait que la destruction du seul capital de protection dans les régions dévastées empêche l'exploitation du sol (impossibilité de loger la main-d'œuvre, le bétail, impossibilité des transports par suite de l'état des voies ferrées et des routes).

Il faudra, pour que l'équilibre soit rétabli, que le facteur $T.h.K$ subisse une diminution des *deux cinquièmes*.

Il est vrai que le facteur C_p peut être maintenu au voisinage de son niveau antérieur par une mesure artificielle : l'importation sans compensation immédiate. Mais cette mesure factice repousse l'échéance fatale sans résoudre le problème, si, en même temps, par un travail acharné, les habitants du pays ne reconstituent très rapidement leur capital détruit, ce qui n'est possible qu'en accroissant considérablement l'épargne. Sans cette reconstitution, la diminution de la population est indispensable, à moins que les restrictions de la consommation soient suffisantes pour donner à Δ (K. T. h.) la valeur de la diminution de C_p. Cette diminution, qu'il conviendrait d'imposer jusqu'à l'extrême limite des possibilités, ne serait guère capable en France de donner l'appoint suffisant. La population doit donc obligatoirement diminuer :

1° Soit par la diminution de la charge infantile tentée par la masse sous la forme de diminution de la natalité ;

2° Soit par la diminution des travailleurs.

Or, le premier moyen est pratiquement inefficace. La diminution des bouches portant sur des éléments de 0 à 4 ans, même si elle atteint 50 p. 100, ne permet pas une diminution sensible de la consommation totale de la nation (on se rappelle en effet que de 0 à 4 ans la consommation est en moyenne de 1/3 de celle de l'adulte).

Il faut donc une diminution des travailleurs, et celle-ci se fera en deux étapes.

1° La phase économique, étudiée plus haut, qui aboutit par le mécanisme de la vie chère à la mise sur le pavé des travailleurs destinés à la capitalisation de l'épargne (outillage, bâtiment, métallurgie, etc...), puis des travailleurs affectés à la production de luxe.

2° La phase révolutionnaire dans laquelle l'élimination se précipitera pour atteindre l'équilibre :

guerre civile, exécutions, famine, anarchie, désordres. Voilà où nous allons si nous n'y prenons garde. Le danger est proche, il est pressant. De jour en jour il sera plus difficile de l'éviter. La chose est cependant possible encore aujourd'hui si nous savons prendre conscience de nos devoirs de solidarité. Il faut :

1° Éviter que la diminution Δ (T. h. K) ne porte sur la population vivant à l'heure actuelle, en faisant porter sur la consommation le maximum de compression compatible avec une existence fruste ;

2° Il faut essayer de ramener à son taux antérieur le facteur C_p. Le capital étant diminué, nos efforts doivent porter sur le rendement, ce qui n'est possible, notre outillage ne pouvant être reconstitué sur l'heure, qu'en augmentant la durée des heures de travail (suppression du repos dominical et établissement du repos hebdomadaire par roulement, surtout dans les entreprises qui peuvent contribuer à l'accroissement de notre production de nécessité) ;

3° Il faut savoir que l'importation est un moyen déplorable auquel les nations voisines refuseront de se plier très prochainement. Il faut compter sur nous-mêmes et non sur les autres (noter les interdictions récentes d'exportation en Angleterre et en Amérique, les difficultés pour obtenir des ouvertures de crédit à l'extérieur). D'ailleurs les voisins, ayant une situation analogue à la nôtre, ne pourront bientôt nous secourir. Le monde est menacé par une vague d'anarchie, fatale si des gouvernements énergiques et conscients du danger ne prennent les seules mesures rationnnelles qui peuvent rétablir l'équilibre économique.

III

Nous voici arrivés au terme de l'exposé de notre hypothèse. Pour y parvenir nous avons dû supposer l'existence des faits suivants qui se rapprochent de la réalité sans l'atteindre :

1° Supposer l'existence chez l'homme d'un seul mobile dominant : l'instinct de l'expansion vitale, ce qui exige l'élimination d'une quantité de facteurs psychologiques dont la réalité est certaine, quoique dominante ;

2° Classer les consommations en catégories différenciées, alors que le passage de l'une à l'autre catégorie se fait par des nuances indéfinissables, tel dans le spectre lumineux le passage d'une teinte à l'autre ;

3° Classer les capitaux en leur supposant un rôle bien défini : production, protection, défense, luxe, alors que souvent le même capital représente à la fois toutes les catégories.

Mais l'on ne saurait, de ce défaut, tirer des arguments contre notre manière de considérer le problème. Dans toutes les sciences, nous appliquons la même méthode et les phénomènes exprimés par nos lois physiques ou chimiques ne représentent, eux aussi, que des schémas dont l'exactitude ne pourrait être vérifiée que dans un monde irréel, bâti suivant l'imagination du savant.

Ces réserves étant formulées, nous voyons que nous pouvons, dans le problème de la population, fixer les conclusions suivantes :

1° La population vivant sur un pays est déterminée par la production du pays, mais il n'est pas vrai de dire que la production est l'effet et non la cause du *nombre* des habitants.

2° La production est déterminée par deux facteurs principaux d'origine humaine : le capital, lui-même créé par l'épargne, et le rendement du capital, dépendant du degré de l'avancement des sciences et de la pensée dans la nation. Elle exige également un facteur d'origine *géologique* et sur lequel nous n'avons aucune action : l'attribution au sol d'une plus ou moins grande quantité de richesses naturelles.

3° Le capital détermine dès sa création la catégorisation de la production. Les habitudes de vie d'un peuple sont donc sous la dépendance de son capital ; si celui-ci se dirige vers une production d'objets de nécessité, la nation qui le possède aura des mœurs rudes et simples, si au contraire il se dirige vers des entreprises de luxe, les mœurs du pays seront compliquées.

4° Etant donné que les nations actuelles vivent sous le régime « capitaliste », c'est-à-dire sous un régime dans lequel le capital est possédé et déterminé dans son emploi, *sans contrôle de la masse, par une minorité*, nous devons rendre responsable cette classe de tous les avantages ou de tous les inconvénients d'évolution présentés par la production de la nation. Si cette classe est, comme en Amérique, nettement orientée vers l'amélioration du sort de la masse, nous devrons lui rendre hommage, si au contraire elle ne cherche que des satisfactions égoïstes dans son effort, nous aurons le droit de la condamner.

5° La population d'un pays évolue grâce à trois

facteurs principaux : la natalité, l'émigration, la mortalité.

La natalité, ne détermine pas le nombre des adultes du pays. Or, un pays pour être fort et croître doit augmenter le nombre de ses adultes et non globalement le nombre de ses habitants. Pour permettre cette évolution avec le maximum de résultats pour le pays, il convient que la natalité ne reste pas constamment au taux fixé par la nature, mais au contraire atteigne un taux *dit* « *optimum* » essentiellement variable avec les conditions économiques régnantes.

6° Le taux optimum de la natalité peut être relevé par certaines restrictions portant sur la consommation des articles de nécessité (en admettant que le pays gaspille inutilement une partie de ces objets), mais le seul facteur de relèvement sérieux est l'accroissement de la *production de nécessité* pouvant être améliorée : soit par un effort sérieux portant sur le capital *agricole* (perfectionnement des méthodes, outillage à gros rendement), soit par une série de mesures aboutissant à l'échange international des objets produits par le capital de luxe avec des articles de nécessité.

7° L'accroissement de la population d'un pays est sous l'entière dépendance des facteurs économiques. Deux conditions seulement pourront permettre cet accroissement : l'augmentation du capital productif par l'utilisation de l'épargne, l'augmentation du rendement du capital. Tout accroissement obtenu par d'autres méthodes sera artificiel et peu durable. Il sera un processus de régression et non de progression.

DEUXIÈME PARTIE

CHAPITRE PREMIER
QUELQUES VÉRIFICATIONS

I

Toute théorie n'a de valeur que si les faits la vérifient. Nous devons démontrer maintenant que l'évolution des peuples se fait bien dans le cadre que nous venons de décrire.

Il ne peut être question, dans les vérifications que nous allons entreprendre, d'une exactitude mathématique. La chose serait peut-être possible si nous pouvions tenir compte de tous les facteurs économiques.

Or, comme nous l'avons déjà dit, nous en avons éliminé certains d'une manière systématique. D'autre part, en catégorisant d'une façon tranchée toute une série de valeurs sociales, nous nous sommes obligatoirement écartés de la vérité. C'est pourquoi nous ne pouvons rechercher que des vérifications approximatives et savoir que nous devons compter sur un coefficient d'erreur au moins égal à $\frac{1}{10}$.

Les lois économiques, comme les autres lois de la nature, sont représentées par des séries dont le nombre de termes est considérable.

Nous en avons étudié les premiers termes, laissant à des études ultérieures le soin d'y ajouter d'autres membres. C'est ainsi, par exemple, qu'en mécanique la loi de la chute des corps dans l'air peut être schématiquement comprise en la réduisant à la proportionnalité des espaces au carré des temps, tandis qu'en réalité cette expression néglige un nombre considérable de causes secondaires : résistance de l'air, vitesse du vent, état hygrométrique de l'air, variations de g, action de la rotation de la terre, action de la lune, du soleil), etc...

D'ailleurs, une précision théorique plus grande dans le domaine économique n'aurait aucune valeur, car nous n'aurions aucune possibilité d'en démontrer la réalité. Les mesures des faits économiques constituent la statistique et nous savons son imperfection. Nous devrons donc nous estimer heureux quand nous pourrons obtenir des vérifications cadrant à 1/5ᵉ ou 1/10ᵉ près. Peut-être aurons-nous mieux quand nos moyens d'investigation sociaux seront plus perfectionnés.

Une dernière remarque s'impose avant de terminer. Pour pouvoir comparer les faits économiques, nous avons dû prendre une unité commune de mesure; celle-ci ne pouvait être que l'unité monétaire, c'est-à-dire en France le franc. Or, le franc n'est pas une unité invariable. Nous savons que de grandes lois régissent son pouvoir d'achat et que celui-ci varie suivant la quantité de monnaie circulante et le nombre des échanges effectués. Certes, l'établissement d'une monnaie d'or a théoriquement tenté de donner à l'unité monétaire une même valeur dans tous les temps.

Cette fixité métallique n'est qu'une illusion, et nous ne pouvons tabler sur elle. Nous ne pouvons développer ici les raisons qui, au cours de l'histoire, déterminent une baisse progressive de l'unité monétaire. On les trouvera exposées dans tous les traités d'économie politique. Qu'il nous suffise de dire que, si nous voulons comparer efficacement les statistiques en valeur de 1914 et de 1890, nous devons multiplier les nombres de la seconde série par le facteur 1,30 à cause d'une diminution de un cinquième du pouvoir d'achat de la monnaie au cours de ces 25 années.

De même, si nous voulions comparer les valeurs de 1914 et de 1919 nous devrions multiplier les secondes par 0,30 environ, phénomène dû à une dépréciation des 2 tiers de la monnaie, résultant, nous le savons, des émissions fiduciaires faites dans tous les pays alliés et particulièrement en France. Somme toute, il s'agit là d'un phénomène analogue à celui qui se produirait dans le domaine des longueurs si, chaque année, nous raccourcissions de 1 ou 2 centimètres le mètre étalon du Bureau international des poids et mesures.

Ces restrictions étant faites, nous allons pouvoir aborder avec fruit l'étude des faits et montrer que, dans leur ensemble, ils obéissent aux lois que nous avons formulées. Afin de ne pas nous égarer, nous tâcherons d'aller des faits les plus simples aux plus complexes.

II

Prenons tout d'abord des cas fort simples représentés par des populations à civilisation stationnaire et sans épargne (peuplades sauvages, Chine avant 1900 et Japon avant 1867.)

Il est un fait démontré : les peuplades africaines sont clairsemées sur de vastes territoires; leur densité est extrêmement faible. Or, l'étude de leurs facteurs économiques aboutit aux conclusions suivantes :

1° Leur capital est stationnaire. L'outillage industriel et agricole est rudimentaire, les connaissances scientifiques à peu près nulles, le capital de protection réduit à sa plus simple expression.

2° Le rendement du capital, minime, est stationnaire. On ne voit aucun perfectionnement des méthodes culturales. Pas de division du travail, pas d'organisation industrielle.

3° L'épargne existe, mais elle est à peu près entièrement affectée à des capitaux sans rendement: monuments funéraires, bijoux, achat d'or, etc...

4° Le taux de la consommation atteint en moyenne pour la masse le strict minimum nécessaire à l'existence.

5° La natalité atteint un taux voisin du taux naturel.

Théoriquement nous devons donc constater :

1° Une stagnation absolue de la population;

2° Une mortalité élevée.

Or, c'est ce qui existe en fait ; les vastes espaces de l'Afrique occidentale française abritent à peine 15 à 20 millions d'habitants (Soudan et Sénégal compris). La mortalité infantile y est très élevée et atteindrait, de 0 à 5 ans, plus de 50 pour 100 (Brumpt).

L'exemple de la Chine nous donne les mêmes résultats, mais le degré de civilisation étant plus élevé, les procédés de production plus perfectionnés, les rendements agricoles considérables, bien que stationnaires, nous devons constater une densité stagnante, mais forte, au kilomètre carré. Par contre, la natalité naturelle étant presque respectée, nous devons constater une mortalité élevée. Pour combattre celle-ci, la Chine doit essayer d'envoyer ses émigrants dans les pays voisins.

. . . .

Dans le même ordre d'idées, nous pouvons chercher à expliquer la diminution de population et la vague de misère qui s'abattit sur la France à la fin du dix-septième siècle, et dont nous retrouvons d'éloquents exposés dans les Mémoires des Intendants : « Nous avons vérifié que presque partout le *nombre des familles a diminué* considérablement, la misère les a dissipées, elles sont allées demander l'aumône et ont péri ensuite dans les hôpitaux et ailleurs. Les maisons sont tombées en ruines dans les villes et les villages, ne se relèvent pas par l'impuissance de ceux à qui elles appartiennent et nous en avons vu beaucoup de détruites et abandonnées de cette manière......

« Il n'est pas difficile de connaître les causes de cette pauvreté et de cette disette d'argent. Les levées extraordinaires et les recouvrements forcés, la multiplication des chicanes, les mangeurs de petits offices et ministres de justice ont contribué à la ruine de bien des gens. »

Les quelques phrases des témoins dont on ne saurait suspecter la bonne foi sont extrêmement instructives. On sait que la population française avait diminué de près de 2 millions d'âmes au cours du règne de Louis XIV, pour reprendre très péniblement jusqu'en 1789. Cette diminution était un phénomène du même ordre que celui dont nous souffrons aujourd'hui. Tâchons d'en démêler les causes.

Comment évoluaient donc les facteurs économiques ?

1° La natalité restait élevée. Récemment encore on a publié des livres de famille de l'époque montrant que 7 ou 8 enfants n'étaient pas rares au même foyer. La crise de population du dix-septième siècle ne peut donc pas être attribuée à une décadence de la natalité ;

2° Par contre, capital et épargne subissaient les plus graves évolutions. Poussé par une mégalomanie néfaste, Louis XIV voulut marquer par de grands monuments la période de son passage au pouvoir. Versailles coûta à l'époque 500 millions, et 40.000 ouvriers y travaillèrent, dit-on, 20 années. Marly avec ses fameuses machines greva lourdement le budget. Mais le maître avait des imitateurs et des courtisans, ce fut partout une folie de la *pierre stérile :* arcs-de-triomphe, châteaux, églises, monuments de toutes sortes marquent ce « grand siècle » qui fut économiquement une période désastreuse pour le pays. En effet, pour créer ce capital de luxe, une épargne considérable fut nécessaire. Il fallait entretenir des ouvriers, des contremaîtres, des architectes, des ingénieurs. D'autre part la cour, avec ses milliers de courtisans et serviteurs, grevait lourdement la nation. Dès lors, celle-ci était non seulement dans l'impossibilité de créer du capital nouveau, mais encore d'amortir le capital arrivé au terme d'usage. D'où ces villages en ruines, ces champs en friche constatés par les intendants. Toute l'épargne, toutes les économies réalisées par le paysan entre sa production et sa consommation étaient drainées par les agents royaux et transformées, soit en monuments, soit en entreprises destinées à faire des articles de luxe (tapisserie des Gobelins, par exemple);

3° Le rendement du capital se ressentait profondément de ces manœuvres. Mal travaillé, mal ensemencé, non par défaut de main-d'œuvre, mais plutôt par absence de capital, le sol fournissait des récoltes décroissantes qui déterminèrent obligatoirement la famine.

Il est classique de diviser le règne de Louis XIV en deux périodes, l'une avec Colbert, réputée prospère, l'autre après lui qui est celle de la décadence. A notre sens, cette division est toute théorique et ne répond pas à la réalité. Colbert a préparé et précipité la décadence nationale de 1700. Cette assertion mérite quelques développements.

Nous n'entendons pas attaquer ici la politique financière du grand ministre qui permit en quelques années de rétablir une situation particulièrement obérée, mais bien la politique économique qui fut suivie par lui.

On sait les grandes entreprises de Colbert : la création de draperies, de tissages, de manufactures de toutes sortes, la création d'une marine marchande, toutes entreprises marchant grâce à des subventions, des monopoles, dés protections douanières sévères.

Si ces industries s'étaient contentées de créer quantité pour quantité les objets que nous étions auparavant obligés d'importer, le pays en aurait bénéficié, suivant un processus que nous avons étudié plus haut.

Mais la protection gouvernementale, jointe aux appétits de la cour, augmentèrent très sensiblement la production de luxe, sans qu'il se produisît aussitôt un équilibre correspondant dans la production de nécessité.

Que devenait en effet le monde du travail ? Les entreprises architecturales, les industries de luxe, l'armée démesurément grossie, exigeaient une main-d'œuvre sans cesse croissante. Elle vint d'où elle pouvait seulement venir, c'est-à-dire de la campagne. Les champs furent désertés ; cet exode vers la ville eût été un progrès si la machine venant suppléer l'ouvrier, eut, dans le même temps, accru le rendement. La réalité fut tout autre. Non seulement aucun effort national ne fut tenté pour développer notre agriculture, mais encore les impôts vexatoires du roi interdirent au paysan l'amortissement de son outillage et de ses bâtiments (1).

(1) On objecterait en vain que Colbert diminua les tailles et remania les tarifs de la dîme. Mais il décupla, en même temps, les impôts sur la consommation, c'est-à-dire les impôts payés par la masse. Les circulaires du contrôleur demandant aux intendants de faire preuve de ménagements vis-à-vis des paysans dans le recouvrement des impôts, paraissent bien indiquer que le « contribuable » était souvent malmené. Les révoltes qui éclatèrent en Bretagne et en Guyenne et qui furent réprimées avec sévérité ne nous permettent d'ailleurs pas de considérer sous un jour bien favorable le sort de la population agricole.

Pour construire les châteaux, pour créer et développer l'armée, il fallait une épargne considérable, constituée, nous le savons, par un stock à peu près exclusivement constitué par des denrées de nécessité. Ce stock ne put être obtenu que par la force, car le libre jeu de l'échange n'en eût jamais permis la constitution : d'où les mesures vexatoires pour le recouvrement des impôts et la nécessité de la protection pour faire vivre des industries qui ne pouvaient vivre qu'au détriment du peuple.

Notons enfin une tare du système économique de Colbert. Le ministre de Louis XIV fut un « mercantile ». Visant trop à faire pénétrer de l'or sur le territoire, il démunit le pays d'objets utiles pour multiplier la monnaie dont il fit, par ce moyen, diminuer le pouvoir d'achat.

Résumons l'évolution économique du siècle de Louis XIV :

Diminution notable du rendement du capital, dû au remplacement du capital agricole productif par du capital architectural à rendement nul ou par du capital de production de luxe si défavorable à la masse, compensée en valeur, mais non en utilité par des productions industrielles diverses.

Comme conséquence nous devons observer une diminution de la consommation de la masse, c'est-à-dire la misère et la famine du peuple ; une diminution sensible de la population, soit par accroissement de la mortalité, soit par émigration.

N'est-ce pas ce que nous enseigne l'histoire ?

On chercherait en vain la cause des malheurs subis par la France à cette époque dans la grande fréquence des guerres. Les guerres du dix-septième siècle étaient de bien petits événements pour influer sur une nation qui comptait déjà 25 millions d'habitants. Les combats se soldaient par quelques milliers de morts, ce qui ne pouvait agir sur la main-d'œuvre. Quant à l'entretien de troupes en campagne, il fut presque toujours a - suré par l'ennemi, puisque, sauf pendant quelques semaines, le théâtre des hostilités fut hors de notre territoire. Certes l'armée permanente atteignit plus de 500.000 hommes, mais pendant 50 ans l'Allemagne n'a-t-elle pas entretenu et armé plus de 600.000 hommes, tout en triplant le chiffre de ses revenus et en doublant celui de sa population ?

D'ailleurs l'histoire nous donne, en France, l'exemple d'un autre règne qui fut extrêmement bienfaisant pour l'économie du pays, malgré des guerres dix fois plus meurtrières et plus coûteuses que celles de Louis XIV : celui de Napoléon Ier.

Et pourtant les mesures prises par l'Empereur furent sur bien des points semblables à celles de Colbert ; comme lui, il assainit les finances en créant la Banque de France; comme lui, il creusa des canaux, protégea l'industrie et favorisa l'éclosion d'entreprises nouvelles, organisa des écoles scientifiques. Comment des mesures identiques purent-elles amener des résultats diamétralement opposés ?

Les statistiques agricoles nous donnent la clé. Le Consulat et l'Empire virent le début d'une politique d'intensification agricole, due au perfectionnement des procédés de culture. C'est ainsi que la production du blé, réduite par les maladroites mesures de la Convention passe de 30 à

45 millions d'hectolitres, celle des pommes de terre, nulle sous l'ancien régime, monte à 16 millions de quintaux; le cheptel augmente rapidement.

Ces accroissements faits sans augmentation de la main-d'œuvre agricole permettent, dès lors, la constitution d'une épargne rapide qui se capitalise facilement dans des entreprises industrielles, sans aucune pressuration de la masse.

Aussi la prospérité du règne, malgré l'entretien d'une armée immense, malgré des guerres permanentes, croit très vite. Notre rente 5 p. 100 qui valait 9 fr. 50 en 1798, atteint, dès 1803, 66 francs pour se maintenir dès 1810 au cours de 82 francs.

Malgré les hécatombes de jeunes hommes, nous devons donc constater une augmentation sensible de la population. C'est ce que l'on voit ; toutes les années de 1800 à 1815 révèlent des accroissements de population dus à des excédents de naissances variant de 140 à 202.000 âmes par an. Le plus fort excédent répond à l'apogée de l'Empire, c'est-à-dire en 1810.

Nous voyons par ces deux exemples qu'une méthode économique n'est pas bonne ou mauvaise en tous temps. Les circonstances en font pour la nation un instrument à deux tranchants, ce qui a fait souvent dire que l'histoire ne reconnaît pas de lois.

III

Nous ne voudrions pas nous étendre outre mesure sur ces exemples discutables qui ne mettent pas assez en lumière les relations quantitatives existant entre la population et les autres facteurs économiques. C'est pourquoi nous laisserons de côté les conclusions très intéressantes que nous apporteraient l'histoire romaine et la décadence de l'empire. Notre ignorance sur les conditions de vie exacte de ces temps reculés nous obligerait à sortir du domaine du fait pour entrer à nouveau dans celui de l'hypothèse. Cependant nous voudrions par un dernier exemple montrer que notre thèse très générale s'applique à tous les modes de variations des espèces humaines et animales.

C'est ainsi que nous allons montrer comment devient claire et simple la disparition de certaines races, auxquelles on ne fait subir aucune espèce de violence, lorsque viennent à leur contact des immigrants à civilisation occidentale.

Nous savons, qu'en Amérique du Nord, les Indiens ont à peu près intégralement disparu, de même que les populations autochtones de Ceylan, de Tasmanie, de Polynésie disparaissent lentement mais sûrement, et paraissent devoir s'éteindre dans un avenir très prochain. Comment pourrions-nous expliquer ces faits avec une théorie faisant de la natalité le criterium de la population ?

Ce n'est pas que de nombreuses hypothèses n'aient été souvent émises : accusation d'empoisonner les peuplades avec de l'alcool (mais l'alcool ne diminue pas la natalité), accusations erronées de massacres en masse, de maladies contagieuses apportées par les blancs, etc... Or, ces accusations ont toujours été démontrées fausses. H. Galléot admet que cette disparition progressive de races est due à une diminution de la *fécondité*. Il s'agit là d'une vue toute personnelle destinée à faire cadrer la théorie de l'auteur avec des faits indéniables. En réalité, la natalité ne diminue pas dans un pays où apparaissent des blancs qui ne se mêlent pas à la population indigène. Le nombre moyen des grossesses par femme reste sensiblement constant. Nous allons très facilement expliquer ce fait en apparence paradoxal par le simple jeu des lois économiques que nous avons plus haut schématisées.

Quel est le fait initial du phénomène ? Il consiste dans l'établissement d'immigrés sur un sol nouveau. Les blancs réclament aussitôt débarqués le partage des terres occupées par les indigènes. Ceux-ci maintenus en respect par une forme militaire supérieure doivent céder (1). On va dès lors voir apparaître sur les deux races d'occupants le retentissement de la production sur la population. Supposons dans un premier cas une race indigène fière, indomptable, refusant d'accepter les habitudes, les coutumes et le joug du colonisateur.

La race européenne, qui sait utiliser son épargne, accroît sans cesse son capital et se trouve de jour

---

(1) Nous n'avons pas à discuter si ce procédé de s'implanter chez un voisin est moral ou non. D'ailleurs, au nom de l'humanité, les 2 thèses se soutiennent. S'il est vrai que l'indigène peut arguer de son droit de premier occupant et de propriétaire, l'immigrant excipe de son droit à la vie, impossible à satisfaire dans une patrie où la population croît trop rapidement pour les moyens d'existence Dans cette lutte pour la vie engagée entre le colonisateur et le colonisé, il faut, si le colonisé refuse le joug de l'étranger que l'un des deux succombe. La question à résoudre devient dès lors la suivante : « Quel est l'homme qui doit disparaître ? » Nous ne savons pas la réponse que ferait un philosophe au nom de la morale pure. La vie répond simplement : le plus faible, c'est-à-dire le moins intelligent, le moins riche, le moins armé.

en jour en mesure d'accroître sa production. Mais ce facteur s'accroissant, la population croît aussi vite, tant par l'émigration que par la natalité. Tant que le capital trouve à sa disposition des richesses naturelles facilement exploitables, la race blanche ne cherche pas à s'étendre sur de nouveaux territoires. Mais un jour arrive où, pour accroître le revenu du sol occupé, il faut faire de la culture intensive beaucoup plus onéreuse que la culture extensive. Les yeux se portent naturellement au delà de la ligne de démarcation précédemment fixée entre blancs et indigènes. De nouveaux terrains sont convoités, une nouvelle expédition entreprise, les autochtones sont refoulés plus à l'intérieur du pays, et, si nous en croyons les faits historiques, dans les terres les moins fécondes.

D'ailleurs ce refoulement est d'autant plus « légitime » que la population indigène diminuait pendant que croissait au contraire la race européenne.

Nous avons vu en effet les conditions économiques des peuplades sauvages : capital rudimentaire, pas ou peu d'épargne, aucune tendance à l'accroissement du rendement. Les conditions exigent la dispersion des tribus, se traduisant par une densité kilométrique minime. Au moment de l'arrivée européenne, le territoire étant entièrement occupé par les peuplades dans les parties que leur état de civilisation leur permettait d'exploiter, le chiffre de la population atteignait la densité fixée par les facteurs économiques.

Le refoulement à l'intérieur, même s'il ne prive pas les indigènes des meilleurs terrains, produit aussitôt son effet. La production diminue en raison à peu près directe des territoires affectés aux blancs. Les indigènes vivant en effet d'une culture rudimentaire ou même de la chasse et de la cueillette des fruits ne peuvent pas accroître, faute de méthodes et de capital, le rendement de leurs terres par unité de surface.

Aussitôt se mettent à jouer les obstacles destructifs de Malthus qui, en quelques années, nivellent la population au taux fixé par les nouvelles conditions d'existence. Le deuxième refoulement agit de même, ainsi que les autres refoulements successifs, jusqu'à ce que la race soit totalement éteinte.

Il en serait tout autrement si les peuplades acceptaient le joug de l'étranger. Dans ce cas, au contraire, les capitaux apportés par les blancs et qui se transforment dans le pays en outillage, locaux, etc..., servent la cause de la main-d'œuvre recrutée parmi les indigènes. Ceux-ci, dès ce moment, deviennent non des ennemis, mais des associés économiques. Mais la différence d'éducation et d'instruction des deux races, le fait, d'autre part, que l'indigène ne peut pas se passer de l'Européen s'il veut vivre, tandis que l'Européen peut se passer de lui, l'obligent à accepter la domination occidentale et l'abandon complet des habitudes et coutumes traditionnelles. L'autochtone est à ce moment dans la même situation que l'émigrant débarquant pauvre et sans travail sur une terre dont il doit accepter les mœurs. Tant il est vrai que la nationalité d'une population est déterminée par le capital.

Dès lors tout s'éclaire dans la question des populations coloniales.

1º Dans un premier cas, les blancs s'établissent dans un pays dont les habitants moins civilisés, c'est-à-dire moins puissants, refusent de se plier à la domination étrangère : la population autochtone doit disparaître et elle disparaîtra totalement, si les générations postérieures n'acceptent la loi du vainqueur. Les exemples de ce phénomène nous sont donnés par les Indiens des États-Unis, les populations de Tasmanie, d'Australie, du Cap, de Ceylan dont on compte désormais les représentants.

2º Dans un deuxième cas, le vaincu se soumet et accepte, après avoir été exproprié de ses terres, de venir servir sous les ordres des vainqueurs. A part le froissement inévitable produit par cette sujétion obligatoire, les indigènes voient s'améliorer leur situation matérielle et leur nombre. Le capital servant à la fois aux blancs et aux indigènes, les deux populations s'accroissent, et, si *des croisements sont acceptés*, il se forme à la longue une race solide participant de l'une et l'autre espèce. C'est le cas de l'Amérique du Sud où les populations sont très métissées, du Mexique, de la Mélanésie, de l'Amérique centrale et de tous les pays de l'Europe où les races sont tellement mélangées que le principe fameux des nationalités devient pratiquement insoluble. L'exemple de pays où blancs et autochtones se superposent et collaborent, mais sans se mêler, nous est donné par un grand nombre de colonies anglaises telles que l'Égypte, les Indes, la Birmanie et pour la France, l'Algérie, le Maroc, l'Afrique occidentale, le Tonkin.

Dans ces pays les deux éléments s'accroissent en nombre par suite de la formation de capital nouveau à gros rendement. _ D'ailleurs le coefficient d'accroissement est plus rapide pour la population blanche que pour la population indigène, ce qui est dû à deux causes principales :

1° La population blanche, détenant le capital, s'octroie dans les revenus une part supérieure à celle qui lui serait dévolue dans une répartition proportionnelle à la population ;

2° La population blanche a un meilleur « rendement biologique » parce qu'elle pratique une restriction de la natalité qui permet une large diminution de la mortalité et de la misère.

Ceci nous explique comment en Algérie le nombre des Européens est passé de 216 à 706.000, tandis que dans le même temps la population musulmane croissait seulement de 2.652 mille à 4.711 mille (de 1866 à 1911). Nous ne pouvons insister ici sur le grave problème qui va se poser à nous dans nos colonies du Nord-Africain, ni des mesures que nous devrions prendre envers les sujets islamiques. Toutefois il convient de ne pas nous laisser entraîner trop facilement sur une pente idéaliste, afin de ne pas léser gravement les droits de la population blanche. Celle-ci ne nous pardonnerait pas une trahison qui la diminuerait vis-à-vis des indigènes, et nous déterminerions fatalement, par nos mesures bêtement égalitaires, une brusque rupture analogue à celle qui sépara l'Angleterre de ses colonies de l'Amérique du Nord.

CHAPITRE II

L'ÉVOLUTION ALLEMANDE

I

Bien que nos statistiques soient encore bien in-
suffisantes sur la plupart de leurs points, il est
cependant possible, dès aujourd'hui, de vérifier
assez exactement les lois que nous avons énoncées
plus haut. Dans les pages qui vont suivre, les
chiffres vont abonder. Nous les avons puisés pour
la plupart dans l'*Annuaire de la Statistique*. Nous
nous sommes également inspirés, pour l'Allemagne, de l'opuscule *les Forces économiques de
l'Allemagne*, publié à Berlin en 1913 par la
Dresdner Bank.

Certains points, en particulier la consommation
de la viande, sont mal connus. Nous nous sommes
appuyés pour les établir, d'une part sur les renseignements donnés par M. Daniel Zola dans son
étude : *l'Agriculture moderne* (renseignements
sur l'âge d'abatage moyen des animaux et poids
moyen de viande nette); d'autre part sur les
nombres donnant la constitution du cheptel.

Nous ne pouvons que déplorer l'absence totale de données précises sur la valeur du capital dans les différentes nations. Nous avons dû nous en tenir aux évaluations théoriques parues sur la question, qui, nous en convenons, présentent des causes d'erreur considérables pouvant atteindre au moins le quart de la valeur réelle.

Cependant, nous avons tâché de donner le maximum de probabilité aux chiffres que nous publions, en essayant de calculer la valeur du capital par tous les moyens imparfaits que nous possédons (valeur des héritages, enquêtes sur la propriété bâtie et la propriété foncière, valeur des taxes sur les titres, etc...).

.   .   .   .

L'Allemagne présentant une évolution économique extrêmement instructive de 1890 à 1914, c'est par l'étude de ce pays que nous commencerons. Un fait domine : l'Allemagne s'est accrue de 27 millions d'habitants en 44 ans. Là, où vivaient assez durement 40 millions d'individus en 1870, on comptait, en 1914, 67 millions d'hommes ayant tous une assez grande aisance.

On est tenté de faire aujourd'hui de la prospérité allemande une conséquence directe de la forte natalité du pays. Nous ne pouvons adopter cette conclusion, car c'est précisément dans la période où ce pays s'est le plus rapidement accru que la natalité a le plus rapidement décru.

.   .   .   .

1° **Le revenu allemand.** — Comme nous l'avons dit plus haut, nous ne ferons entrer en ligne de compte que le total des consommations réelles. C'est dire que nous ne tiendrons pas compte dans cette évaluation des parts réservées à la consommation virtuelle sur les traitements et salaires totaux.

Voici les valeurs qui nous paraissent devoir être assignées au revenu « consommable » allemand en 1913 :

	Milliards francs.
Blé, seigle, farines et dérivés	5
Pommes de terre (500 millions quintaux) et dérivés	5
Viande : Bœuf (1.800 millions tonnes).	3,500
et mouton (100.000 tonnes) . . .	0,400
dérivés porc (1.800 millions tonnes).	4,000
Charbon domestique, gaz, éclairage électrique (30 millions tonnes). .	0,600
Alcool consommé (1.000.000 hectos) . .	2,000
Bière (68 millions hectos)	2,000
Sucre (2.500 millions tonnes) (avec dérivés : confiserie).	2,000
Lait et dérivés	3,500
Denrées alimentaires exotiques (différence entre importation et exportation).	4,200
Denrées alimentaires diverses (œufs, poissons, vins nationaux, cidres, volaille, graines, etc...)	5
Total denrées alimentaires	37,200
Habillement (linge, chaussures, vêtements)	8
Quincaillerie, luxe, autos, tabac, produits pharmacie, etc....	5
Revenus capitalisés (entreprises nouvelles, mobiliers, maisons d'habitation c'est-à-dire épargne (valeur admise par Helfferich).	10
Revenu total consommable ou capitalisé	60

Ce chiffre de 60 milliards est le chiffre le plus communément admis et nous devons avouer qu'il repose sur des bases solides. Nous verrons que les mêmes méthodes ne pouvaient donner à la France un revenu supérieur à 28 milliards, chiffre admis il y a déjà vingt ans par M. de Lavergne.

Nous basant sur les mêmes éléments puisés aux mêmes sources, nous avons trouvé pour le revenu allemand de 1895 la valeur de 30 milliards (une fois effectuée la correction due à la diminution de l'unité monétaire).

Les quelques courbes ci-jointes expliquent nettement cet accroissement total de 100 p. 100 en 20 ans. S'il est vrai que nous constatons dans la courbe du bétail une ascension moins considérable, nous ne devons pas oublier que la sélection des espèces et un élevage plus rationnel ont considérablement accru le rendement d'un cheptel comprenant un même nombre d'animaux. D'ailleurs, une exportation industrielle considérable due à un accroissement des revenus de cette catégorie, atteignant 5 à 600 p. 100, permettait une importation alimentaire élevée dont la valeur était pour 1913 de 4 milliards 200 millions. Ceci nous explique comment le revenu alimentaire allemand, qui était de 21 milliards seulement en 1895, pouvait atteindre 37 milliards en 1913.

2º **Capital.** — Sur ce point les données sont très incertaines et nous devons nous borner à enregistrer les évaluations d'économistes, basées sur des documents fatalement incomplets. Nous espérons que, dans l'avenir, les nations comprendront l'intérêt primordial de connaître très exactement la valeur et la répartition de leurs richesses et consacreront à cette étude des recherches statistiques sérieuses. Quoi qu'il en soit, on admettait qu'en

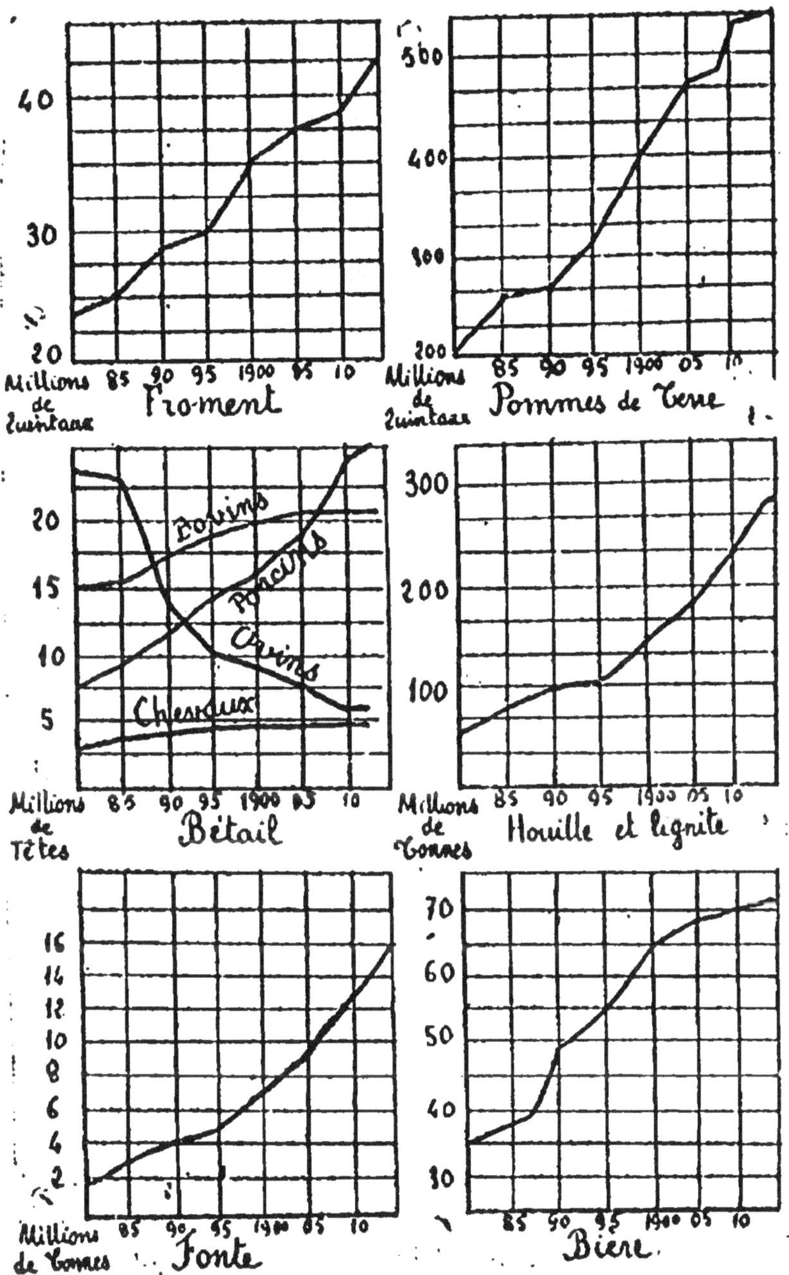
Millions
de
Quintaux
Froment
Millions
de
Quintaux
Pommes de Terre
Millions
de
Têtes
Bétail
Bovins
Porcins
Ovins
Chevaux
Millions
de
Tonnes
Houille et lignite
Millions
de Tonnes
Fonte
Bière
ALLEMAGNE.

1895 le capital allemand ne dépassait pas 250 milliards de francs.

Sous l'influence énergique de mesures économiques fort bien ordonnées, la richesse allemande progresse très rapidement et nous la voyons estimée en 1908 à 340 milliards, en 1912 à 375 milliards et enfin, au cours de la guerre. Helfferich pouvait affirmer que la richesse allemande en 1914 atteignait 400 milliards de francs.

Cette hausse formidable de capital était due à une épargne sans cesse croissante. Sur ce chapitre encore nous ne possédons que des données aléatoires. Cependant on pouvait estimer, toujours d'après Helfferich, l'épargne annuelle allemande à 10 milliards de francs en 1914, tandis qu'en 1895 elle atteignait déjà 4 milliards et demi.

Si nous prenons la double évaluation de capital en 1895 et en 1912, nous voyons que ces chiffres correspondent à peu près puisque leur différence indique une épargne moyenne de 7 milliards et demi.

Si ces chiffres étaient rigoureusement exacts, il y aurait lieu de les remanier en tenant compte des variations du pouvoir d'achat de la monnaie au cours de la période considérée. Nous ne ferons pas entrer ici en ligne cette cause d'erreur qui va être automatiquement rectifiée par le calcul du rendement du capital.

3° **Rendement du capital.** — Nous avons défini le rendement du capital comme le rapport du revenu d'une ou de plusieurs catégories au *capital total*. Si nous faisons ce quotient en 1895 nous le trouvons égal à 0,12. Au contraire en 1914 il atteignait 0,15, ayant un accroissement d'un quart en l'espace de 20 ans, soit d'environ 0,0015 par année.

Il suffit de lire les ouvrages qui nous ont révélé l'essor économique allemand, tels que *l'Allemagne moderne* de Victor Cambon, pour comprendre les causes de cet accroissement de rendement. Nous nous sommes assez étendus sur ce point dans la première partie de cette étude pour ne pas avoir besoin d'y revenir. L'accroissement de la population n'est pour rien dans cette évolution.

La cause doit être recherchée dans l'organisation de la production, dans la réfection de l'outillage, dans l'intime collaboration des laboratoires avec l'agriculture et avec l'industrie, dans l'utilisation rationnelle d'une épargne prélevée avec une inlassable ténacité. Et, d'ailleurs, dans un instant nous allons voir les chiffres donner à cette thèse leur confirmation indiscutable.

4° **La population**. — La population allemande totale était, en 1895, de 51 millions et atteignait 68 millions d'habitants en 1913.

En 1911, elle était de 66 millions qui se répartissaient ainsi :

Population active	30 millions
Enfants	21 —
Femmes et adultes à charge .	15 —

Il en résultait pour chaque travailleur une charge sociale moyenne de 2,22 dans laquelle les enfants entraient pour 0,70 et les adultes pour 0,50.

Si l'on cherche la répartition de cette population active on la trouve constituée de la manière suivante (1) :

Agriculture 28 0/0 . . . . .   8 millions 400

---

(1) En partie d'après le document de la Dresdner Bank.

Industrie 41,5 0/0.   12,450
Commerce 11,5 0/0   3,100
Salaires divers 2,5 0/0 . . .   0,800
Armée, fonction 7 0/0 . . .   2,300
Professions libérales 3 0/0 . .   0,900
Propriétaires, etc... 6,5 0/0 . . 2,000

Si nous nous reportons aux chiffres analogues de 1890 nous constatons une plus haute valeur pour le coefficient de charge sociale qui était à cette époque de 2,33. Le nombre des travailleurs était de 22 millions environ, tandis que le nombre moyen d'enfants par membre de la population active était de 0,80.

Par contre les 22 millions de travailleurs comprenaient le même nombre (8 millions) d'agriculteurs. L'industrie beaucoup plus réduite n'occupait que 6 millions et demi d'individus.

Ces chiffres nous démontrent bien l'erreur qui consiste à faire reposer l'accroissement d'un revenu sur l'accroissement de la main-d'œuvre. De 1895 à 1914 l'agriculture allemande accroît ses rendements à l'hectare dans d'étonnantes proportions : le blé passe de 13 quintaux à 23,5, les pommes de terre de 85 quintaux à 158, l'avoine, l'orge, la betterave suivent des progressions identiques.

Cependant la main-d'œuvre reste la même. L'essor agricole allemand ne tient donc pas à la surabondance de main-d'œuvre. On objecterait à tort qu'une partie de la main-d'œuvre doit être recherchée dans les nombreuses usines de produits chimiques alimentant le sol en engrais, outillage, etc... Cela est exact mais ne saurait donner une explication suffisante, car 5 millions d'ouvriers produisaient pour l'exportation et, recevant leurs vivres de l'extérieur, étaient sans aucune relation commerciale avec les agriculteurs nationaux. En réalité, si l'on comptait comme population *active rurale* les ouvriers travaillant dans des entreprises fournissant engrais et outillage à la culture, on n'obtiendrait pas un total de plus de 10 millions de travailleurs, donnant un accroissement de 20 p. 100 de la main-d'œuvre, alors que l'accroissement des rendements culturaux était de 60 p. 100.

L'essor agricole allemand ne tient pas à des causes obscures tirées de la natalité, mais bien à une intelligente organisation du travail et à la création d'un outillage mécanique et chimique de premier ordre.,

5° **La consommation.** — Nous ne calculerons ici que la consommation réelle. Nous savons d'ailleurs qu'il est facile, une fois celle-ci déterminée, de calculer très approximativement la « consommation virtuelle » connaissant le rapport $\dfrac{T_1}{T_2}$ des travailleurs virtuels aux travailleurs réels.

Il convient de séparer très nettement ces deux valeurs si, dans un calcul portant sur les revenus d'un pays, l'on veut éviter les doubles emplois.

En 1890-95, la valeur de la consommation réelle était faible en Allemagne. Le revenu s'élevant à l'époque à 30 milliards, dans lesquels était comprise une valeur de 4 milliards d'épargne capitalisée, on voit que chaque individu ne pouvait consommer qu'une valeur de 520 francs. Au contraire, en 1913, le revenu étant passé à 60 milliards, dont 50 milliards consommables pour 67 millions d'habitants, la valeur moyenne de la consommation atteignait 745 francs.

Ces données moyennes nous permettent de calculer le « salaire moyen réel » égal à $K \times h$. Or, en 1895, la valeur de h était 2,33, soit pour le salaire moyen un taux annuel de 1.210 francs environ, et pour 1913 de 2,22, soit pour le salaire une valeur de 1.650 francs environ. Ces valeurs sont assez exactement vérifiées par les données que nous possédons sur le mouvement des salaires allemands au cours des 25 années ayant précédé la guerre.

L'*Annuaire de statistique* nous apprend que le nombre indice des salaires étant 90 en 1895 était monté pour l'ouvrier mineur du bassin de la Ruhr à 155 en 1913, soit en monnaie une élévation de 65 p. 100. L'élévation en marchandises est toutefois bien moins grande, car dans le même temps les nombres indices des prix des marchandises croissaient de 100 à 130, hausse due, comme nous l'avons déjà dit, à une dépréciation de 25 à 30 p. 100 de la monnaie circulante. En réalité donc on peut admettre que le rapport des deux salaires de 1895 à 1913 s'est élevé à $\dfrac{155 \times 100}{90 \times 130}$ soit environ 130 en 1913 contre 100 en 1895.

Or, la valeur moyenne du salaire allemand en 1895 atteignait un taux de 1.470 francs par an ([1]), ce qui, étant donné la valeur de la consommation virtuelle comprise dans cette somme (impôts pour l'entretien de l'armée, de la magistra-

---

([1]) Correction du pouvoir d'achat effectuée sur la base d'une dépréciation de 20 p. 100 de 1890 à 1914. Ces chiffres donnent 1,180 fr. qui multipliés par 1,25 font 1.470.

ture et frais de loyer), nous donne une approximation très suffisante avec la valeur de 1.210 francs
que nous venons de trouver.

En effet, si nous nous reportons aux tableaux de
la population allemande en 1890, nous voyons que
l'armée, les fonctionnaires, les propriétaires représentaient 14 p. 100 de la population active du
pays. La part du salaire total $s_1 - s_2$ représentant
la consommation virtuelle et qui doit être représentée, comme nous l'avons vu par $s_1 \dfrac{T_2}{T_1 + T_2}$ devient égale à $1.470 \times \dfrac{14}{100}$, soit 205 francs, ce qui
donne 1.260 francs pour la valeur du salaire réel
moyen.

Un même calcul donnerait pour la valeur du
salaire réel moyen de l'ouvrier mineur en 1913 :
1.635 francs, bien voisin du chiffre que nous
avons trouvé en partant du revenu et de la population et pour le salaire total 1.880 fr.

6° **Les accroissements des facteurs économiques.** — Nos statistiques n'étant pas assez précises
pour nous permettre de connaître d'une année à
l'autre les variations de ces facteurs, nous divise-
rons la période 1895-1914 en deux, l'une s'étendant de 1895 à 1905, l'autre de 1905 à 1914 et
nous prendrons les moyennes annuelles.

Epargne (Δ E). — L'épargne passe de 4 milliards
en 1895 à 6 milliards en 1904 et 10 milliards en
1913, soit dans la première période un accroissement de 200 millions par an et dans la deuxième
400 millions.

Consommation (ΔK). — Si nous comparons à
la fois les tableaux comparatifs des salaires et des

prix des denrées, nous constatons pour les deux périodes un accroissement de 16 p. 100, soit par année de 1,6 p. 100.

Rapportés aux taux moyens de la consommation qui peuvent en moyenne être évalués à 560 francs par an pour la première période et à 700 pour la seconde, ces accroissements s'élèvent, en francs, à 9 francs et à 12 francs par an.

. . . .

Vérifications. — Nous sommes, dès lors, en mesure de calculer, d'après notre théorie, la valeur des accroissements annuels de population.

Appliquons l'équation :

$$\Delta P \times K = E \times p + (C + E)\,\Delta p - \Delta K \times P - \Delta E.$$

Nous aurons pour la première période :

$$\Delta P \times 560 = (5 \times 10^9) \times 0{,}13 + (300 \times 10^9) \times 0{,}0015$$
$$- (53 \times 10^6) \times 9 - 200 \times 10^6.$$

ce qui donne à ΔP une valeur de 750.000.

Pour la deuxième période nous aurons :

$$\Delta P \times 700 = 8 \times 0{,}14 \times 10^9 + (360 \times 10^9) \times 0{,}0015$$
$$- 12 \times 63 \times 10^6 - 400 \times 10^6$$

ce qui donne pour ΔP une valeur de 860.000 environ.

Or, les statistiques nous apprennent que pendant la première période l'accroissement réel constaté fut en moyenne de 730.265, tandis que pendant la seconde il fut de 879.562, chiffres bien voisins de ceux que nous avons trouvés.

. . . .

Supposons maintenant que l'Allemagne ait voulu réduire sa natalité de manière à l'amener au taux optimum tel que nous l'avons décrit, c'est-à-dire ait pratiqué une procréation consciente, afin de restreindre le nombre des naissances aux seuls enfants capables d'être *économiquement* amenés à l'âge d'homme.

Le taux de la natalité optima, en supposant une mortalité obligatoire de 10 p. 100 (tarés, maladies contagieuses, etc...) serait d'après l'équation :

$$N_o = 0,030\,(T_1 + T_2)\,\dfrac{\dfrac{R_n}{T_1 + T_2} - K\left(1 + \dfrac{1}{m}\right)}{k_m}$$

Or nous avons déjà défini pour l'Allemagne $T_1 + T_2$. Nous avons admis (en nous basant sur la cherté de la vie de 1913, sensiblement identique en France et en Allemagne à cette époque) que k_m était annuellement égal à 180 francs (0 fr. 50 par jour).

D'autre part nous avons vu que, sur les 66 millions d'habitants d'avant-guerre, l'Allemagne comptait 30 millions de travailleurs, 21 millions d'enfants de 0 à 16 ans et 15 millions de femmes et adultes à charge. Le coefficient $\dfrac{1}{m}$ est donc égal à 0,50.

Nous savons que R représente le seul revenu de nécessité, c'est-à-dire qu'il convient pour l'obtenir de déduire de 60 milliards du revenu total, d'une part les 10 milliards de revenu capitalisé, d'autre part les dépenses somptuaires (5 milliards) auxquelles il convient de joindre les 2 milliards représentant l'alcool. Nous obtenons donc pour R_n une valeur sensiblement égale à 43 milliards (à la rigueur ce chiffre pourrait être abaissé à 41 milliards en supprimant les boissons hygié niques du revenu de nécessité).

Reste enfin le facteur K qui représente la consommation minima physiologique obtenue *en utilisant les ressources* du pays. N'oublions pas que si nous voulons tabler sur une valeur de R_n égale à 43 milliards, nous devons *obligatoirement* faire entrer dans les dépenses moyennes du travailleur la viande, les dérivés lactés, etc... que produit la nation. Ceci nous amène à estimer à 2 francs environ la dépense quotidienne du travailleur, compte tenu des frais de vêtement, soit 720 francs par an. Nous donnerons à propos de la France la composition moyenne de ration alimentaire que pouvait donner cette somme, et nous verrons qu'elle ne répond pas à un taux de suralimentation, bien qu'étant hygiéniquement très acceptable.

En admettant les chiffres ci-dessus nous arrivons pour N_0 à la valeur :

$$N_0 = 0,03 \times 30 \times 10^6 \frac{\dfrac{43 \times 10^9}{30 \times 10^6} - 720 \times 1,50}{180}$$

soit sensiblement 1.750.000.

Or, en 1911, la natalité allemande fut de 1.871.000, en 1912 de 1.870.000 et en 1913 de 1.819.000. Ces taux, étant donné que la répartition alimentaire n'est pas rigoureusement égalitaire en pratique, étaient encore un peu trop accentués. Une mortalité infantile supérieure à 10 p. 100 doit en être la conséquence. C'est ce que l'on constate puisque la mortalité de la première année était encore de 12 p. 100 en 1913. Cependant cet état de natalité, somme toute très voisin du chiffre optimum, doit être considéré comme beaucoup plus favorable que les taux de 1895-1900 où le calcul nous montrerait, pour N_0, un nombre égal à 1.400.000, tandis que les statistiques nous montrent à cette époque une natalité d'environ 1.900.000.

Si notre théorie est exacte on doit donc constater dans la période 1895-1900 une mortalité infantile élevée. C'est bien ce qui est puisque, de 1895 à 1900, la mortalité de 0 à 1 an dans l'Empire allemand était de 450.000, ramenant déjà au bout d'un an le nombre des enfants au chiffre normalement souhaitable.

Ainsi donc, la diminution de la natalité allemande de 1895 à 1913 doit être considérée comme un phénomène de progression. La chute brusque constatée pendant cette période signifie que la population allemande prenait conscience de ses intérêts qui étaient d'avoir le nombre d'enfants répondant au maximum du rendement vital pour la nation.

CHAPITRE III

L'ÉVOLUTION BRITANNIQUE
L'ITALIE

Le Royaume-Uni s'accroissait chaque année en moyenne de 400 à 450.000 habitants. Sa population passe en effet de 39 millions (l'Irlande comprise) à 47 millions d'âmes de 1895 à 1914. Il eût été très intéressant d'étudier séparément les parties du royaume : Angleterre et Galles, Irlande et Ecosse. Tandis en effet que l'on constate une élévation progressive pour la première, on constate une diminution lente et sûre de la seconde. Les quelques éléments que nous possédons sur la politique économique poursuivie en Irlande vont à l'appui de notre théorie. Nous les laisserons toutefois de côté, car ils ne sont pas assez précis pour permettre des déductions quantitatives. Nous étudierons donc la résultante générale des faits économiques pour l'ensemble des Iles Britanniques.

1º **Revenu britannique.** — Les évaluations datant de 1915 admettent qu'il s'élevait à une somme variant de 50 à 60 milliards, tandis que l'épargne atteignait environ 8 milliards. Nous avons essayé de revoir ces chiffres. Pour obtenir des nombres comparables à ceux de la France et de l'Allemagne, nous avons donné, dans chaque pays, à chaque grande catégorie de la production consommable, le même coefficient de valeur. Nous sommes ainsi arrivés, en admettant pour l'épargne capitalisée une valeur de 8 milliards, qui paraît devoir être considérée comme la plus vraisemblable, à un total de 52 milliards.

On estime que le revenu de 1895 était d'environ 30 à 32 milliards. Cependant, ces chiffres nous paraissent inexacts pour soutenir la comparaison.

En effet, comme nous l'avons déjà dit, le pouvoir d'achat de la monnaie a varié de 25 p. 100 entre les deux époques. Il en résulte que pour obtenir des chiffres comparables il convient de multiplier le taux de 1895 par un coefficient sensiblement égal à 1,30 (les indices des prix dans le Royaume-Uni passant en effet de 98 à 128).

C'est donc au chiffre de 42 à 43 milliards (pouvoir d'achat de la monnaie de 1914) qu'il faut estimer le revenu de 1895.

Voici à titre d'indication le décompte de ces revenus :

	1914	1895
	Milliards	Milliards
Blé et dérivés	1	1
Pommes de terre.	0,750	0,750
Viande : bœuf.	2	1,800
mouton	2,400	2,200
porc.	0,750	0,700
Charbon domestique. . . .	0,700	0,700
Alcool.	1,500	1,200
Bière	2,000	1,900
Sucre.	800	600
Lait et dérivés.	2,000	1,800

Denrées exotiques importées .	6,000	3,700
Denrées alimentaires diverses (œufs, poissons, etc.) . .	5,000	4,000
Total revenu alimentaire . .	24,900	20,200
Habits, linges, chaussures . .	11	10
Luxe	8	7
Revenu consommable . . .	43,900	37,200
Épargne capitalisée	8	6
Revenu total.	52	43

Des recherches effectuées avec les mêmes tableaux statistiques nous ont permis d'évaluer le revenu anglais (en unités monétaires de 1914) de 1905 à environ 49 milliards, avec une épargne moyenne de 7 milliards.

2° **Capital.** — En 1895, l'Angleterre était la puissance européenne la plus riche, bien que la France la suivît de très près, ainsi que l'Allemagne. Sa richesse à l'époque paraît pouvoir être évaluée à 280 milliards de francs, tandis qu'en 1914 elle dépassait très légèrement 400 milliards, ayant progressé de 120 milliards pendant vingt-cinq années.

3° **Le rendement.** — Ces deux données nous permettent de calculer le rendement moyen de la richesse anglaise au cours de cette période.

Atteignant le taux élevé de 16 p. 100 en 1895, on le voit s'abaisser à 0,14 vers 1900 pour tomber en 1914 à 0, 13 seulement.

Ce fait extrêmement intéressant et que nous retrouverons pour la France mérite une explication, car il constitue pour une nation une constatation alarmante qu'il faut analyser. Mais auparavant il convient de voir l'évolution des salaires et consommations moyennes au cours de cette période,

4° Salaires et consommations. — Le taux moyen de la consommation était en 1914 sensiblement plus élevé en Grande-Bretagne que dans les autres pays européens. C'est ainsi qu'il atteignait 940 francs. Dans ce total la consommation alimentaire entrait pour une somme de 530 francs, tandis que le taux de la consommation complémentaire s'élevait à 410 francs par an.

L'Anglais sacrifiait donc près de la moitié de ses revenus à des articles de consommation complémentaire, fait qui nous est révélé par l'observation courante des mœurs du pays : les dépenses pour le linge, les chaussures, les vêtements, les papiers imprimés, les bibelots d'intérieur, le mobilier, etc..., sont très élevées dans chaque ménage. L'Anglais est l'homme du « confortable ».

Cette constatation vérifie bien la remarque faite de cette étude : un pays à tendances nettement industrielles est un pays qui possède une forte consommation complémentaire. La nation se sert toujours en articles de luxe avant de les exporter contre des denrées de nécessité.

En 1895, le taux de la consommation individuelle était *en valeur* moins élevé. Il atteignait environ 780 francs. Toutefois ce taux doit être rectifié par la correction due à la variation de l'unité monétaire et, pour être comparé à celui de 1914, ramené à 980 francs. Ainsi donc, *en quantité réelle*, la consommation a diminué en Angleterre au cours de la période de 1895-1914. Il ne s'agit pas là d'une hypothèse gratuite. Nous en trouvons la vérification dans les tableaux des indices. Ceux-ci s'élèvent, pour les salaires de 98 à 113, soit un accroissement de 15 p. 100 environ de 1895 à 1914. Mais d'autre part, les indices pour les denrées alimentaires montent de 90 à 113, et ceux de la totalité des articles courants de 94 à 128, soit une augmentation moyenne de 25 p. 100. Il en résulte donc, pour la valeur réelle des salaires, une diminution de 8 à 10 p. 100, supérieure à celle que nous avons trouvée pour la consommation moyenne (fait tenant probablement à un accroissement réel, notable, des revenus des classes dirigeantes du pays).

Les salaires et traitements moyens, suivant la consommation, passent, en valeurs comparables, de 2.225 francs en 1894 à 2.150 francs en 1914.

Si l'on étudie le phénomène en détail, on voit qu'il date de 1905. Jusqu'en 1905 salaires et consommations restent identiques. La baisse date seulement de la période 1905-1914. Pouvons-nous expliquer le phénomène ?

. . . .

A notre sens, deux causes principales doivent être mises en avant :

1° La concurrence allemande;

2° L'exportation de capitaux à l'étranger.

La première cause est trop connue pour que nous nous y étendions longuement. Pendant un siècle, l'Angleterre avait été le seul pays industriel capable d'exporter, c'est-à-dire produisant davantage que ses besoins. La plupart des pays essentiellement agricoles ou à industrie insuffisante devaient donc s'adresser à elle. Maîtresse des marchés mondiaux, l'Angleterre pouvait dès lors échanger ses produits ouvrés, d'une manière très avantageuse, contre des matières premières et des denrées alimentaires. L'évolution industrielle formidable des Etats-Unis n'avait pu entraver la progression britannique. En effet, pays agricole en même temps, les Etats-Unis pouvaient trouver chez eux un écoulement interne de leurs produits et possédaient un faible commerce extérieur par rapport à leur production (14 milliards de francs seulement en 1914).

Mais, dès 1900, un nouveau concurrent industriel apparut : l'Allemagne. Possédant un outillage dont s'accroissait chaque jour le rendement (0,15 en 1914 contre 0,13 à l'Angleterre), donnant à ses ouvriers un salaire moins considérable, malgré un temps moyen de travail plus élevé, ce pays put fabriquer des articles d'exportation à des prix inférieurs.

Le prix d'exportation était d'ailleurs artificiellement abaissé par des primes plus ou moins élevées, qui permettaient une livraison en Angleterre à un prix inférieur au tarif de revient pratiqué dans les usines anglaises.

La lutte économique était engagée et devait obligatoirement aboutir, si l'Angleterre voulait triompher, à une diminution sensible du salaire de l'ouvrier britannique. Moins bien outillé que l'allemand, moins assidu et moins discipliné, celui-ci aurait dû, si la guerre n'était venue réduire à néant l'effort économique de l'empire germanique, accepter une diminution de salaire beaucoup plus considérable que celle consentie de 1905 à 1914.

Certes un autre moyen de lutte aurait consisté dans la rénovation totale d'un outillage déjà inférieur. Mais cette rénovation eût exigé l'enfouissement dans le sol natal de toute l'épargne du pays, à l'exemple de ce que faisait l'Allemagne.

L'Angleterre chercha une autre conduite : conserver les marchés du monde en s'assurant la priorité financière dans les nations qui pouvaient être ses clientes. De là une exportation formidable de capitaux sur tous les marchés étrangers, dont l'importance est avérée par le fait que l'Angleterre possédait, avant la guerre, pour près de 80 milliards de titres étrangers. Non seulement le Royaume-Uni créait des entreprises dans son empire colonial (mines du Cap, plantations de caoutchouc des Indes et de Birmanie, etc...) mais encore elle essayait de dominer au Brésil, en Argentine, en Extrême-Orient, au Mexique.

Malheureusement, dans cette lutte d'encerclement, la Grande-Bretagne aurait été battue, parce qu'elle ne voulut pas, en même temps qu'elle s'assurait des droits dans les pays emprunteurs, leur imposer des obligations économiques. Le trop fameux principe du libre échange le lui interdisait, en sorte que beaucoup des capitaux prêtés, au lieu de revenir dans le pays, allaient en Allemagne, au grand détriment de la Grande-Bretagne. La politique d'exportation des capitaux qui faisait de l'Angleterre un des « banquiers du monde », amenait progressivement l'appauvrissement du pays. Celui-ci ne tirait plus de son épargne qu'un maigre revenu de 4 à 5 p. 100, alors que l'Allemagne s'en procurait 15 à 16 p. 100. Ceci nous explique bien la diminution du rendement moyen du capital anglais, diminution qui ne pouvait être empêchée que par la passation de traités accordant un régime de faveur aux produits anglais dans les pays débiteurs de la Grande-Bretagne. Cette politique sera sans doute celle qui sera mise en vigueur par le Royaume-Uni dans les années qui vont suivre, surtout dans les dominions, qui pourront former avec la Métropole une immense Union Economique avec tarifs préférentiels.

Une autre politique bien supérieure aurait pu remplacer cette évolution, très dangereuse pour la paix du monde : *la capitalisation de l'épargne anglaise dans le territoire national avec une organisation absolument moderne*, ramenant l'Angleterre au premier rang pour les prix de revient. Notons toutefois que le Royaume-Uni, *étant un pays surtout industriel*, qui ne peut se procurer ses denrées de nécessité que par l'échange de produits de consommation complémentaire, doit être impérialiste et se voit obligé, pour ne pas mourir un jour de faim, de s'annexer des pays à productions principalement agricoles où il doit interdire rigoureusement toute installation industrielle...

Nous n'avons pas l'intention ici de nous étendre sur la politique anglaise de demain. Il nous a suffi de montrer la difficulté des problèmes que pose la situation économique si particulière de ce pays.

5° **Population et charge sociale.** — Malgré cette marche régressive du rendement et de la consommation, le peuple anglais était cependant dans les meilleures conditions matérielles et sociales. Comparés aux salaires de l'Europe continentale, les salaires britanniques étaient supérieurs de 18 à 20 p. 100 à ceux de l'Allemagne et de 25 p. 100 à ceux de la France.

La répartition des travailleurs était également

à l'avantage du pays. Le nombre des hommes adultes travaillant était à peu près le même qu'ailleurs : 64 p. 100 de la population masculine, mais celui des femmes était beaucoup plus bas : 24,8 p. 100 contre 34,8 p. 100 à la France et 30 p. 100 en Allemagne.

La charge sociale par travailleur s'élevait de la sorte à 2, 27 sans changement bien marqué de 1895 à 1913. Les enfants entraient dans ce chiffre pour une valeur de 0,73, et la charge sociale adulte s'élevait en conséquence à 0,57. La valeur élevée de la charge infantile n'indique nullement d'ailleurs que le nombre d'enfants *par famille* était plus élevé en Angleterre qu'en Allemagne : le coefficient que nous désignons donne en effet le nombre moyen d'enfants à la charge d'un travailleur masculin ou féminin, et la valeur élevée du coefficient anglais est due à ce fait, que le nombre de femmes travaillant est moins considérable en Grande-Bretagne qu'ailleurs.

En 1914, la population anglaise se trouvait donc composée de la manière suivante :

Population active.	20,5 millions
Charge adulte femmes . . .	10,5
— — hommes . . .	1
Enfants de 0 à 16 ans	15

Ces chiffres doivent être comparés avec ceux de la mortalité infantile. Celle-ci était relativement basse puisque le nombre des décès des deux premières années était descendu en 1913 à 12 p. 100, témoignant l'importance hygiénique considérable du maintien de la mère au foyer.

Toutefois nous ne saurions trop combattre l'idée suivant laquelle il suffirait, *avant d'agir sur la production*, d'exiger le repos de la femme pour obtenir le même résultat. Pratiquée sans autre réforme, cette législation serait désastreuse. La femme ne peut être maintenue au foyer que si les salaires sont élevés. Or le salaire moyen pour un pays dépend de $\dfrac{C}{T}$, de ρ et de C. Avant d'agir en France sur les conditions de la vie ouvrière et paysanne nous devrons agir sur ces trois facteurs économiques. Le maintien obligatoire de la femme chez elle est plus mauvais dans un pays produisant mal que le pire travail féminin.

6° **Les accroissements.** — Étudions maintenant les variations des facteurs économiques.

De 1895 à 1914 la fortune anglaise s'est accrue de 140 milliards, dus à une épargne moyenne de 7 milliards. Toutefois cette épargne, qui n'était en 1895 que de 6 milliards, en atteignait 8 en 1914. On peut donc admettre que Δ E pendant ces 20 années s'est élevé à 100 millions par an.

Les salaires et consommations ont diminué. Si l'on se reporte à une évaluation de 1905 on voit qu'il faut considérer deux périodes :

1° De 1895 à 1905 la consommation reste identique Δ K $= 0$

2° De 1905 à 1914, période de la dure concurrence faite par l'Allemagne à l'Angleterre, les salaires s'affaissent et passent de 2.225 à 2.150 fr. tandis que Δ K devient égal à $-$ 4 francs par an.

Le rendement diminue lentement, mais progressivement, de 1895 à 1914 ; de 0,16 il descend à 0,145 en 1905 pour atteindre seulement 0,13 en 1914, dénotant donc une perte moyenne annuelle — $\Delta\rho$ égale à — 0,0015.

La population, comme en témoignent les recensements successifs et les tables de la mortalité et de la natalité, croît en moyenne de 450.000 habitants entre 1895 et 1905 et de 420 à 500.000 de 1905 à 1914.

7° **Vérifications.** — Cherchons quel accroissement théorique nous donne notre équation économique dans les deux périodes 1895-1905 et 1905-1914. Nous aurons en moyenne pour la première période

$$\Delta P \times 980 = 6 \times 10^9 \times 0,16 - 260 \times 10^9 \times 0,0015$$
$$- 100 \times 10^6$$

soit environ 480.000, chiffre se rapprochant sensiblement de la moyenne de 450.000, effectivement constatée de 1891-1901.

Pour la période 1905 nous obtenons

$$\Delta P \times 940 = 8 \times 10^9 \times 0,13 - 400 \times 0,0015 \times 10^9$$
$$+ 4 \times 10^6 \times 47 - 100 \times 10^6$$

ce qui donne à ΔP une valeur de 550.000 environ, se rapprochant assez exactement de la réalité.

Cherchons maintenant à calculer la « natalité optima » permise au Royaume-Uni. N'oublions pas que ce coefficient dépend en première ligne du revenu de nécessité, constitué pour sa majeure partie par le revenu alimentaire du pays. Ce dernier était de 25 milliards en 1915 et de 20 milliards en 1895. Les 19 milliards représentant le reste du revenu consommable ne doivent pas entrer dans R_n, si nous voulons donner à K la même valeur de 720 francs que nous avons assignée à la consommation minima d'un travailleur adulte. Dès lors, à la totalité en revenu alimentaire, il convient d'ajouter, pour connaître R_n, une valeur d'environ 6 milliards en 1910 et 5 milliards environ en 1895. Il faut de ce total retrancher enfin la valeur de l'alcool consommé que nous avons évaluée à 1.200 millions et à 1.500 millions pour les deux années extrêmes de la période considérée.

On arrive dès lors pour N_0 à une valeur (pour 1914)

$$N_o = \frac{\dfrac{29 \times 10^9}{20,5 \times 10^6} - 720\,(1 + 0,54)}{180} \times 0,031 \times 20,5 \times 10^6$$

soit environ 1.100.000. Or, les tables de natalité nous donnent pour 1914 un chiffre de 1.102.000 et une valeur de 1.119.000 pour 1913, avec une mortalité totale infantile, très légèrement supérieure, il est vrai, à la mortalité théorique de 10 p. 100 que nous avons admise.

II

Nous aurions voulu étudier en détail l'Italie, de façon à bien mettre en évidence les causes qui déterminent dans ce pays un accroissement très lent de la population et une émigration intense, malgré une forte natalité. Malheureusement nous n'avons pas trouvé de données suffisantes sur le capital national. Certes, quelques publications ont fixé la valeur de la richesse italienne à environ 100 milliards, mais il conviendrait de connaître exactement les bases sur lesquelles reposent ces calculs.

De même, on admet que le revenu national ne dépasse pas 16 milliards, mais nous ne pouvons tabler sur ce chiffre que nous n'avons pu contrôler avec autant d'exactitude que pour la France, l'Allemagne et l'Angleterre.

Il est toutefois un point qui paraît nettement établi : l'Italie est un pays pauvre où l'épargne est extrêmement faible et ne paraît pas pouvoir être évaluée annuellement à plus de 500 millions. L'Italie doit vivre sur son sol et ne peut faire venir des objets d'alimentation de l'extérieur à cause de l'insuffisance de sa production industrielle. Les statistiques montrent en effet, qu'aux 664 millions de vivres importés en 1910, correspond une exportation de 651 millions dans la même catégorie.

Les quelques statistiques agricoles que nous avons pu nous procurer sur l'Italie nous montrent que l'alimentation y est très restreinte. Pour une population presque aussi nombreuse que celle de la France, l'Italie ne possède qu'un cheptel deux fois moins élevé. La production du blé ne dépasse pas 60 millions d'hectolitres, tandis que la récolte des pommes de terre n'atteint guère que 17 millions de quintaux, rachetée il est vrai par une importante production de maïs. L'exportation des vins, qui sont produits en grande quantité (45 à 50 millions d'hectolitres) permet une importation correspondante de viande et de graisse. Toutefois, nous estimons que la consommation moyenne par habitant ne dépasse pas 500 francs par an.

La population, qui atteignait 32 millions en 1895,

se monte en 1911 à 34.687.000, soit, en 20 ans, une augmentation de 2 millions et demi d'habitants seulement, à peine plus sensible que celle de la France durant la même période.

Et cependant, la natalité reste très élevée en Italie. Dans ces 20 années elle n'a jamais été inférieure au million, atteignant en 1913 un maximum de 1.134.000. On voit bien dans cet exemple l'impossibilité absolue de vouloir faire de la natalité la cause principale de l'expansion d'un pays.

L'émigration, relativement faible avant 1870 (à peine 50.000) s'élève brusquement dès que l'Amérique, riche en capitaux, peut fixer sur son sol un formidable excédent de main-d'œuvre.

On sait l'importance de cette émigration depuis 1900 : atteignant 533.000 en 1900, elle monte progressivement à 700.000 vers 1908, s'abaisse un peu jusqu'en 1911 où nous la retrouvons à 534.000, pour bondir brusquement en 1913 à 873.000 (1).

Parallèlement à ce développement de l'émigration, nous voyons baisser considérablement la mortalité : atteignant 31 pour 1.000 en 1870, elle tombe à 25 en 1905, puis à 21 en 1912. Il est exact que ce phénomène est général pour les autres pays, mais son amplitude est beaucoup plus marquée en Italie : l'Angleterre, les pays Scandinaves n'avaient en 1870 que des mortalités ne dépassant pas 20 p. 100.

Cette double constatation est extrêmement in-

(1) Cet accroissement de l'émigration est dû à la guerre de Lybie. Celle-ci, ayant dépensé près de 2 milliards de l'épargne et du capital italiens, a diminué sensiblement le nombre des travailleurs et surtout a empêché de créer de nouveaux emplois.

téressante et notre théorie l'explique parfaitement. L'Italie, pauvre, presque sans épargne, ne peut accroître son chiffre de population que d'une manière extrêmement lente. Possédant une natalité naturelle ou voisine du taux maximum vers 1850, elle devait, puisqu'à ce moment l'émigration ne lui était pas permise, présenter un fort coefficient de mortalité, et c'est ce que nous constatons.

Mais, 20 ans, après le trop-plein, condamné auparavant à une mort certaine, peut s'écouler ailleurs. Dès lors, la mortalité diminue d'une quantité qui, si les autres conditions économiques n'avaient pas été modifiées, aurait atteint exactement la valeur de l'émigration. C'est bien à peu près ce que l'on constate : la diminution des 11 p. 1.000 de la mortalité générale est remplacée par une émigration de 12 p. 1.000, chiffres bien voisins l'un de l'autre.

Une autre constatation doit être faite en Italie : celle de la grande quantité des enfants par rapport à la masse totale de la population.

Le recensement montre en effet 12 millions d'enfants de moins de 15 ans pour une population totale de 34.500.000 habitants. Cette proportion est élevée. Elle ne peut exister que parce qu'en Italie les travailleurs « virtuels » sont en nombre extrêmement réduit.

De même, les productions de luxe sont excessivement restreintes. Tout le monde ou presque est attelé à la production de nécessité.

Cet état n'est pas intéressant pour une nation. En effet, cette importante réserve infantile est inutilisable dans sa totalité. Arrivés à l'âge adulte, les enfants doivent s'expatrier parce que, la *capi-*

talisation d'une nouvelle épargne n'ayant pas été constituée. il n'existe pour eux aucun moyen de travail.

Avec une incompréhension totale de leur situation économique, les Italiens se figurent pouvoir diriger prochainement, à leur gré, le flot de leurs compatriotes vers leurs nouvelles possessions coloniales. Cette illusion pourra leur coûter cher : la colonisation réclame des capitaux, et l'Italien émigre précisément parce que sa patrie en est dépourvue. A moins de constituer une épargne importante et de la diriger avec les émigrants sur les pays neufs récemment conquis, la colonisation italienne sera un mythe et les émigrants continueront comme par le passé à se porter vers les gros centres capitalistes d'attraction : les deux Amériques.

Malheureusement la guerre pourrait peut-être rendre singulièrement difficile une importante émigration. Les Etats-Unis se sont appauvris comme les belligérants, et ils s'engagent, eux aussi, dans la voie d'exportation des capitaux. L'émigration va dès lors devenir impossible chez eux, et déjà un mouvement se dessine pour interdire, pendant 3 ou 4 années, l'entrée des étrangers sur leur territoire.

Le Brésil et l'Argentine, d'autre part, privés des capitaux anglais, français et allemands vont à leur tour fermer leurs portes. La France traverse en ce moment une crise de chômage dont nous avons indiqué plus haut les raisons, et l'Algérie va elle aussi réagir contre l'immigration.

D'autre part, la Russie et les Empires Centraux, écrasés par la guerre vont, à leur tour, tenter de réagir contre la misère par une forte émigration, en sorte que les compétitions vont devenir plus nombreuses pour un nombre de places sensiblement plus faible. Dès lors, la situation de l'Italie risque d'être considérablement troublée par la très imprévoyante politique de la population qu'elle a suivie jusqu'à ce jour. Un pays doit, non seulement élever ses enfants, mais encore savoir prendre les dispositions nécessaires pour leur assurer des moyens d'existence lorsqu'ils arrivent à l'âge adulte. Tout accroissement de population, dû à un écart entre la mortalité et la natalité, exige aussitôt la constitution d'un capital correspondant.

CHAPITRE IV

LA FRANCE
LES COEFFICIENTS ÉCONOMIQUES

I

L'étude très sommaire que nous venons de faire pour quelques nations européennes va nous permettre d'aborder, beaucoup plus en détail, le point qui nous intéresse le plus : le problème de la dépopulation en France. Mais avant d'en étudier quelques modalités, il convient, comme pour l'Allemagne et l'Angleterre, d'étudier la question d'une manière générale afin de l'embrasser par une vue d'ensemble.

Il convient donc de rechercher d'abord la valeur des différents facteurs économiques pour notre pays et leur évolution de 1895 à nos jours.

Nous ne manquons pas de documents sur ce point. Récemment encore, M. René Pupin publiait une remarquable étude sur *la Richesse de la France devant la guerre*, tandis que, dans de nombreux périodiques, paraissaient des évaluations diverses sur les données économiques de notre pays.

Avant la guerre, tous les économistes s'étaient livrés à des recherches et leurs résultats étaient sensiblement concordants (de Lavergne, Leroy-Beaulieu, etc...).

Nous avons essayé de reprendre ces chiffres en nous basant sur les données fournies par le service de la statistique et, comme on le verra, nous sommes arrivés à des résultats bien voisins de ceux qui nous étaient affirmés. Cette concordance nous prouve donc que les bases de ces évaluations sont suffisamment exactes pour que l'on puisse se livrer sur elles à des calculs de vérification.

Dans la détermination du revenu, nous nous sommes servis des mêmes coefficients de valeurs que pour l'Allemagne et l'Angleterre, en sorte que les résultats pour les trois pays sont assez exactement comparables.

1° **Revenu français en 1895 et 1914.** — Dans nos évaluations, comme dans les précédentes, nous avons tenu compte de la diminution notable du pouvoir d'achat de la monnaie, sensiblement égal à celui que nous avons constaté en Allemagne et en Angleterre.

De ces calculs, il résulte que le revenu de 1914 se montait à environ 31 milliards, tandis que celui de 1895 ne comptait guère que pour 21 milliards qui, ramenés au pouvoir d'achat de 1914, pouvaient être évalués à environ 27.500. Voici à titre de documentation la composition du revenu français « réel » exactement comparable aux chiffres allemands et anglais.

	Quantités.		Valeurs en milliards.	
	1895	1914	1895	1914
Blé et dérivés (millions Hl) . .	120	120	4 »	4 »
Pommes de terre (millions Qx).	110	130	1 »	1.200
Viande (milliers de tonnes). :				
Bœufs	1.000	1.200	2 »	2.400
Moutons	300	250	1.200	1 »
Porcs.	600	600	1.300	1.300
Charbon domestique (tonnes). .	15 millions.	15 millions.	300	300
Alcool consommé (Hectol.). . .	1 —	1 —	1.800	2.000
Sucre indigène (tonnes)	700.000	700.000	500	500
Confiserie.	»	»	100	100
Lait et dérivés (tonnes)	6 millions.	8 millions.	1.900	2.400
Denrées exotiques (excès des importations sur exportations).	»	»	150	1 »
Bière (Hectol.)	9 millions.	12 millions.	250	400
Vin (Hectol.)	50 —	50 —	2 »	2 »
Cidre.	»	»	150	150
Culture maraîchère	»	»	1 »	1 »
Œufs et volailles	»	»	400	400
Poissons	»	»	300	300
Vêtements (linge, chaussures).	»	»	4 »	4.500
Luxe.	»	»	800	1 »
Tabac (prix de revient à l'État et non prix de vente)	»	»	100	100
Divers	»	»	1.800	2 »
Total revenu consommable :			25.050	28.050
Épargne capitalisée.			2.500	3 »
Total revenu :			27.500	31 »

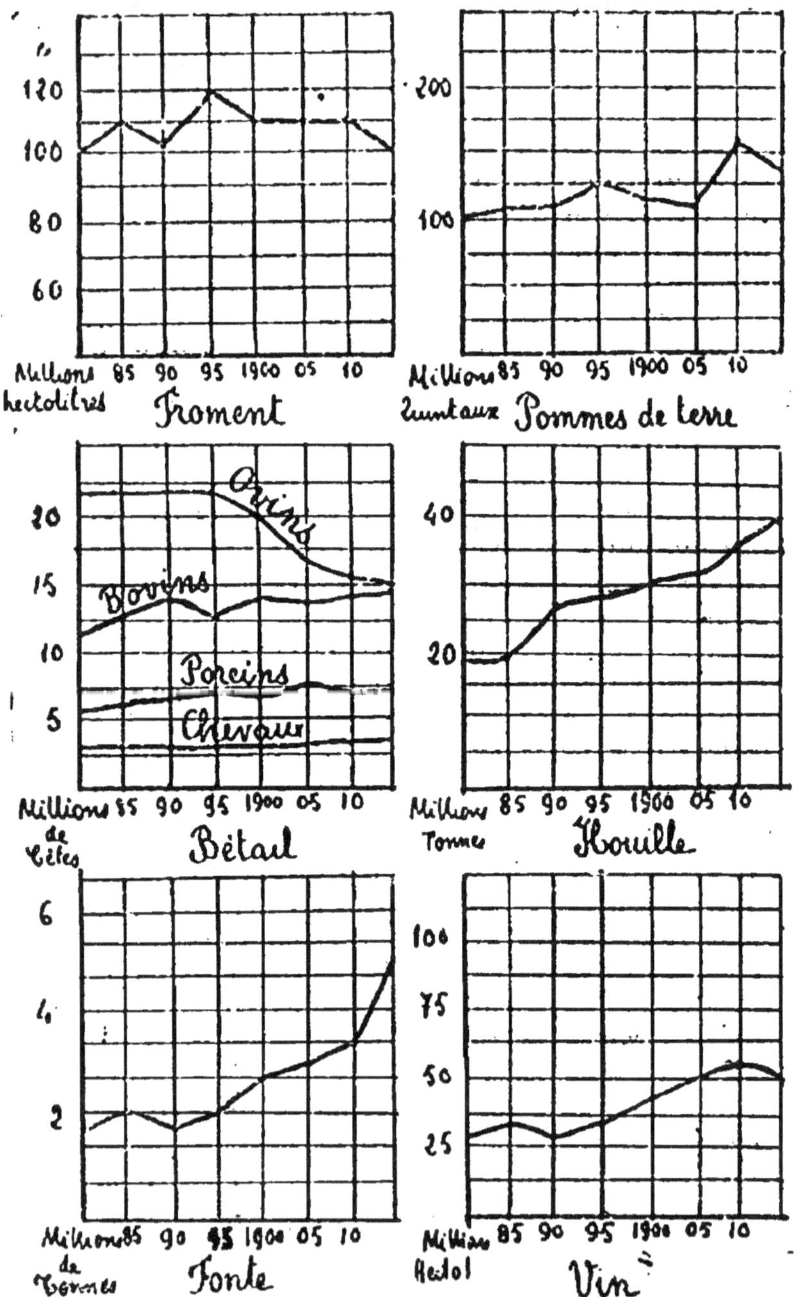

FRANCE. — Comparer avec les données allemandes.

Ce total n'est pas très éloigné de celui de 35 milliards donné par M. René Pupin. Il s'en rapproche très exactement si l'on fait une légère correction aux chiffres donnés par cet auteur. En effet, dans ses évaluations de revenu, M. Pupin fait entrer 3 milliards 400 pour la valeur locative des habitations. Or, d'après nous, cette somme ne doit pas entrer dans le total du revenu réel. Le loyer donne lieu, en effet, à ce que nous avons désigné sous le nom de consommation « virtuelle » dont nous proposons de calculer la valeur d'une manière spéciale.

Dès lors, si nous retranchons ces 3 milliards 400, nous obtenons sensiblement le chiffre donné plus haut de 31 milliards.

Les valeurs données par M. Pupin sont les suivantes :

Viande	5 milliards
Pain et pâtisserie	3,5 —
Boissons.	3 —
Légumes.	2 —
Laiterie et basse-cour	2,5 —
Pêche.	0,5 —
Fruits et produits exotiques. . .	1,9 —
Sucre.	0,5 —
Habillement	4,5 —
Chauffage, éclairage, blanchissage.	1,5 —
Autres dépenses	6 —
	30,9

Chiffres qui nous paraissent faibles en ce qui concerne le pain et les boissons, trop élevés en ce qui concerne les produits exotiques et le chapitre « *autres dépenses* » qui, sans doute, dans l'esprit de l'auteur, signifie : « dépenses somptuaires ». Celles-ci ont, de tout temps, été exagérées, et il a fallu la démonstration de la taxe de luxe pour montrer qu'on ne pouvait faire entrer le luxe proprement dit pour une valeur supérieur à 1 milliard dans le revenu total de la France (monnaie d'avant-guerre).

2° **Capital national.** — Les évaluations sur ce chapitre sont moins précises que sur le revenu. Notons cependant que tous les économistes s'accordent assez sensiblement sur la valeur de notre richesse totale (abstraction faite des œuvres d'art qui ne peuvent entrer en ligne de compte aujourd'hui). M. René Pupin estime la valeur de notre capital à environ 285 milliards. Avant la guerre, on arrivait à des résultats comparables, soit par des évaluations directes, soit en se basant sur le montant des successions déclarées et les tables de mortalité.

En nous servant des résultats obtenus par diverses enquêtes administratives, de la courbe des successions, des indications officielles concernant le produit des valeurs mobilières taxées, nous sommes arrivés aux chiffres suivants :

	1895	1914
	en milliards	
Propriété foncière (d'après enquêtes administratives) . . .	70	67
Propriété bâtie (maisons, châteaux, usines) 67 mill. dont 4 figurent ci-dessous, soit net	53	63
Valeurs mobilières françaises (calcul à 5 0/0 d'après les revenus taxés) et petit commerce et industrie	60	67
Valeurs étrangères	43	45
Cheptel et matériel agricole . .	9	10.500

Stocks commerciaux gagés par dé-
pôts en banque, caisses d'épargne, crédits agricoles et industriels. 8   10.500
Monnaie 6   7.800
Meubles divers 10   12
Total (environ)   229 282.800

Ces deux chiffres nous montrent pour 20 années un enrichissement de la France d'environ 55 milliards. Cet enrichissement était dû à la capitalisation d'une épargne moyenne de 2 milliards 750 millions. A juste titre, on estimait en 1914 l'épargne à 3 milliards par an. Vers 1895, son taux était sensiblement moins élevé et n'atteignait que 2 milliards 500 millions.

3° **Constitution de la population.** — En 1914, la population française s'élevait à 39.192.000 habitants. Les tableaux de recensement donnent :

PROFESSIONS	FEMMES	HOMMES	TOTAL
Agriculteurs.	3.235 milliers.	5.274 milliers.	8.509 milliers.
Industriels.	2.534 —	4.841 —	7.375 —
Commerçants.	826 —	1.208 —	2.034 —
Professions libérales.	155 —	391 —	546 —
Domestiques.	750 —	155 —	905 —
Administrations publiques.	180 —	500 —	680 —
Guerre et Marine.		717 —	717 —
	7.680 —	13.086 —	20.766 —

Si nous comparons ces chiffres à ceux de l'Allemagne nous constatons :

1° Le chiffre très élevé de la population active en

France, 20 millions 700 travailleurs pour une population de 39 millions, contre, en Allemagne, 20 millions pour une population de 67 millions. La France est donc l'un des pays où l'on travaille le plus. En constatant la répartition entre hommes et femmes, nous voyons en France une proportion très élevée de femmes (près des deux tiers).

2° Il n'existe pas la même proportion entre les diverses branches de l'activité économique dans les deux pays : le nombre des agriculteurs est très voisin en France de ce qu'il est en Allemagne : 8,4 millions pour celle-ci contre 8,5 chez nous. Par contre le nombre des ouvriers et patrons d'industrie est beaucoup plus élevé 11,200 contre 7,375 chez nous. Il en est de même de l'armée et des fonctionnaires rétribués par l'État qui occupe 1.400.000 personnes en France contre 2 millions 4 en Allemagne.

Ces diverses proportions sont à très peu de choses près reproduites en 1895. Il en résulte que, pour la période que nous étudions, le coefficient de charge sociale est de 1,91, très inférieur à celui de l'Allemagne qui est de 2,22. Les enfants entrent dans ce coefficient pour une valeur de 0,62 et les adultes pour 0,29, alors qu'en Allemagne les mêmes coefficients atteignent 0,70 et 0,50. Nous devons retenir ces chiffres; ils ont une importance capitale pour bien comprendre le phénomène de la population en France.

Si le nombre des travailleurs est resté sensiblement le même de 1895 à 1914, par contre on a constaté une diminution dans la population agricole qui comptait, en 1895, 600.000 travailleurs de plus et un accroissement net de la population industrielle, des fonctionnaires et de l'armée dont l'essaim s'est grossi de tout l'exode rural. Nous étudierons plus loin les causes économiques de ce phénomène.

4° **Consommation. Salaire.** — Si l'on prend la totalité des revenus, on constate que le taux de la consommation était en France de 650 francs en 1895 et de 705 francs en 1914, ce qui donne une augmentation réelle assez sensible. Notons toutefois que ces deux taux sont très inférieurs à ceux de l'Angleterre. Remarquons également, en les comparant à ceux de l'Allemagne, que notre augmentation a été bien faible. Tandis que l'Allemand vivait en 1895 avec 520 francs, c'est-à-dire à un taux presque minimum, le Français de la même époque possédait 650 francs. Mais, tandis que nous gagnions seulement 55 francs en 20 années, l'Allemand nous dépassait rapidement pour aller se fixer à 745 francs.

Connaissant la valeur de la charge sociale, nous pouvons facilement calculer le salaire moyen. S'élevant en 1895 à environ 1.270 francs, il ne valait en 1914 que 1.375 francs, considérablement inférieur par conséquent aux salaires allemands et anglais.

Ces chiffres correspondent très bien aux salaires de l'ouvrier mineur qui occupe à peu près la moyenne dans la totalité des travailleurs. Une fois effectuée la correction due à la variation de la monnaie, on constate en effet, d'après les données statistiques annuelles de l'industrie minérale, que le salaire de l'ouvrier mineur était de 1.450 francs en 1895 et de 1.560 en 1914. Mais ces chiffres contiennent toute la partie réservée à la « consommation virtuelle » (loyers, armée, théâtres, etc...).

Il en résulte donc que le Français avait des salaires moyens très bas par rapport à ses voisins. D'ailleurs, une enquête faite en 1901 par le Board of trade montrait déjà que, pour un salaire anglais de 100, le salaire allemand était de 75 et le français de 64 seulement.

Si nous nous reportons au tableau concernant la répartition de la population nous voyons qu'il existe en France environ 2 millions, 8 travailleurs « virtuels ». Cette donnée nous permet de calculer approximativement la consommation virtuelle et le salaire virtuel en France. Ce dernier sera de $\frac{2,8}{21} \times 1.375$ soit environ 150 francs. Ces 150 francs ajoutés au salaire réel reproduisent assez exactement la valeur du salaire « net » de l'ouvrier mineur.

5° **Le rendement du capital.** — Un fait capital dans notre évolution économique d'avant-guerre et dont nous préciserons plus loin les causes est notre diminution de rendement.

Atteignant 0,12 en 1895, il était tombé en 1914 à 0,11. Or ces taux sont déjà très bas en eux-mêmes, comparés au taux de 0,16 de l'Allemagne en 1914. Mais l'on constatait en plus une régression progressive, mais certaine, de 0,0005 par année.

6° **Les variations des facteurs.** — Notre épargne croissait assez lentement. On peut, au cours de ces 20 années, estimer son accroissement annuel à 50 millions.

La consommation ayant crû de 55 francs en 20 années on peut estimer à environ 2 fr 50 par an l'accroissement annuel moyen, valeur qui se rapproche sensiblement de la vérité puisque, si l'on compare les indices de variation des salaires et de nécessité, on remarque pour les premiers une ascension de 93 à 119 et pour les seconds de 96 à 128 soit en faveur des salaires une augmentation de 6 p. 100 répondant à un accroissement de la consommation de 40 à 45 francs, chiffre bien voisin de celui de 55 que nous avons admis.

La population, elle, passe de 38.460.000 à 39.670.000, en augmentation de 1.200.000 pour 18 ans, soit 65.000 environ par an.

7° Vérifications. — Cherchons à nous rendre compte si les nombres ci-dessus qui schématisent assez exactement la situation économique française d'avant-guerre vérifient notre théorie.

Pour 1914 nous devions constater un accroissement annuel ΔP vérifiant l'équation :

$$\Delta P \times 705 = 3 \times 10^9 \times 0,11 - 280 \times 10^9 \times 0,0005$$
$$- 39,5 \times 10^6 \times 2,5 - 50 \times 10^5$$

ce qui donne $\Delta P = 75.000$, chiffre très voisin de la réalité puisque la moyenne de 1909 à 1913 a été de 80.000.

Nous aurons de même pour 1895.

$$\Delta P \times 650 = 2,5 \times 10^9 \times 0,12 - 230 \times 10^9 \times 0,0005$$
$$- 38 \times 2,5 \times 10^6 - 50 \times 10^5$$

soit $\Delta P = 60.000$, chiffre très voisin de la réalité qui est de 60.000 pour 1895-96 et 80.000 pour 1896-97.

L'accroissement minuscule de la France au cours de cette période ne doit pas nous surprendre. Il est normal pour les variations des différents facteurs économiques.

II

Le plus grand reproche que l'on fait aujourd'hui aux Français est celui de leur faible fécondité. Pouvait-il en être autrement? ou plutôt une natalité plus élevée aurait-elle mieux servi les intérêts du pays. Pour obtenir une réponse, il nous suffira de calculer pour la France, comme pour l'Allemagne et l'Angleterre, le taux de la natalité optima.

Nous admettons encore, afin de rendre exactement comparables les chiffres trouvés chez nous et chez nos voisins, que le taux minimum de la consommation hygiénique de nécessité est d'environ 720 francs pour l'adulte, et pour le nouveau-né de 180 francs (1).

Voici, à titre de renseignement, *compte tenu des quantités respectives existant dans chaque production*, comment se répartiraient, en moyenne, les 720 francs de la consommation adulte si un système de carte alimentaire venait à réglementer rigoureusement la production du pays :

Blé	250 kilos	100 fr.
Pommes de terre . .	150 —	30 —
Viande	50 —	150 —
Charbon, bois . . .	750 —	25 —
Vin.	150 litres	60 —
Sucre	20 kilos	15 —
Lait, beurre, fromage q. s. pour. . . .	180 litres lait	80 —
Produits exotiques .		25 —
Légumes	90 kilos	45 —
Œufs, volaille. . .		15 —
Poissons	12 kilos	20 —
Total alimentaire :		545 fr.

(1) Calcul d'après l'échelle des valeurs d'avant-guerre.

Éclairage (y compris éclairage public)	20 fr.
Blanchissage	25 —
Linge (achat, réparations)	20 —
Chaussures (achat, réparations) . .	20 —
Vêtements	90 —
	720 fr.

En calculant à leur valeur communément admise l'équivalence calorique de la ration alimentaire ainsi déterminée on arrive à un total de 1.170 milliers de calories, soit par jour environ 3.200 calories. Encore faut-il, pour obtenir ce total, compter le vin comme capable de fournir à l'organisme 700 calories par litre, ce qui fait entrer cette boisson dans le décompte alimentaire pour 150 milliers de calories.

Or, cette ration moyenne de 3.200 calories est une moyenne au-dessous de laquelle il vaut mieux se maintenir. L'expérience montre que, si les non-travailleurs peuvent à la rigueur se contenter de 2.500 calories, la ration doit être élevée à 4.000 calories pour la plupart des ouvriers agricoles et industriels et à 5.000 pour les manœuvres se livrant à des exercices exceptionnellement fatigants. Une ration alimentaire moyenne de 545 fr par adulte paraît donc être un minimum au-dessous duquel on ne peut descendre sans danger. Et, d'ailleurs, la guerre, qui a déterminé dans nos populations envahies un abaissement de la ration à 1.800 calories environ, a d'autre part amené un doublement de la mortalité.

On serait tenté, si l'on ne réfléchit pas mûrement aux répercussions économiques, de trouver élevée la part de 175 francs accordée à la consommation complémentaire. Cette réflexion est peut-être exacte et il est probable qu'une diminution dans ce chapitre du budget n'aurait aucun retentissement fâcheux sur la vie hygiénique de l'adulte. Mais la somme qui pourrait être ainsi récupérée ne pourrait directement servir à l'entretien d'enfants supplémentaires. Nous nous sommes assez expliqués sur ce point pour y revenir plus longuement. Notons toutefois que la sommes de 175 fr. qui répond à l'achat *d'un* vêtement de laine par année, *d'une* paire de chaussures, de quelques pièces de linge de corps, ne correspond pas à cet état de luxe insolent qui serait le nôtre aux dires de certains moralistes !

. . . .

Le revenu de la France, épargne déduite, pouvait être évalué à 28 milliards environ pour 1914. Nous fixerons à 24 milliards le revenu de nécessité, obtenu en déduisant : d'une part, la valeur de l'alcool, aliment de luxe par excellence (2 milliards), d'autre part la valeur du luxe proprement dit (1 milliard) et des dépenses diverses pouvant être considérées comme non nécessaires (1 milliard). Cette déduction de 4 milliards est, toutes proportions gardées, nettement inférieure à celle de 7 milliards que nous avons faite dans nos calculs sur l'Allemagne. Le Français dépensait donc très nettement moins pour ses besoins complémentaires que l'Allemand. Malheureusement il donnait plus pour l'alcool.

En appliquant à la France l'équation de la natalité optima nous avons :

$$N_o = 0,03 \times 24 \times 10^6 \frac{\dfrac{24 \times 10^9}{24 \times 10^6} - 720 \times 1,29}{[480]}$$

ce qui nous donne pour N_0 une valeur de 720.000, inférieure à tous les taux constatés en France jusqu'alors, le plus faible ayant été constaté en 1911 avec 743.000 seulement (années de guerre exceptées).

Les chiffres que nous venons de donner montrent que notre théorie rend parfaitement compte des divers mouvements de la population. Ils nous paraissent l'appuyer d'une manière assez solide pour nous permettre d'aller plus loin. Nous devons chercher désormais, en dépouillant minutieusement les facteurs économiques de la France, s'il est possible de déterminer les causes initiales du mal dont nous souffrons et la manière d'y remédier.

CHAPITRE V

LA FRANCE
LE PROBLÈME DU MALTHUSIANISME

I

Avant de rechercher quelles sont les causes effectives de la stagnation française, il convient d'éliminer toutes les raisons qui ont été données à la légère et qui, considérées comme des facteurs déterminants évidents, conduisent à des conclusions inexactes et à des mesures qui doivent être fatalement inopérantes.

Il ne faut pas considérer la diminution de la natalité en France comme la cause primitive de notre dépopulation. Nous aurons à peine besoin de nous étendre sur ce point, étant donnés les longs développements que nous avons consacrés à la discussion générale de la place qui doit être attribuée à la natalité dans le phénomène de la population.

Les statistiques de notre production nous démontrent que nous ne pourrions sainement élever plus d'enfants que nous n'en faisons vivre, sans dangers sérieux pour l'avenir de la race. Comparons en effet les taux théoriques de la natalité optima pour la France, l'Allemagne et l'Angleterre.

En France, si nous voulons octroyer à l'adulte une consommation annuelle de 720 francs, nous sommes en mesure de faire vivre 720.000 enfants. Et encore sommes-nous extrêmement limités dans les moyens qui peuvent être mis à notre disposition.

En Allemagne, bien que l'adulte puisse jouir d'une consommation de luxe deux fois supérieure à la nôtre, la production de nécessité atteint un taux tel que 1.750.000 enfants peuvent vivre *dans les mêmes conditions que les nôtres.*

Quant à l'Angleterre, son revenu permet d'assurer à l'adulte une consommation de luxe 4 fois supérieure à celle de la France, tout en autorisant l'entretien de 1.100.000 enfants !

De tels chiffres se passent de commentaires ! Et d'ailleurs, nous ne pourrons qu'admirer l'effort de la France pour son expansion vitale, quand nous aurons comparé les chiffres donnés par quelques hygiénistes comme *minima* nécessaires à l'entretien de l'enfant, avec les chiffres représentant non le désir, mais la réalité.

Le professeur Pinard, l'un des plus chauds défenseurs de l'enfant, donne les chiffres suivants : Les frais des pouponnières, soit à l'usine Citroën, soit aux Galeries Lafayettes, font ressortir le prix de la journée d'un nourrisson à 11 francs environ ; d'autre part, les Magasins du Bon Marché ont décidé d'accorder une indemnité de 120 francs *par mois* à toute mère nourrissant son enfant. Ces initiatives, fort généreuses en soi, ne doivent *pour rien au monde* être généralisées.

Certes, il faut se rappeler que 120 francs de 1918 équivalent au pouvoir d'achat de 40 francs environ de 1914, mais 40 francs par mois pour un nourrisson d'un an constituent une dépense qui ne peut être supportée par la nation, sauf si celle-ci consent à diminuer encore sa natalité d'un tiers! Il faut avoir le courage de voir les choses en face: Une nation relativement pauvre comme la France, vivant avec la plus grande justesse, ne peut donner à l'enfant un *maximum* de sécurité. A peine peut-elle lui consentir un *minimum* extrêmement strict.

N'oublions pas l'enseignement des chiffres : des dépenses journalières pour l'entretien de l'enfant se montant de 0 fr. 50 à 1 fr. 75 ne nous auraient permis d'élever que 720.000 enfants. Or, nous avions une natalité de 750 à 800.000, c'est-à-dire que les sommes réellement allouées à chaque enfant étaient encore plus réduites *en moyenne*. Etant donnée l'inégale répartition des richesses, il n'est pas téméraire d'affirmer que la moitié au moins des enfants devaient vivre à des taux de 20 à 30 p. 100 *inférieurs* à ceux que nous avons donnés.

Et l'on ne peut dire que l'adulte pouvait réduire très sensiblement ses dépenses : sa consommation de nécessité suffisait à peine à ses besoins physiologiques. Reporter sur l'enfant les dépenses somptuaires (tabac, alcool, luxe)? Mais nous avons vu que des privations imposées ou acceptées dans cet ordre ne pouvaient avoir d'action que si une exportation des produits ainsi délaissés permettait une importation compensatrice de produits de nécessité. Or, étant donnée notre politique fiscale de l'alcool et du tabac, nous ne pouvions songer à être exportateurs, et l'exportation de produits de luxe, sur les marchés des nations riches telles que l'Amérique, est rendue difficile par des taxes protectrices justement élevées.

Que conclure de ces données, sinon que la France n'a pas eu davantage d'enfants *parce qu'elle ne le pouvait sans danger;* que tout accroissement de natalité provoqué *antérieurement* à un relèvement de la production de nécessité ne peut qu'accroître la misère, augmenter la mortalité infantile et diminuer la puissance du pays. Et d'ailleurs les faits viennent plaider la justesse de cette cause.

L'observation démontre que la diminution de la natalité a coïncidé avec l'augmentation, non proportionnelle, mais absolue, des adultes dans le pays. En même temps, la mortalité a diminué, indiquant une disparition progressive de la misère.

En 1885, la natalité atteint 2,39, la mortalité 2,25. En 1910, ces deux facteurs s'élèvent respectivement à 1,96, et 1,78 pour la France. Cependant le total des adultes de plus de 20 ans s'élève de 1.427.000, alors que s'abaisse constamment le nombre total des enfants.

Certes, on peut attribuer aux progrès de l'hygiène scientifique les résultats obtenus dans cette diminution de la mortalité, mais les faits issus de la guerre sont venus sérieusement battre en brèche la théorie uniciste qui voudrait donner à la Science un rôle qu'elle ne possède pas à elle seule. Une vie hygiénique n'est possible qu'avec des revenus suffisants. Si ceux-ci ne sont pas assez élevés nous ne pouvons pas lutter contre les maladies qui nous déciment. Les régions du Nord et, à un moindre degré, l'Allemagne, connaissaient au cours de la guerre les règles que nous enseigne l'hygiène.

Cependant, les ressources de chacun étant devenues misérables, la mortalité a doublé et même triplé sans que notre Science y puisse porter le moindre secours. Il est intéressant d'apprendre aux mères à élever leurs enfants, mais les conseils ne peuvent être efficaces que s'ils peuvent être appliqués, c'est-à-dire si les revenus de la famille le permettent.

Dans un appartement de deux pièces, avec un salaire de 1.600 francs, un ménage pouvait vivre avec deux enfants en 1914, et pouvait appliquer une hygiène, rudimentaire, mais suffisante pour réduire à un taux assez faible les chances de mortalité. Dans les mêmes conditions matérielles, une famille de cinq enfants verra quintupler ses chances de mortalité. Si de nombreux enfants ne meurent pas avant 15 ans de diarrhée infantile, de rachitisme, de rougeole, de scarlatine ou d'une quelconque tuberculose osseuse ou ganglionnaire, ils seront fauchés à 20 ans par la tuberculose pulmonaire, qui trouvera chez ces souffreteux un terrain particulièrement préparé.

Nous n'avons donc pas le droit de nous alarmer d'un abaissement de la natalité correspondant à une diminution de la mortalité.

Il s'agit d'un phénomène justement raisonné, d'une tendance à un état de « procréation consciente » qui permettra de donner au pays son maximum de force et de puissance.

On serait tenté de faire au raisonnement précédent l'objection suivante : les tables de mortalité indiquent que la mortalité infantile est surtout marquée pendant les deux premières années de la vie, où elle atteint 18 à 22 p. 100. La mortalité n'est pas due tant à une pénurie matérielle qu'à des fautes monstrueuses d'alimentation. Si donc on arrivait à faire franchir à l'enfant le cap de la deuxième année, nous sauverions ainsi près de 150.000 existences.

Il est démontré que l'allaitement au sein diminue considérablement la mortalité du premier âge. Rendons obligatoire cet allaitement et nous augmenterons d'autant la puissance du pays.

Il est parfait de favoriser l'allaitement maternel, mais il convient de se rendre compte que celui-ci ne pourra se faire avec *résultats* que s'il est accompagné d'une diminution de la natalité égalant la diminution de la mortalité obtenue.

Supposons, en mettant les choses au mieux, que l'allaitement maternel n'enlève pas à la production une part importante de la main-d'œuvre telle que le revenu total en soit diminué sensiblement. Il est indiscutable que les enfants nourris au sein vivront jusqu'à deux ans pour la plupart et ne seront pas la proie de la diarrhée infantile.

Ceci étant, nous devrons faire face à l'entretien d'une masse infantile de 28 p. 100 supérieure à le moyenne habituelle, avec des ressources identiques. *Cette évolution sera impossible.* Le revenu national qui arrivait difficilement à faire vivre le nombre d'enfants antérieur ne pourra suffire à un cinquième supplémentaire.

Ce cinquième que nous aurons amené à l'âge de deux ans au milieu de difficultés de toutes sorte *devra* disparaître et disparaîtra en fait. Par quel mécanisme ? Dieu, dit la résignation religieuse, ne fait pas connaître ses voies : tuberculose, maladies épidémiques, grippe, etc..., se partageront le funeste lot. La puissance du pays sera diminuée, car nous aurons gaspillé inutilement des ressources nationales pour faire vivre quelques jours de plus des enfants obligatoirement condamnés à mort. Les vivants pâtiront de ces vains efforts à prolonger de misérables existences de quelques instants.

Certes l'allaitement maternel est un bienfait, mais à la condition que la natalité soit réduite en même temps d'environ la valeur de la mortalité qu'elle entend supprimer. De la sorte, la concurrence vitale ne sera pas amenée à jouer pour éliminer le trop-plein sur les enfants de plus de deux ans.

Ce déterminisme vital, si dur et si cruel, n'est malheureusement pas une vue de l'esprit sans fondement. Nous en trouvons la froide réalisation dans l'exposé fait par M. Calmette à l'Académie de Médecine, concernant l'évolution de la mortalité infantile au cours de l'occupation.

Les conditions matérielles imposées à nos populations par l'Allemagne, nous les connaissons : peu de pain, un peu de riz et de mauvais haricots, un hareng pour quinze jours, trois ou quatre œufs par an, le tout représentant une ration alimentaire de 1.600 calories à peine.

Donc diminution du *revenu réel* pour la population. Cette diminution devait amener progressivement un nivellement par la mortalité. Celle-ci, en dépit de notre connaissance des règles de l'hygiène, devait augmenter. En fait, elle passe de 19 pour 1.000 en 1913 à 27,73 en 1915, 29,26 en 1916, 30,41 en 1917, pour atteindre 41,55 en 1918.

Comme il fallait s'y attendre c'est surtout la tuberculose qui fauche, mais largement secondée par la dysenterie, le scorbut, les affections cardiaques.

Que devient cependant la masse infantile. La population essaie de réagir contre cette misère en restreignant la natalité qui tombe à 7 ou 8 p. 1.000 au lieu de 25 p. 1.000, moyenne habituelle. Mais cette diminution, qui peut à la rigueur permettre de lutter contre des variations négatives de revenu atteignant 8 p. 100 ne peut suffire. Il faut que des enfants succombent.

Or les nouveau-nés sont généralement nourris au sein pendant la période d'occupation, cet allaitement maternel paraissant dû : soit à ce que le chômage obligatoire éloigne l'ouvrière de l'usine, soit plus simplement, croyons-nous, par l'impossibilité de se procurer du lait de vache dans l'agglomération urbaine. Ce qui devait être se constate : *la mortalité des deux premières années diminue*. Mais qu'importe ce sauvetage inutile. Des enfants doivent disparaître. S'ils ne disparaissent pas dans leur première année, ils disparaîtront plus tard. Aussi voit-on croître dans des proportions effrayantes les décès par tuberculose infantiles. A Lille on constate une insuffisance de poids chez 100 p. 100 des enfants de l'école maternelle, chez 80 p. 100 de ceux qui ont de 12 à 13 ans.

Chez les premiers on trouve de l'adénopathie tra-chéo-bronchique dans 20 p. 100 des cas et dans 70 à 75 p. 100 chez les seconds. La diminution de la mortalité infantile des deux premières années a été largement remplacée par une mortalité de la grande enfance. Les hommes issus de cette génération seront des débiles et des tarés, qui, hélas! paieront pendant toute leur vie les conséquences de la barbarie allemande.

Certes, si nous venions à généraliser chez nous l'allaitement au sein, nous ne verrions pas se développer des suites aussi funestes, en l'absence d'une restriction de la natalité. Mais notre mortalité infantile n'en monterait pas moins de 2 à 15 ans. A cet âge n'arriverait qu'un lot plus restreint d'enfants sains et vigoureux. Notre palliatif aurait été mauvais pour le pays.

D'ailleurs les conséquences seraient encore plus graves si la suppression du travail féminin, fatale avec l'allaitement, déterminait, comme il est probable, une sensible diminution de la production. *Gardons-nous de voter des mesures sociales avant d'avoir créé le milieu, seul capable d'en permettre l'application.*

II

Nous avons déjà indiqué la part morale qui revenait au problème de la population. Mais la question est si importante pour la France que nous sommes encore obligés d'y revenir.

Il est à la mode, parce que nous n'avons pas su voir où était la cause réelle de notre stagnation, d'incriminer la moralité du peuple français. Cette honteuse calomnie derrière laquelle s'abrite l'ignorance de faux savants est tellement révoltante qu'elle ne peut laisser insensible. Avant la guerre, mal avertis des sentiments réels des classes paysannes et ouvrières, certains philosophes pouvaient à la rigueur soutenir leurs étranges paradoxes. Continuer aujourd'hui de tels blasphèmes est une injure odieuse faite à ce pays couvert de tombes encore fraîches. 1.500.000 morts, la moitié de ses richesses, voilà ce qu'a sacrifié la France pour assurer l'avenir de notre race ! Et l'on voudrait prétendre qu'un tel pays, sombrant dans un égoisme jouisseur, aurait voulu se suicider ! Devons-nous rire ou nous indigner d'une pareille incompréhension ?

Le Français aurait sacrifié son devoir à sa soif de bien-être ! Il conviendrait de le démontrer. Or les chiffres nous enseignent le contraire. Considérons la proportion des travailleurs dans quelques pays. S'il est vrai que nous voyons partout le même nombre d'hommes occupés à une tâche productive, comprenant à peu près la totalité de la population masculine à partir de 15 ans, nous voyons que notre pays est celui où travaillent le plus grand nombre de femmes. Alors qu'aux Etats-Unis 14 p. 100 seulement de la population féminine travaille, contre 30 p. 100 en Allemagne, et 24 p. 100 en Angleterre, on constate qu'en France 34 p. 100 de nos femmes sont comptées dans la population active. Et ce n'est pas seulement à l'usine que la femme est occupée ; à la campagne les travailleurs agricoles comptent plus de la moitié de femmes. Comment expliquer ces chiffres, sinon par la volonté de faire vivre, quand même, une famille qui perpétue l'espèce. Il eût été si facile à ces femmes admirables qui se condamnent aux travaux forcés, de refuser l'enfant pour mener une vie oisive, à l'exemple de leurs sœurs d'Angleterre ou d'Amérique. Hélas ! deux enfants sont en France un fardeau beaucoup plus lourd que trois et même quatre en Amérique. Notre production *par ouvrier* est si basse qu'il faut un travail prolongé et exténuant de toutes les forces vives du pays pour avoir des résultats inférieurs de 50 p. 100 à ceux qu'obtient l'Amérique avec la seule main-d'œuvre masculine et en 8 heures par jour seulement. Alors que, là-bas, la femme peut tout entière s'adonner à l'entretien et l'éducation de ses petits, chez nous, hélas ! il faut que les devoirs de la maternité alternent avec le travail productif. Malgré sa vaillance, et parce qu'il ne trouve pas un outillage suffisant, le chef de famille ne peut à lui seul subvenir aux besoins de ses enfants et de sa femme.

D'ailleurs, le Français aurait réalisé son désir de jouissance s'il l'avait voulu réellement. On ne peut comprendre comment le fait de diminuer les charges familiales dans le but de posséder davantage ne peut, *sur l'heure*, être suivi d'effet. De 1895 à 1913 la natalité baisse de 2,17 à 1,88 pour 1.000 habitants et le nombre des naissances par adulte diminue encore plus sensiblement, puisque, pendant que baisse la natalité, s'élève le nombre moyen des adultes. Or, les enfants nés depuis 1895 ont surtout coûté à leur famille, mais en réalité très peu produit.

On aurait dû dès lors constater en France une

amélioration considérable du sort moyen de l'adulte. On constate une ascension du revenu consommable de 55 francs seulement. Cette ascension est bien faible, mais encore est-il qu'elle ne répond pas à la réalité. La répartition de la population montre en effet qu'en 1914 la France comptait 1.427.000 adultes de plus qu'en 1890. Si l'on tient compte de ce fait, on doit constater que l'accroissement réel de bien-être pour l'adulte n'a pas dépassé 15 à 20 francs pour toute la période. Or, que se passait-il en Allemagne, ce pays si doux aux moralistes de la natalité. Tandis que s'accroissait la charge totale infantile, le confort allemand s'élevait de 225 francs. Si vraiment l'égoïsme peut être mesuré, lequel des deux, le Français ou l'Allemand a le plus fait preuve d'esprit de sacrifice ?

. . . .

Puisque les moralistes accusent le peuple d'être réfractaire à son devoir et réclament contre lui les sanctions de Dieu et de l'Humanité, que la nation leur demande une ligne de conduite pratique qui permette de faire mieux. Qu'elle mette en leurs mains la totalité de notre production, et, leur demandant de la répartir, exige d'eux qu'ils indiquent le nombre d'enfants que chacun *doit* avoir pour remplir la totalité de son devoir d'honnête citoyen. Qu'une telle enquête se fasse minutieusement et sans parti-pris et nous pourrons d'avance en donner les conclusions.

Nos moralistes seront effrayés des conditions qu'ils devront imposer à la masse ; ils reconnaîtront enfin l'énergie, la vaillance, le courage de tous les instants que doit posséder le chef de famille français. Ils seront muets d'admiration devant les sacrifices inouïs que doit s'imposer la mère pour subvenir, souvent mal il est vrai, aux besoins de ses enfants. Devant les 500.000 possesseurs d'un revenu de 3.000 francs (valeur de 1914) ils trouveront 19 millions d'individus vivant sur un salaire d'à peine 1.000 francs par an ([1]). Que deviendront dès lors les beaux sophismes sur la richesse inépuisable de la France, le luxe de ses habitants, sa soif de jouir ? Connaissant les limites de ces ressources, nos moralistes n'oseront plus les répartir, car cette répartition leur montrerait l'impossibilité de faire sensiblement mieux que ce qui est actuellement. Désorientés, effondrés, ils se rendraient compte, enfin, qu'il est bien difficile à la France d'avoir plus d'enfants qu'aujourd'hui. Peut-être même comprendraient-ils que la diminution de notre mortalité infantile exigera, si des mesures énergiques ne sont prises dans le domaine de notre production, une diminution encore sensible du taux de notre natalité.

III

Un mot enfin pour en terminer sur cette irritante question.

On pourrait être tenté d'adopter notre théorie pour la masse, mais en la repoussant pour l'élite et la bourgeoisie. Le mal de l'enfant unique n'est pas d'origine populaire, il est un mal bourgeois.

(1) Valeur correspondant à un salaire de 4.000 francs en 1919, compte tenu de la dépréciation de la monnaie depuis 1914, suite de l'abondante circulation fiduciaire.

Comment pouvons-nous admettre, diront les contradicteurs, que des familles possédant un revenu de plusieurs milliers de francs (car avant la guerre était bourgeois tout travailleur possédant plus de 3.000 francs de revenu) n'aient qu'un nombre très limité d'enfants et que, plus une famille devient riche et moins elle devient nombreuse.

. . . .

Tout d'abord, il n'est pas vrai que les familles très riches soient les moins prolifiques. Consultons en effet les déclarations du revenu publiées au *Journal Officiel*. Nous y lisons : Pour 76.825 contribuables ayant un revenu de 5.000 à 10.000 frs. il y a 42.330 mariés ayant à leur charge 37.143 personnes. Sur ce total le nombre des personnes à charge du même contribuable au-dessus de 5 est de 331 seulement.

Il existe d'autre part 22.010 contribuables ayant plus de 25.000 francs de revenu dont 14.469 mariés. Cette catégorie a une charge totale de 19.938 personnes dont 862 au-dessus de 5.

La première catégorie a donc une charge infantile moyenne de 48,43 p. 100 ; tandis que la seconde atteint 89,6 p. 100, total nettement au-dessus de la moyenne générale de la France qui n'atteint, comme nous l'avons vu, que 62 p. 100.

. . . .

Il n'en est pas moins vrai que les petits rentiers, bourgeois et fonctionnaires ont une charge infantile inférieure à la moyenne. Devons-nous accuser leur égoïsme ? En premier lieu, il n'est pas indifférent de noter que l'entretien d'un enfant dans la petite bourgeoisie est beaucoup plus onéreux que dans la classe ouvrière. Certes les frais d'alimentation et d'habillement peuvent être identiques, mais il n'en est pas de même des dépenses affectées à l'instruction. Parce qu'il va au lycée jusqu'à 18 ans, parce qu'il suit ultérieurement des cours dans une grande école ou une faculté jusqu'à 25, 28, 30 ans même, parce que les débuts du jeune homme dans la carrière qu'il a choisie exigent encore des sacrifices pécuniaires importants, on peut dire que l'enfant dans la bourgeoisie est une charge trois fois plus lourde que dans le peuple. Pour devenir ingénieur, avocat, médecin, fonctionnaire, officier ou même commerçant, on peut dire, qu'en moyenne, les dépenses nécessaires à l'éducation de l'enfant s'élèvent à près de 25.000 francs.

Si l'enfant est une fille, des difficultés aussi pénibles se dressent devant les parents. Les frais d'instruction sont peut-être moins élevés, mais au moment du mariage surgit la question brûlante de la dot. Pas de dot, pas de mari.

. . . .

Le théoricien qui n'a pas d'enfants, ou qui sait les oublier quand il parle aux autres, n'est pas embarrassé par ces questions d'un ordre pratique. Les bourgeois, dit-il, n'ont qu'à élever leurs enfants comme les prolétaires et les laisser se débrouiller dans l'existence. Au lieu de chercher dans le mariage des unions intéressées, les jeunes gens ne devraient consulter que leur cœur. Bel argument, qui ne peut tenir devant les réalités de la vie, et qui suppose à l'existence un fondement d'idéalisme niais qu'elle ne possède pas. Tout homme obéit à l'impérieuse loi de l'expansion vitale : il veut créer, pour la race dont il est l'origine, une descendance ayant le maximum de puissance, ayant le maximum de chances de triompher dans la lutte pour la vie; il veut que ses enfants, dans l'échelle sociale, n'occupent pas un rang inférieur au sien, mais au moins égal.

Cette condition s'oppose à ce qu'il procrée sans se soucier de l'avenir. Il doit donc faire donner à ses enfants une instruction longue et soignée, il doit amasser une dot pour ses filles. Le jour où un collectivisme bien appliqué permettra de faire le choix de l'élite en se basant sur l'intelligence, nous aurons le droit de reprocher à l'homme riche sa trop faible prolificité. Aujourd'hui, nous ne le pouvons pas, nous devons subir les tares de notre organisation sociale. L'intelligence est peu de chose quand elle n'a pas derrière elle la puissance de l'argent. Pour être armé dans la lutte pour la vie, un jeune homme doit posséder, en sus des qualités naturelles de l'esprit, une somme de connaissances théoriques dont le volume croît chaque jour. Qui peut lui assurer cette « capitalisation cérébrale » sinon le chef de famille? Et comment la lui assurera-t-il, s'il a le souci d'élever une trop nombreuse famille ?

. . . .

D'ailleurs, un autre argument s'oppose à l'extension trop considérable de la famille bourgeoise. Quels que soient la puissance intellectuelle d'un jeune homme, son instruction et ses dons naturels, il ne pourra occuper dans la vie une place que si cette place peut être occupée. Or, le travail intellectuel obéit aux mêmes lois que le travail manuel.

Le nombre des cérébraux est déterminé par le capital d'une nation.

Le nombre des architectes dépend du nombre des maisons et de l'épargne affectée à la construction ; le nombre des ingénieurs du nombre des usines ; le nombre des industriels et des commerçants du volume de la production ; le nombre des producteurs virtuels (médecins, peintres, avocats, artistes) est lui-même assez strictement réglé par la valeur des salaires réels. Ainsi que nous l'avons vu, une nation dont les salaires réels sont bas ne peut avoir des producteurs virtuels si ceux-ci ne peuvent imposer leur existence par la force brutale.

Dès lors, dans une nation qui voit augmenter lentement son capital productif et diminuer son rendement, il n'y a pas de place pour un nombre élevé d'intellectuels. D'une manière ou de l'autre, ceux-ci sont limités, et celui qui, avec le système de la libre concurrence, essaie de s'immiscer dans un milieu pour lequel il ne présente pas à la fois les conditions intellectuelles et pécuniaires sombrera fatalement. Ecœuré, découragé par une injustice dont il ne veut pas comprendre le sens, il sera un « déclassé ».

Le bourgeois se trouve donc dans l'alternative suivante : ou bien avoir peu d'enfants, mais donner à chacun les possibilités matérielles et intellectuelles d'avoir une situation analogue à la sienne, ou bien, ayant beaucoup d'enfants, les obliger tous ou presque tous à descendre de plusieurs degrés dans la hiérarchie sociale.

Or, au point de vue national, comme au point de vue privé, nous trouvons supérieure la première solution. La deuxième, en effet, nous donnera des « déclassés », c'est-à-dire des individus fielleux, aigris, se soumettant avec répulsion à leur sort, semant partout la haine et le découragement ; essayant, pour conquérir la place à laquelle des dons naturels auraient pu les porter, d'agiter toutes les passions humaines. Vaincus, innocents de l'existence, champions de la justice opprimée, ces individus donneraient au pays les pires éléments de trouble et aucun appoint pour le travail.

Mais d'autre part, si nous admettons que le nombre *total* des enfants d'un pays est limité, nous voyons que l'existence de ces déclassés diminuerait d'autant le nombre des enfants issus de la masse, dont les sentiments d'assiduité au travail sont tout autres. Ainsi donc, l'augmentation du nombre des enfants dans la bourgeoisie, *en dehors de conditions économiques permettant un accroissement de l'élite*, doit déterminer une diminution de la puissance vitale d'un pays. Au point de vue personnel comme au point de vue national, nous devons la réprouver.

IV

Nous pouvons tirer une conclusion des faits qui précèdent : il n'y a pas lieu de s'alarmer de l'extension indéniable des pratiques malthusiennes en France. Il y a là un phénomène absolument indépendant de celui de la population et qui n'a pas de rapport direct avec celui du nombre global.

Si les Français avaient eu depuis 40 ans autant d'enfants que les Allemands, notre pays serait moins puissant qu'il ne l'est aujourd'hui et nous assisterions à une misère très dure dans la classe ouvrière et paysanne. Avec 2 millions de naissances par an, nous n'aurions pas davantage d'adultes, mais la mortalité infantile aurait doublé. La question qui se pose est donc la suivante : quel est le processus préférable ? ou bien d'entraver la natalité par une action humaine volontaire ; ou bien, laissant agir la nature, de mettre au monde des enfants dont une proportion déterminée, à quelques centièmes près, est obligatoirement condamnée à mort. Cette seconde alternative dérive du fatalisme qui est aujourd'hui condamné dans toutes les autres actions humaines. Convient-il de s'y soumettre uniquement dans le domaine de la procréation ? Brûlante question que résoudront sans doute les siècles à venir, et à laquelle les faits constatés dans le monde civilisé paraissent déjà répondre.

Mais cette question est sans aucun rapport avec le problème de la puissance d'un pays, et nous faisons fausse route en essayant d'ajuster les deux phénomènes. Ce que nous sommes en mesure d'affirmer de la manière la plus catégorique, c'est que *l'accroissement primitif de la natalité en France est incapable de donner autre chose qu'un accroissement de la misère et de la souffrance dans les familles.*

S'il est vrai que l'homme n'est grand que lorsqu'il souffre, s'il est vrai que l'horrible spectacle d'enfants mourant sans qu'un secours leur puisse être apporté, est capable d'élever le niveau moral de l'humanité, n'hésitons pas à accroître notre natalité. Sinon sachons voir en face les conséquences de nos actes. Si un effort énergique ne vient pas relever la puissance économique du pays, tout enfant qui naîtra en surplus du nombre désirable mourra ; il ne fera *jamais* un travailleur ou un soldat.

CHAPITRE VI

LA FRANCE
L'AGRICULTURE FRANÇAISE

I

Ainsi, une théorie qui essaie de faire de notre dépopulation un phénomène d'ordre moral ne nous conduit nulle part. Elle nous heurte à des contradictions économiques flagrantes et surtout elle est incapable de nous expliquer comment, placées dans des conditions de natalité, de courage, d'énergie identiques, deux nations peuvent réagir d'une manière absolument différente.

Laissant de côté ces spéculations, nous allons voir maintenant que toute notre politique pratiquée au cours des 30 dernières années devait obligatoirement déterminer la stagnation, sinon la chute de notre population. La France n'a pas grandi, parce que ses dirigeants, criminels ou incapables, ne lui ont pas permis de s'accroître. Notre politique soi-disant démocratique n'a été qu'une suite d'actions démagogiques qui ont trahi les véritables intérêts de la nation.

Nous avons vu plus haut que certains facteurs

économiques étaient en France extrêmement ré
duits et que certains même accusaient une diminution lente, mais progressive. Il convient d'étudier
comment a pu se produire et surtout se maintenir
un tel état de choses. Nous devons donc étudier
séparément chacun des facteurs économiques et
tâcher de découvrir où peut siéger notre infériorité.

Nous avons longuement insisté plus haut sur
le rôle primordial du capital dans une nation.
Nous devons commencer par éclaircir les carac-
tères du capital français.

. . . .

Étions-nous pauvres? c'est-à-dire manquions-
nous de richesses. Une simple moyenne nous
permet de voir que la France était l'un des pays
du monde ayant le plus de richesses acquises.
Un simple calcul nous montre, en effet, que chaque
Français disposait pour son travail et son habitation d'un capital moyen de 7.000 francs, tandis
que l'Allemand ne possédait en moyenne que
5.700 francs contre, il est vrai 8.300 francs à
l'Anglais (dans ces évaluations le capital artistique n'entre pas en ligne de compte).

Donc, la France ne doit pas son malaise à sa
quantité de capital, mais surtout à sa qualité.

Nous avons vu, en effet, que le rendement moyen
du capital allemand était de 16 p. 100, en augmentation chaque année de 1 à 2 millièmes, tandis
que le nôtre n'atteignait que 11 p. 100, en diminution constante depuis 20 ans.

Il faut donc tout d'abord résoudre une première
question : pourquoi le rendement du capital français, bien que faible, était-il en baisse générale ?

. . . .

Assez schématiquement on peut classer en trois groupes les capitaux d'un pays : capitaux agricoles, capitaux industriels et commerciaux, capitaux de protection. Quelle a été au cours de la période 1895-1914 l'évolution de ces 3 variétés.

II

Le capital agricole. — En 1895, la France traverse une crise agricole extrêmement pénible. L'agriculture avait réalisé, au cours de la période 1850-1880, des bénéfices considérables. Grâce à l'introduction des nouvelles méthodes culturales (cultures alternantes, amendements divers) le sol avait acquis une plus-value considérable bien mise en évidence par les différentes enquêtes sur la valeur de la propriété foncière. L'ensemble des terres cultivées était évalué à 61 milliards en 1851-53 et 91 milliards en 1879-81.

Comme le fait remarquer M. D. Zolla [1] tous les départements n'avaient pas profité de cette hausse. L'accroissement était surtout visible dans les régions où la composition des terres put être rapidement modifiée par les divers amendements, c'est-à-dire les régions de l'Ouest, du bassin de la Loire et, à un faible degré, les terrains granitiques du Massif-Central. Par contre, l'Est, le Jura subirent des variations de valeur beaucoup moindres et même souvent négatives.

- Cette plus-value correspondait à un essor rapide de notre production agricole. En 1840-1850 nous

[1] D. ZOLLA, *l'Agriculture moderne.*

ne produisions que 70 millions d'hectolitres de blé,
60 millions de quintaux de pommes de terre.
Nous ne possédions que 11 millions de bovins
donnant peu de lait et un faible rendement de
viande.

Au contraire, en 1880-85, notre production de
froment dépasse 110 millions d'hectolitres, les
pommes de terre passent à 105 millions de quintaux, le cheptel bovin atteint 13 millions de têtes,
avec un rendement économique presque double
pour chaque animal.

La plus-value est donc légitime et parfaitement
justifiée.

C'est à ce moment que se déclenche la terrible
crise agricole, si sévère pour la population rurale,
qui ne s'atténue pas avant 1905. Le blé, qui se ven-
dait, en 1881, 22 fr. 50 l'hectolitre, tombe en 1886
à 16 fr. 50, pour atteindre 14 francs seulement en
1891. La viande suit les mêmes cours : le kilog
de poids vif qui, vers 1875, est encore coté 0,85
tombe à 0,70 en 1895, pour atteindre 0,58
en 1900.

Rapidement cette désorganisation des marchés
aboutit à une « débâcle terrienne ». En 15 ans, la
propriété perd 30 p. 100 de sa valeur, et on peut
évaluer la propriété foncière à 70 milliards seulement en 1895, tandis que, 15 ans avant, elle pouvait être estimée à 90 milliards.

C'est à ce chiffre de 70 milliards que reste à
peu près fixée la valeur de notre propriété foncière
qui, évaluée en 1908-11 à 61 milliards seulement,
paraît s'être cependant élevée à 67 milliards
vers 1914.

. . . .

Cette crise agricole, qui a surtout été causée par une baisse du blé et des pommes de terre, c'est-à-dire des denrées de première nécessité, est particulièrement fertile en enseignements si nous en démêlons les causes premières.

C'est vers 1875-1880 que l'emploi des engrais chimiques paraît s'être répandu à l'étranger. Cet usage, joint à l'extension de la culture mécanique en Amérique, permet d'accroître considérablement le rendement en blé sur le globle terrestre. En 10 ans à peine, la production des État-Unis s'élève de 100 millions d'hectolitres, celle de la Russie passe de 110 à 190 millions de quintaux. L'avoine, les pommes de terre suivent des progressions analogues.

Nous devons nous rappeler que ces gros rendements furent obtenus *sans main-d'œuvre supplémentaire* et sans capitaux considérables. Ces conditions étaient parfaites pour obtenir une réduction des prix très sensible, en augmentant à la fois l'intérêt des capitaux engagés et les salaires ou rémunérations des agriculteurs. Ce brusque accroissement, bien que partiellement saturé par l'accroissement de la population autochtone et par l'immigration, permet une large exportation. L'Amérique nous vend 400 millions d'articles d'alimentation en 1870 ; ce chiffre atteint brusquement 2 milliards en 1890. La France est envahie par des blés produits à un prix moitié moindre que chez elle.

On voit lentement, mais sûrement, s'affirmer entre 1880 et 1890 cette main mise de l'étranger sur nos marchés de grains. L'importation fixée à 5 ou 6 millions d'hectolitres jusqu'en 1878 atteint

27 millions d'hectolitres en 1880 pour se fixer à 15 ou 16 millions pendant toute la décade 1880-90.

Cependant des droits protecteurs sont établis (3 francs par quintal en 1885, puis 5 francs en 1887). Ces droits ne peuvent encore permettre à l'agriculteur français de vendre à un prix rémunérateur : le prix de l'hecto tombe de 22,50 en 1880 à 16,50 en 1884, pour se relever, momentanément il est vrai, sous l'influence de la protection, à 20 francs en 1890.

Ainsi s'achève la première phase de la « crise agricole », constituée par une lutte entre le produit national et le produit étranger et qui eût certainement tourné à notre désavantage si une protection sévère n'était venue défendre notre agriculture.

C'est alors que s'ouvre une deuxième phase : la crise agricole entre dans une période de malaise interne. Une vigoureuse campagne conduite dans le pays apprend rapidement à nos paysans que les gros rendements de l'étranger sont dus à l'emploi d'engrais spéciaux.

Des essais sont tentés qui montrent la possibilité d'accroître en France et dans la même mesure les rendements à l'hectare. Bientôt notre pays devient un gros acheteur d'engrais chimiques et aussitôt les rendements s'élèvent. Brusquement, en 1892, on passe de 14 hectolitres à l'hectare à 17,4, puis à 18,5 en 1897, pour dépasser enfin 20 hectolitres en 1907.

En même temps la consommation de nitrates, presque nulle en 1880, passe à 95.000 tonnes en 1885, pour atteindre 285.000 tonnes en 1900. En 1914, on consomme 221.000 tonnes de sels de potasse, 1 million de tonnes de phosphates de chaux et 602.000 tonnes de scories de déphosphoration.

Cette orientation vers une culture scientifique intensive est particulièrement louable. Malheureusement, dès le début, les résultats sont nettement contraires à ceux auxquels le producteur aurait pu légitimement prétendre. La mise en pratique de ces méthodes, malgré le relèvement des droits d'entrée à 7 francs par quintal, se traduit en effet par une nouvelle chute des prix. L'hectolitre de blé tombe en 1893, 94, 95, 98, 99 à 14 francs seulement. C'est la ruine pour le paysan, ruine d'autant plus incompréhensible que la production s'est très sensiblement élevée et eût mérité autre chose que cette injustice brutale.

Mais bientôt une réaction des prix apparaît. Dès 1900 on voit une vigoureuse reprise. L'hectolitre passe de 15 francs à 18 francs en 1906, 21 francs en 1910, 22,50 en 1913. Les prix des autres denrées agricoles suivent le même cours, c'est-à-dire accusent des hausses nettement plus élevées (50 p. 100) que celles qui pourraient être rattachées à la seule dépréciation du pouvoir d'achat de la monnaie pendant le même temps.

Mais on voit également apparaître un autre phénomène : la diminution des surfaces ensemencées. De 7 millions d'hectares en 1895, la surface occupée par le blé tombe à 5 millions et demi, soit une diminution de 30 p. 100. Pour les pommes de terre on passe de 1.542.000 hectares à 1.480.000.

La reprise des prix se montre donc liée à un malthusianisme économique. Nous avons déjà donné plus haut notre opinion sur ce phénomène.

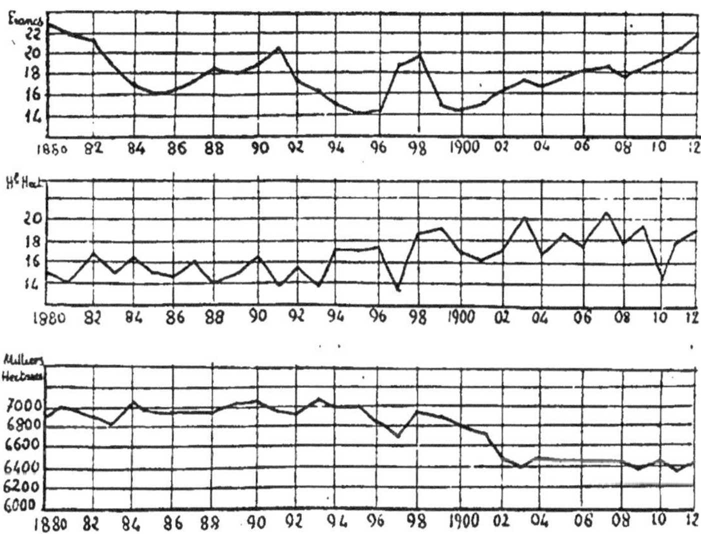

I. Prix moyen à l'hecto — II. Rendements à l'hectare. — III. Surfaces ensemencées

La France, pays à natalité depuis longtemps fixée au voisinage du taux optimum, connaissant peu la misère, ne peut pas, dans les conditions actuelles du commerce, voir s'accroître sa production de nécessité. Tout accroissement de celle-ci se retourne aussitôt contre le producteur.

Telle nous paraît être la meilleure explication de notre crise agricole de 1890. Et d'ailleurs une autre crise, la crise viticole, surtout marquée entre 1904 et 1906, nous montre un phénomène analogue. La victoire remportée contre le phylloxera, des procédés de culture et de sélection scientifiques portent le rendement de l'hectare de vigne à 40 hectolitres au lieu de 11 en 1879. De 29 à 30 millions d'hectos de 1890 à 1899, on passe brusquement à 67 millions en 1900, 58 en 1901, 66 en 1904, 56 en 1905. La crise se déclenche, terrible pour les viticulteurs. Les cours s'effondrent, la récolte ne paie plus les frais ; on trouve du vin à 7 fr. l'hecto. Un seul remède est possible pour le producteur : la restriction de son effort. La limitation des plantations nouvelles est formellement conseillée dans les études qui paraissent sur le sujet, et nécessairement les conseils sont écoutés ; entre 1904 et 1914 la superficie cultivée s'abaisse de 12 p. 100, et aussitôt les cours reprennent une valeur rémunératrice pour l'exploitant.

. . . .

Nous nous sommes un peu étendus sur l'étude de la crise agricole vers 1890, parce qu'elle contient de très curieux enseignements pour notre conduite future.

Tout d'abord, elle nous permet de nous rendre parfaitement compte de la légitimité de la moins-value dans la propriété foncière entre 1880 et 1895. Comme nous l'avons dit plus haut, un capital ne garde pas éternellement la même valeur, et tout progrès technique et scientifique se traduit toujours par la moins-value des capitaux en usage.

Avant la découverte des procédés modernes de défrichement et de culture, il fallait plusieurs siècles pour transformer une terre vierge en terre féconde. La lutte contre la forêt et le marais était dure et la constitution d'un humus fertile, surtout effectuée à l'heure actuelle par l'élevage du bétail, longue et pénible. Ceci justifiait pleinement les hauts cours des terres en Europe, dont les rendements, même en tenant compte des périodes de jachère, étaient doubles, sinon triples des rendements obtenus dans les terres neuves (1).

Mais survient la grande culture du Canada, du Far-West, de l'Argentine. On défriche à la dynamite, on laboure à la vapeur, on utilise méthodiquement des engrais. Dès lors, la constitution d'un capital foncier neuf coûte deux fois moins de travail humain et d'épargne qu'auparavant. Les capitaux déjà créés doivent aligner leur valeur à celle de ces nouveaux capitaux : le sol fertile de la vieille Europe doit rapidement perdre sa valeur. C'est ce qui se passe non seulement en France, mais encore en Angleterre et en Allemagne.

---

(1) L'opinion répandue d'après laquelle les terres dites neuves seraient d'une fertilité remarquable est dénuée de fondement Les plus hauts rendements sont obtenus en Allemagne, en Hollande, en Angleterre. La Russie, dans sa « terre noire », n'a que des rendements de 7 à 8 quintaux, et les États-Unis, dans les fermes récentes de 'ouest, ne dépassent pas 10 quintaux à l'hectare

Dans ces vieux pays, un moyen s'offre cependant de faire face à la crise et de faire à nouveau monter la valeur de la propriété foncière. C'est la culture intensive et l'élévation des rendements. L'Allemagne s'attelle vigoureusement à la question et ses résultats sont aussitôt couronnés de succès. Nous ne dirons pas ici les efforts de ses chimistes, de ses agriculteurs, de ses industriels.

Rappelons seulement qu'en 20 ans ses rendements s'accroissent :

Pour le blé	57 p. 100
Le seigle	73 —
L'orge	57 —
L'avoine	80 —
Les pommes de terre	61 —

La France pouvait-elle suivre cette voie ? Deux obstacles se dressaient devant elle :

1° La faiblesse de son épargne qui rendait difficile la création d'immenses entreprises chimiques, de grandes exploitations, de grands travaux d'irrigation, d'usines immenses d'outillage agricole mécanique ;

2° La certitude que de tels efforts eussent fatalement abouti à un désastre financier.

Aujourd'hui, mieux qu'hier, nous concevons la possibilité d'élever nos rendements à l'hectare. A juste titre, nous sommes surpris d'apprendre que le rendement moyen des céréales était en Allemagne et au Danemarck de 23 à 25 quintaux, tandis qu'il était en France de 13,5 quintaux; que l'Allemagne produisait 158 quintaux de pommes de terre à l'hectare, contre 87 à la France ; que, pour une surface double cultivée en betteraves, elle produisait 3 fois plus de sucre (hectares cultivés 411.000 contre 189.000 ; sucre 597.600 tonnes contre 1.525.100 en 1904).

Mais, ne nous y trompons pas : l'obtention de ces rendements signifierait la ruine de nos paysans. Brusquement, en quelques années, une quantité double de céréales, de sucre, de pommes de terre serait mise sur le marché. Pas un consommateur ne se présenterait pour absorber l'excédent ; une nouvelle crise agricole s'ouvrirait.

Cette éventualité n'est pas très proche, aujourd'hui que la guerre a diminué notre production de 40 p. 100. Mais dans deux, trois années, il est probable que nous aurons retrouvé une production analogue à celle de 1913. Le problème de l'accroissement des rendements se posera à nous avec une grande acuité. Si nous ne voulons pas rester sur place et tourner dans un cercle vicieux, il nous faudra agir vigoureusement.

III

Les remarques préliminaires ci-dessus vont nous permettre de mieux comprendre les causes véritables de notre rendement très faible et les moyens d'y remédier d'une manière permanente.

Nous n'avons pas à prendre en considération la diminution de notre propriété foncière. Le fait pour celle-ci d'être brusquement passée de 90 à 70 milliards est certainement regrettable pour les propriétaires, mais sans importance aucune pour la France. Qu'un ingénieur chimiste puisse, du jour au lendemain, faire la synthèse commerciale du diamant, et tel qui possède aujourd'hui un bijou de plusieurs millions se verra possesseur d'un article de bazar, quand une pierre identique pourra être jetée sur le marché pour quelques francs. La nation en sera-t-elle moins riche ? Au contraire, puisque toute femme, si humble soit-elle, pourra se parer d'un diamant.

De même la diminution de la valeur de la propriété, opérée en dehors de toute modification du sol, est sans aucun intérêt pour la collectivité, pourvu que la condition moyenne des travailleurs n'en souffre pas. C'est pourquoi nous n'avons pas à nous occuper de ce point spécial de l'économie française.

. . . .

Nous avons dit pourquoi la France pouvait difficilement accroître ses rendements dans son état démographique actuel. Il convient de voir pourquoi elle ne possédait pas de hauts rendements.

Journellement encore on entend partout que « la France manque de bras ». Est-ce bien réel ? Comme nous l'avons vu, les statistiques nous apprennent l'existence de 8 millions 5 d'agriculteurs (patrons et ouvriers), alors que l'Allemagne n'en possède que 8 millions 4.

Cependant, ce dernier pays produit deux fois plus que nous. En totalisant la production des quatre céréales (blé, seigle, orge, avoine) et celle des pommes de terre, on obtient pour l'Allemagne un total de 85 millions de tonnes contre 30 millions seulement pour la France !

Avec le nombre de bras agricoles que nous possédons, nous pourrions, à *égalité de rendement pour chaque ouvrier* agricole, obtenir une production facilement double de la nôtre. Notre manque de bras paraît donc être un cliché sans aucun fondement.

En réalité, aussi bien en agriculture qu'en industrie, le rendement est beaucoup moins fonction de l'ouvrier que du capital et de sa constitution. Or notre capital agricole est déplorablement inférieur.

. . . .

Notre sol répondait-il à de mauvaises conditions géologiques ? On ne saurait le soutenir. Certes, nous ne devons pas accepter sans réserves les affirmations suivant lesquelles la France est unique au monde pour la valeur de ses terres, la fertilité de ses vallées, la tiédeur de son climat, etc... D'autres pays ont d'aussi bonnes conditions géologiques et climatériques ; toutefois notre hydrographie, notre orographie font de notre patrie un sol particulièrement apte à être mis en valeur. La France peut facilement supporter le parallèle avec l'Allemagne, le Danemark et même la Hollande.

La matière première n'est donc pas en cause. Par contre, la France est extrêmement « handicapée » par la constitution de sa propriété. Sur notre sol domine la petite exploitation : des fossés, des talus, des haies morcellent le terrain en fragments minuscules. Notre propriété foncière devient une arlequinade où s'entremêlent les cultures les plus diverses sur des surfaces de quelques ares. Une pareille culture s'oppose à une exploitation rationnelle. L'agriculteur ne peut employer des outils perfectionnés, il perd son temps en allées et venues d'un champ à l'autre. Aucun travail d'ensemble n'est permis. L'agriculture actuelle ressemble de nos jours à l'antique industrie où chaque ouvrier possédait son atelier et ignorait le travail discipliné et collectif.

Qu'en résulte-t-il ? aucune organisation du travail n'est possible. 50 ouvriers travaillant du matin au soir (le métier de paysan n'est pas une sinécure) fournissent moins d'ouvrage qu'une équipe bien commandée et bien en main de 10 travailleurs se servant d'outils modernes. Nous devons nous orienter vers la grande exploitation et abandonner notre système ridicule du morcellement.

Est-ce à dire que nous devions pour cela renoncer à la petite propriété ? Manifestement, non. Grande exploitation n'est pas synonyme de grande propriété. La forme syndicale peut parfaitement nous donner la clé du problème et permettre, tout en sauvegardant les droits de paysan, de pratiquer la grande culture. Ainsi, nous pourrions obtenir une taylorisation de la production agricole, sans tomber dans l'erreur qui pèsera peut-être longtemps sur les travailleurs de l'industrie : l'abus du capitalisme par la concentration de la propriété en quelques mains.

. . . .

A ce morcellement de la propriété vient s'ajouter un autre défaut : l'insuffisance de l'outillage. Pas d'instruments perfectionnés, sauf dans le Nord de la France ; pas de charrues à vapeur, de faucheuses lieuses à gros rendement, de tracteurs automobiles, de moteurs à domicile.

Mais ce défaut est obligatoirement la consé-

quence du morcellement. Un outil à gros rendement n'est économique que pour une exploitation
étendue. Tant que nous aurons des exploitations
de 5 à 10 hectares, nous ne pourrons user d'un outillage mécanique perfectionné; le paysan devra
continuer à labourer avec une petite charrue et
faire la moisson à la main. Cette nécessité nous
plaçait dans de navrantes conditions d'infériorité,
et nous obligeait à recourir pour la mise en valeur
de notre sol à une main-d'œuvre étrangère de
passage.

. . . .

Joignons enfin à ces deux défauts une autre
tare essentielle : l'empirisme de nos méthodes.
La France ne possède pas une organisation scientifique importante de l'agriculture. Nos quelques
laboratoires sont si mal outillés qu'ils ne peuvent
fournir de renseignements suffisants. Notre enseignement agricole est nul à côté de ce qui a été fait
en Allemagne. Nous avons de bons ouvriers agricoles, nous n'avons pas d'agronomes. Non seulement notre sol est cultivé avec un gaspillage inouï
de main-d'œuvre, mais encore il est mal cultivé.
Comme le fait justement remarquer M. Zolla,
l'outil n'est pas tout en agriculture; s'il est vrai
que nous pourrons diminuer par le machinisme le
nombre des travailleurs agricoles, nous n'accroî-
trons les rendements que par des progrès de la
chimie pratique agricole. Ainsi pourrons-nous atteindre les hauts rendements qui caractérisent
l'exploitation intensive européenne.

Mais, ici comme ailleurs, nous nous heurtons à
l'obstacle de la petite exploitation. Alors qu'un
ingénieur agronome, secondé par un laboratoire

outillé, est un rouage indispensable dans une grande exploitation, il n'a aucune raison d'être dans une agglomération de petits propriétaires. Réduit au simple rôle de conseilleur, n'ayant aucun intérêt ni aucune responsabilité, le professeur d'agriculture devient un élément sans valeur. Tandis qu'une exploitation rationnelle de la France exigerait 5.000, 10.000 agronomes ayant dans les champs la place de l'ingénieur à l'usine, la situation actuelle permet difficilement l'entretien d'une centaine de fonctionnaires sans avenir, réduits à d'ingrates besognes administratives.

. . . .

Résumons-nous. La France possède un sol naturellement fertile, mais qui est mal exploité. Cultivé par une main-d'œuvre considérable qui pourrait être facilement réduite (voir moyens de diminuer $\frac{C}{T}$), avec un outillage mécanique imparfait et des procédés chimiques insuffisants, notre sol donne, pour un capital assez considérable, un rendement manifestement mauvais.

Il est possible de l'améliorer largement :

1º Par la généralisation de la grande exploitation, compatible avec l'existence de la petite propriété. Cette transformation répond au point de vue général à une augmentation du facteur $\frac{C}{T}$;

2º En multipliant les capitaux destinés à la production et aux traitements ultérieurs des denrées de nécessité : fabriques d'outillage agricole à gros rendements, usines de produits chimiques et exploitation intensive des mines d'engrais minéraux, création de moyens de transport perfectionnés reliant à peu de frais le champ à la gare ferroviaire ou fluviale (chemins de fer à voie étroite, camions automobiles). Concentration des locaux agricoles avec création de toutes les dépendances nécessaires à une bonne hygiène du bétail. Edification sur place d'usines destinées à traiter les produits du sol facilement périssables (usines frigorifiques avec centres d'abat régionaux, usines de conserves, laiteries et fabriques de lait condensé) ; etc... ;

3° Création dans ces centres de concentration de laboratoires modernes et bien outillés, avec, à un échelon plus élevé, des centres d'enseignement et de recherches scientifiques. Lutte sans merci au gaspillage de main-d'œuvre et de matériel. Il faut qu'un outil donne toujours son maximum de rendement afin que ses frais d'entretien soient minima ainsi que la durée de l'amortissement.

Ce programme est vaste, mais il est possible si les capitalistes veulent apporter leur concours à notre agriculture.

D'ailleurs ce mouvement, bien qu'embryonnaire, se dessine lentement dans le pays. Les laiteries syndicales se multiplient, les paysans comprennent les bienfaits de l'union et leur esprit s'ouvre à une conception nouvelle de l'agriculture : le nombre des syndicats agricoles, d'à peine 1.000 en 1894, passe à 6.667 en 1914. Malheureusement, il ne s'agit le plus souvent que d'associations destinées à la vente et à l'achat ; il reste un pas à faire : l'union pour le travail collectif. Les pouvoirs publics, la presse, l'opinion doivent agir dans ce sens.

Nous voyons par ce qui précède que notre agriculture a beaucoup à faire pour obtenir de notre sol le rendement maximum. Toutefois, les statistiques nous montrent partout un accroissement notable du rendement du capital agricole, non seulement en valeur (ce qui pourrait être dû à une dépréciation de la monnaie), mais encore en quantité.

Les faits nous donnent donc assez bien l'explication du faible rendement général de notre richesse (0,12 au lieu de 0,16 à l'Allemagne), mais nous ne pouvons, en nous cantonnant dans le domaine agricole, comprendre pourquoi notre rendement, au lieu d'augmenter, a au contraire diminué. Nous devons chercher ailleurs la cause du phénomène.

IV

Avant de quitter le domaine agricole, nous tenons à dire quelques mots sur la question si actuelle de l'exode rural. Nous n'avons pas la prétention de nier le fait : les chiffres nous l'imposent. Alors qu'en 1890 la population rurale (communes comptant au plus 2.000 habitants agglomérés) atteignait 24.452.395 habitants, elle n'en comptait plus en 1906 que 22.715.011, soit une diminution de 1.737.384 âmes, environ 7 p. 100 en 16 années. On peut admettre que ces 1.700.000 d'habitants représentaient environ 850.000 travailleurs.

Quelles conclusions doivent nous inspirer ces chiffres ? A l'encontre des opinions communément admises, non seulement nous ne voyons pas dans cette émigration un danger, mais encore faut-il la considérer comme un phénomène de progrès.

La terre est un capital comme un autre, et qui se transforme continuellement. De même que, de nos jours, un même capital emploie un nombre de bras beaucoup plus faible qu'il y a 100 ans, de même un capital foncier déterminé tend à donner le même rendement avec une main-d'œuvre sans cesse décroissante : la machine et la chimie remplacent l'effort humain.

Autrefois les hommes fauchaient à la faucille, plus tard à la faux. Aujourd'hui, avec une moissonneuse, un seul homme fait dans le même temps plus de travail que 10 hommes avec leur faux. De même une machine à battre, mue à la vapeur, bat une moisson avec une main-d'œuvre 10 fois plus faible que lorsqu'il fallait battre au fléau.

Demain, un tracteur actionnant une charrue à 6 socs fera plus de travail avec 2 hommes qu'aujourd'hui 6 charrues avec 10 hommes.

On objecte que le paysan emploie la machine précisément parce qu'il manque de main-d'œuvre. Ce raisonnement est incomplet et dédaigne vraiment trop les mobiles intéressés qui, si souvent, guident l'humanité.

Supposons un propriétaire utilisant chaque année une équipe de moissonneurs. Ceux-ci réclament un salaire moyen déterminé. Qu'une machine apparaisse, peu coûteuse, facile à entretenir, dont les frais et l'amortissement, joints aux salaires des conducteurs, donnent un total nettement inférieur aux dépenses précédentes. Croit-on que le propriétaire sera retenu par le désir de maintenir à la terre son équipe de moissonneurs? Tout au plus lui proposera-t-il une diminution de salaires, afin de ne pas avoir plus de frais qu'avec la machine. Mais c'est alors la misère pour le journalier et l'exil fatal, si, en même temps, d'autres entreprises du territoire nouvellement créées ont besoin de main-d'œuvre.

En réalité, deux phénomènes se sont superposés qui ont évolué d'une manière simultanée :

1º Le propriétaire, en améliorant son outillage, a libéré de la main-d'œuvre. Celle-ci, menacée dans son existence, s'est dirigée vers l'industrie, l'armée, l'administration qui, à la suite d'un accroissement de leurs capitaux, étaient en quête de travail ;

2º Parfois le phénomène inverse s'est produit : sous l'influence d'un appel venu de la ville, la main-d'œuvre a primitivement déserté les champs et le propriétaire a dû secondairement pallier au manque d'ouvriers par l'emploi de la machine.

Nous avons noté que la crise agricole avait obligé le patron à améliorer ses rendements et à diminuer dans son entreprise le coefficient $\frac{C}{T}$. Il est facile de voir que c'est précisément à cette période de réorganisation de l'outillage et des méthodes agricoles que répond surtout le mouvement d'exode vers la ville. Entre 1885 et 1890 la campagne perd 420.000 habitants : le mouvement s'accélère lors du grand effort destiné à lutter contre la concurrence étrangère entre 1890 et 1900 : tandis qu'augmente la valeur de l'outillage, la population rurale perd un million d'habitants. La crise d'adaptation s'atténue un peu dans les cinq années suivantes ; l'outillage cesse de progresser. La population rurale ne diminue que de 200.000 âmes.

. . . .

Naturellement, cet exode accentué modifie considérablement la vie sociale des campagnes ; les fermes se dépeuplent et surtout le commerce des villages périclite. Autrefois, les moyens de communication étant rares et chers, chaque petite agglomération devait compter des boutiques où l'on pouvait se procurer les objets d'une utilité secondaire et des artisans capables de réparer l'outillage agricole. Ces métiers sont voués à disparaître. Le paysan, ayant appris à voyager, se dirigera vers le centre urbain le plus proche pour y faire ses achats et vendre ses marchandises. Le jour où l'outillage fabriqué en série se réparera par le remplacement de pièces interchangeables, c'est encore à la ville qu'il devra s'adresser. La vie moderne pousse à la suppression du bourg pour y substituer la grosse agglomération facilement accessible grâce à des moyens de transport rapides.

Dès lors, il ne faut pas s'étonner de voir dans nos villages de si nombreuses maisons en ruines. Elles tombent parce qu'elles n'ont plus de raison d'être. Leur disparition est lente, mais sûre et obligatoire.

Il faut être de parti pris pour lutter contre cette évolution, et tous les reproches faits à cette désertion de la terre n'ont aucune valeur. La terre meurt, disent certains littérateurs qui ne voient dans les villages que les maisons abandonnées. Affirmations sans fondement sérieux, puisque les statistiques nous montrent un accroissement notable de toutes les variétés de la production agricole. Évolution progressive, puisqu'elle est déterminée par l'augmentation du facteur $\frac{C}{T}$.

On met en parallèle la production agricole de la France et celle de l'Allemagne et, voyant la nôtre rester sur place tandis que double celle d'outre-Rhin, on en déduit que l'agriculture française périclite faute de bras. Comment soutenir une pareille thèse quand on apprend que le magnifique essor allemand s'est produit *sans accroissement de la main-d'œuvre agricole ?*

Cessons de préconiser le retour à la terre des travailleurs, car notre prospérité agricole ne peut être créée par lui. Envoyez aujourd'hui 1 million d'hommes dans les champs. Qu'y feront-ils ? Pourront-ils seulement y trouver un emploi, sauf s'ils acceptent de travailler à meilleur compte que la machine, c'est-à-dire moyennant un salaire de famine ?

On voudrait, par une marche nettement régressive, tuer la grande exploitation et morceler encore notre sol pour attacher davantage l'homme à la terre. Que gagnera la création à un pareil processus ? Des ouvriers quitteront la ville et entraveront la production industrielle pour aller dans les champs cultiver de petits espaces sans machines perfectionnées et sans gros capitaux.

La somme de petites propriétés ainsi fondées ne produira pas davantage que la grande exploitation qui leur aura donné naissance. Mais alors que ce capital foncier était mis en valeur par 100 ouvriers agricoles seulement, il faudra pour obtenir le même résultat 200 petits exploitants.

La production agricole restera stationnaire, mais la production industrielle aura diminué. La nation aura nettement perdu de sa force et de sa puissance.

. . . .

Aura-t-elle au moins gagné en santé et en vigueur ? Nous retombons dans le vieux cliché de l'air pur et de la vie hygiénique des champs, affirmation réelle peut-être pour le châtelain, sans fondement pour le misérable journalier agricole couchant dans une grange près de la fosse à purin.

Les villes seraient des mangeuses d'hommes ne vivant qu'à la condition d'être vivifiés par l'apport vigoureux de la campagne. Sur quoi repose une pareille affirmation ?

Prenez la statistique de France et vous trouverez que le lieu où l'on meurt le moins, c'est la plus grande ville, c'est Paris. Pour 1913, Paris accuse une mortalité globale de 15,67 p. 1.000, alors que la mortalité des campagnes est de 17,2. Certes, les statistiques médicales paraissent démontrer dans les villes un surcroît de tuberculose, mais l'on sait, qu'établies d'une manière assez rigoureuse dans les agglomérations, les statistiques médicales sont totalement faussées par des omissions et des erreurs dans les petites communes. Notre expérience personnelle nous a montré l'existence d'une incroyable quantité de tuberculeux à la campagne, dépassant peut-être l'énorme proportion des grandes villes. N'oublions pas enfin le grand nombre des malades de la campagne qui viennent mourir à la ville, tandis que peu de citadins vont terminer leurs jours à la campagne.

Les statistiques font également justice de l'opinion suivant laquelle les villes ont besoin de la campagne pour vivre et prospérer. Certes, une partie importante de la population est d'origine rurale et cet élément d'immigration vient ajouter à l'accroissement rapide des agglomérations urbaines. Mais les villes se développeraient fort bien si elles ne recevaient aucun appoint de la campagne. Consultons la statistique. Nous apprenons que, pendant la période 1890-1910, l'excédent des naissances sur les décès dans les villes de plus de 100.000 habitants a été de 85.000 pour une population totale de 5 millions, tandis que dans le même temps l'excédent, dans les 22 millions d'habitants de la population rurale, atteignait 600.000. S'il est vrai que cette statistique donne à la campagne un léger avantage, elle prouve nettement qu'une ville peut parfaitement s'accroître sans aucun effort extérieur et qu'elle ne porte pas en elle un germe de ruine.

. . . .

Est-ce à dire que nous ne devions pas essayer d'enrayer l'exode rural ? Nous ne sommes pas de cet avis, car nous estimons que nous devons chercher à augmenter le plus possible notre production agricole. Mais nous n'obtiendrons pas ce résultat en envoyant des hommes « gratter la terre » sans raison.

La principale cause de notre infériorité agricole est le défaut de capitaux ruraux. En même temps que nous poursuivrons à la campagne le perfectionnement de l'outillage et que nous augmenterons le rendement du capital foncier par individu, créons des capitaux nouveaux à gros rendement.

N'oublions pas que le capital n'est pas attiré par la main-d'œuvre, mais que, bien au contraire, c'est la main-d'œuvre qui est attirée par lui. Les appels à la terre seront nuls et sans effet tant qu'ils ne seront pas appuyés par l'existence de moyens de travail. C'est ainsi que la création de tracteurs mécaniques à gros rendement, permettant de donner aux conducteurs des salaires de 25 fr. par jour, a aussitôt attiré l'ouvrier aux champs. Pour ce travail les demandes sont supérieures aux offres. Voilà le chemin qu'il faut suivre.

On doit se montrer réservé sur l'efficacité des mesures de salubrité. Partant de l'opinion inexacte qui voudrait que la cause de l'exode rural fût l'attirance des plaisirs et des commodités de la ville, des philanthropes voudraient garder l'homme à la terre en créant des maisons saines, sinon luxueuses, en y installant l'électricité, l'eau, etc... Ces désirs sont certes à encourager, si leur réalisation ne nuit pas à la réfection de l'outillage. Mais ces mesures seront absolument inefficaces pour retenir un seul homme au sol. L'homme qui part quitte son champ parce que le champ, travaillé par un outil à gros rendement, ne veut plus de lui.

En résumé, l'exode rural n'est pas un mal en lui-même. Coexistant avec un maintien de la production, il indique une tendance très nette au progrès : le paysan produit davantage aujourd'hui qu'hier.

CHAPITRE VII

LA FRANCE, L'INDUSTRIE, LA PROPRIÉTÉ BÂTIE, L'ÉPARGNE

I

L'agriculture forme, il n'en faut pas douter, la base la plus solide de nos revenus. Il convient en effet de considérer qu'elle n'occupe pas seulement la population rurale entière s'élevant à près de 20 millions d'habitants, mais encore qu'elle fait vivre toute une série d'industries annexes, ayant comme but le transport et la transformation des produits agricoles, ainsi que l'entretien et l'amortissement des capitaux de culture. C'est ainsi que le transport des denrées alimentaires et des engrais s'élève sur les voies ferrées à près de 50 millions de tonnes, formant le tiers des produits manutentionnés. Les fabriques d'engrais, les usines d'outillage agricole, et une bonne partie de celles de construction, les minoteries, les boulangeries, les épiceries, les fabriques de pâtes alimentaires, ne peuvent vivre que si un sol produit. Toute extension primitive de ces industries sera vouée à la faillite, si auparavant nous n'avons pas réalisé une augmentation de nos rendements de la terre.

C'est dire l'importance capitale de l'agriculture dans un pays.

Trop longtemps négligée en France, elle doit reprendre la place à laquelle elle doit prétendre.

Il existe toutefois des capitaux industriels entièrement indépendants de l'agriculture. Ce sont ceux qui produisent les objets de la consommation complémentaire ou encore ceux qui ont pour but le développement des conditions hygiéniques de l'individu (chauffage, éclairage, habitation). Ce sont ces capitaux qu'il conviendrait théoriquement de désigner sous le nom de capitaux industriels et capitaux de protection, les précédents étant surtout des capitaux alimentaires.

Dans l'état de notre statistique, une telle distinction est bien difficile. C'est pourquoi nous adopterons dans l'étude de notre industrie les données communément acceptées, suivant lesquelles les villes ne possèdent que des capitaux commerciaux et industriels.

. . . .

Nos capitaux commerciaux et industriels pouvaient être évalués, vers 1890, à environ 60 milliards; 20 ans après on les retrouve à environ 67 milliards. Ces deux sommes comprennent, la première, la valeur des capitaux représentés par environ 35 milliards de valeurs françaises, la seconde par environ 55 milliards de titres divers (calcul d'après la taxe des valeurs mobilières).

On voit qu'au cours de ces vingt années, tandis que la progression du capital commercial et industriel n'a été que d'environ 7 milliards, l'accroissement des valeurs a atteint 20 milliards environ.

Ce phénomène est dû à la disparition progressive de la propriété individuelle à laquelle a succédé l'entreprise collective, constituée par actions ou obligations. La petite entreprise a perdu beaucoup de terrain. Elle a dû disparaître ou se fusionner avec les grosses maisons. Nous ne devons pas nous plaindre de cette évolution qui marque un progrès économique sensible.

Malgré une augmentation de valeur relativement restreinte, les rendements marquent des progrès importants :

La production de la houille passe de 28 à 40 millions de tonnes ;

L'extraction du minerai de fer passe de 3,6 à 22 millions de tonnes ;

La production de la fonte de 2 à 5 millions de tonnes ;

Celle de l'acier et du fer ouvré de 1.470.000 à 3.592.000 tonnes.

En même temps, le nombre des ouvriers des mines s'élève de 149 à 239.000, celui des ouvriers en fer de 64.000 à 118.000.

Les chemins de fer qui exploitaient 36.000 kilomètres, en 1895, en exploitent 40.000 en 1913. Le nombre de tonnes kilométriques passe de 12.898 à 24.878 millions et le nombre de voyageurs transportés à 1 kilomètre de 10.657 à 18.178 millions.

Ces chiffres, mieux que tout autre raisonnement, montrent nettement l'accroissement considérable de certains rendements industriels. Un reproche toutefois doit nous être fait : nous n'avons pas assez recherché la diminution du facteur $\dfrac{C}{T}$. C'est ainsi que, pour accroître notre production de houille de 30 p. 100, nous avons dû employer une main-d'œuvre de 35 p. 100 supérieure ; que, pour obtenir une production double en fer et acier, nous avons presque doublé notre main-d'œuvre.

Toute question de doctrine mise à part, nous sommes obligés de constater que l'industrie française a surtout cherché à donner de grands profits aux capitalistes. Elle ne s'est pas assez préoccupée de l'organisation de la main-d'œuvre. Il est vrai que les méthodes de taylorisation ont trouvé une opposition irréductible dans les milieux ouvriers. Espérons que demain cette opposition disparaîtra totalement.

. . . .

D'ailleurs, quels que soient au point de vue absolu les progrès du rendement dans notre industrie, ils sont infiniment moins marqués qu'en Allemagne et en Amérique. N'ayant pas su voir assez grand, n'ayant pas su refaire largement notre outillage, nous avons progressé au pas, tandis que nos voisins allaient au galop.

Tandis, en effet, que notre extraction de houille gagnait 12 millions de tonnes, celle de l'Allemagne en gagnait 180 millions.

Tandis que notre production de fonte s'élevait à 3 millions de tonnes, celle de l'Allemagne s'accroissait de 12 millions.

Notre production de fer gagnait 1 million 5 de tonnes contre 11,5 à l'Allemagne !

Nous avons ouvert 4.000 kilomètres de voies ferrées nouvelles et l'Allemagne 17.000 !

Notre marine marchande est passée de 887.000 à 1.600.000 tonneaux, tandis que la flotte allemande croissait de 1.500.000 à 3.400.000 tonneaux !

Comment ne pas être humilié devant de tels chiffres !

.   .   .   .

Est-ce à dire que l'Allemagne offrait à l'exploitation plus de ressources que la France ? Certes, les bassins houillers de Westphalie et de Silésie sont beaucoup plus riches que nos houillères du Nord et du Centre. Mais nous sommes loin de demander à nos gisements ce qu'ils pourraient nous donner. Le Centre de la France et la vallée du Rhône contiennent des lignites en quantités notables qui pourraient être traitées sur place et transformées en énergie électrique. L'argument suivant lequel l'extraction ne pourrait lutter contre la concurrence de la houille parait faible puisque l'Allemagne, 10 fois plus riche que nous en charbon, brûlait cependant par an 15 millions de tonnes de lignites.

Nos gisements de fer du Calvados ont été systématiquement décriés, et il a fallu les agissements de Thyssen pour nous décider à en commencer bien faiblement l'exploitation. Encore est-il qu'il a fallu vaincre l'opposition systématique des maîtres de forges lorrains. Enfin, nos chutes d'eau sont, d'après les évaluations minima, capables de nous donner plus de 10 millions de chevaux-vapeur correspondant à une économie d'au moins 35 millions de tonnes de houille. Il a fallu la guerre pour nous décider à tirer parti de ces richesses. En 1912 nous n'avions équipé que 96.000 HP.

.   .   .   .

Nous n'insisterons pas sur cette situation, Ces faits sont connus aujourd'hui de tout le monde. Parce que notre industrie a présenté des accroissements de production de 33 à 50 p. 100, nous n'avons pas le droit de nous montrer satisfaits. Nous devons faire plus et faire mieux.

Remarquons cependant que nous ne pouvons trouver dans l'évolution de notre industrie la cause déterminante de la diminution subie par notre rendement. Alors que notre capital commercial et industriel passait de 60 à 67 milliards, le rendement s'élevait de 25 à 30 p. 100 au moins (compte tenu des frais supplémentaires nécessités par l'intensification de la production).

En comparant l'état de notre outillage industriel avec celui de l'Allemagne et de l'Amérique, nous comprenons fort bien le faible rendement de 11 p. 100 de notre capital national. Il convient de chercher ailleurs la cause de la diminution constatée.

II

En regardant les évaluations de la propriété bâtie, nous constatons que sa valeur passe de 53 à 63 milliards, soit une progression de 10 milliards ou environ 16 p. 100. Cette élévation en valeur ne répond pas exactement à l'accroissement en nombre. En effet, le nombre des maisons et usines passe de 9.052.000 à 9.614.000 pour la période 1890-1910, soit une augmentation de 6 p. 100 environ seulement.

C'est dans le département de la Seine que s'accuse davantage le mouvement : la valeur locative des habitations passe de 830 millions à 1 milliard 170 millions.

Cet accroissement du capital de protection est encore plus marqué si nous tenons compte des nombreuses constructions communales, départementales ou nationales (écoles, maisons communes, hôpitaux et hospices) qui ont été érigées au cours de la période 1895-1914. Compte tenu de ces bâtisses nouvelles, on peut évaluer à 13 milliards environ le gain de la propriété bâtie au cours des vingt années ayant précédé la guerre.

Devons-nous approuver sans réserves cette utilisation de notre épargne ?

. . . .

Tout d'abord, retenons ce fait que la valeur des habitations a crû plus rapidement que leur nombre. Ce fait est manifeste à Paris. On démolit des maisons encore habitables, sinon luxueuses, hébergeant des ménages ouvriers, pour construire à la place de vastes bâtisses en pierre de taille, munies de tout le confort moderne, où le moindre loyer atteint 1.200 francs. Une maison de valeur double abrite dès lors un nombre moitié moindre de locataires. Mais ceux qui restent ont la satisfaction d'avoir un salon, un fumoir et autres pièces de luxe. S'il est vrai que les conditions de vie des nouveaux occupants sont meilleures que celles des anciens, il n'en est pas moins vrai qu'une importante partie de la population est « chassée » vers la périphérie et doit venir s'entasser dans les petits logements des quartiers excentriques.

Cette évolution, peut-être profitable à l'esthétique de la ville, est en réalité contraire à une hygiène bien comprise, si l'entassement dans des locaux étroits favorise autant qu'on le prétend l'éclosion de la tuberculose.

L'évolution de notre propriété bâtie a donc été rigoureusement antidémocratique. Élevant le niveau d'une minorité, elle l'a fait au détriment de la classe ouvrière. Nous ne parlerons pas ici des habitations à bon marché dont le nombre si restreint ne peut modifier d'une manière sensible l'évolution dominante du pays.

Cependant, même si nous nous étions bornés à construire des logements ouvriers au lieu de palaces encombrants destinés à l'usage d'une seule classe de la société, nous devrions reconnaître notre erreur.

Supposons que les 13 milliards dépensés en constructions nouvelles aient servi à la réorganisation de notre industrie, de notre agriculture et de notre flotte. L'expérience démontre qu'un tel emploi est capable de fournir en salaires, rémunérations et dividendes, 25 p. 100 environ de sa valeur globale. Nous eussions ainsi accru notre production consommable de 3 milliards environ, c'est-à-dire de 12 p. 100 de sa valeur. Au lieu d'avoir seulement 720 francs à dépenser, l'adulte en aurait eu 800, et l'enfant n'aurait pas souffert.

Défions-nous donc des solutions qui n'envisagent pas les retentissements sur toute l'économie de la nation, et ayons la patience de sérier les questions.

. . . .

Cette évolution de la propriété bâtie nous explique en partie la diminution de notre rendement. Notre capital s'est accru ainsi d'au moins

10 milliards et ces 10 milliards, au lieu de donner 2 à 3 milliards de revenu, n'en ont donné aucun. Nous avons légèrement augmenté la « consommation virtuelle » d'une minorité de la population, mais nous n'avons pas modifié la consommation réelle.

III

L'accroissement de la propriété bâtie peut nous expliquer en partie la diminution de notre rendement, il est une autre cause qui, elle, a une valeur infiniment supérieure : l'exportation de nos capitaux.

A la suite d'une inconcevable conception économique, la France, dès 1875, commence à se lancer dans la politique des emprunts extérieurs. Jusqu'en 1885 elle agit modérément : à cette époque nous ne possédons qu'environ 13 milliards de valeurs étrangères. Mais à partir de cette date le mouvement s'accélère; tour à tour la Russie, la Turquie, la Chine, le Brésil, le Japon, en un mot presque tous les États du monde, viennent frapper à notre porte. Les revenus taxés, qui se montent en 1895 à 120 millions, atteignent en 1913 près de 600 millions, abstraction faite des emprunts d'État. Aussi peut-on estimer en 1904 à environ 25 milliards la valeur de notre portefeuille étranger, et en 1914 ce total s'élève à 45 milliards. On sait que les fonds russes représentent environ 20 milliards dans cette somme.

Ainsi donc, en 20 années, nous avons prêté au moins 32 milliards à l'étranger. Et encore ce chiffre formidable doit être inférieur à la réalité à cause des exportations clandestines qui n'ont pu être recensées.

. . . .

Nous avons déjà mentionné les résultats d'une telle politique, au point de vue national. Alors que le rendement total d'un capital travaillant dans la nation peut, si la totalité de l'épargne est affectée à un capital productif, s'élever à 25 p. 100 divisibles en salaires, traitements et dividendes, le rendement d'une épargne exportée ne dépasse pas 6 p. 100, compte tenu des primes résultant de l'émission au-dessous du pair.

D'ailleurs, les conséquences sont en réalité plus graves encore que ne paraissent l'indiquer ces chiffres. Ces 6 p. 100 ne reviennent pas à la masse ; par suite de notre organisation sociale, l'épargne se trouve, ainsi que nous l'avons vu, entre les mains d'une oligarchie financière qui en dispose malheureusement sans contrôle. Aussi ces 6 p. 100 ne reviennent même pas à la nation ; ils n'y entrent pas et sont reportés sur de nouveaux emprunts qui vont grossir les anciens.

La nation tend à se diviser en deux classes que sépare un fossé sans cesse plus profond : l'un cherchant par une politique financière internationale à s'assurer la domination effective du monde, l'autre constitué par la masse qui souffre, dont les intérêts sacrés sont follement sacrifiés à la mégalomanie d'une minorité interlope.

Une dernière cause enfin, moins importante à la vérité que la précédente, mais qui dénote l'erreur des financiers qui nous ont menés, doit être signalée : l'importation excessive d'or dans le pays.

Edmond Théry admet que, de 1892 à 1912, notre numéraire métallique s'est accru de plus de 4 milliards. Ce chiffre nous paraît un peu élevé, mais il est certainement supérieur à 2 milliards, soit de 100 à 200 millions par an, ou près du dixième de notre épargne.

Or, on ne saurait trop blâmer cet usage de nos capitaux. L'exode à l'étranger ne rapporte que 6 p. 100, l'introduction d'or ne rapporte rien. Ce retour au mercantilisme ancien doit être vigoureusement combattu et l'on doit se souvenir que la chute de l'Espagne est, en grande partie, due à cette conception erronée de la richesse.

. . . .

Résumons-nous. En vingt années, le capital français s'est accru de 45 milliards. Mais cet accroissement a été capitalisé de manière à nous donner un intérêt extrêmeme...t faible; tandis que l'accroissement du luxe dans la propriété bâtie ne nous donnait aucun appoint dans notre revenu réel, que l'importation d'or nous constituait une réserve métallique qui n'a même pas été utile pour mener à bien la guerre, nous exportions à l'étranger plus de 30 milliards qui ne nous fournissaient qu'un intérêt misérable.

Si nous avions utilisé ces 45 milliards dans le pays, à l'édification d'un capital de production, nous aurions pu accroître les revenus français de 9 milliards au moins, et il n'est pas douteux que l'utilisation par la masse de cette somme énorme aurait augmenté le bien-être et la santé de l'ouvrier et déterminé des conditions économiques propres au relèvement de la natalité. En admettant le bien-fondé de notre théorie, nous voyons que l'utilisation rationnelle de nos ressources aurait permis *pour la France un accroissement de près de 10 millions d'habitants.*

IV

Cependant, une fois ce principe admis, il devient bien difficile de distribuer les responsabilités. Un point nous paraît hors de doute : la crise de population française n'est pas une question morale. Nous avons essayé de montrer au début de cet ouvrage qu'il n'existe, ni dans la famille, ni dans la nation, des symptômes de déchéance morale, et nous croyons avoir prouvé plus loin que la population n'a pas été en mesure de croître parce que notre production n'a pas constitué pour elle le milieu favorable à son développement. Tout se ramène donc à une question de production et la question est de savoir maintenant pourquoi ce facteur a été endigué.

Les détracteurs systématiques de notre régime actuel ne manqueront pas de charger les *politiciens.* Certes, l'incohérence de nos Parlements et le défilé cinématographique de nos gouvernements doivent être accusés sans merci. On ne saurait non plus trop blâmer l'œuvre d'un régime surtout inspiré de mobiles démagogiques et dont les programmes de réalisation ont généralement été à l'encontre d'une politique de prospérité. Les luttes religieuses, la crise d'antisémitisme soulevée à propos des procès Dreyfus ont, en agitant inutilement le pays, puissamment contribué à sa décadence. Plus tard, les essais de réformes sociales, telles que les retraites ouvrières, la réglementation du travail de la femme et de l'enfant et, récemment encore, l'erreur de la loi de 8 heures, ont contribué à notre désorganisation économique. Ces transformations, qui peuvent facilement être exécutées dans un pays où le rendement du capital est élevé et l'utilisation de la main-d'œuvre maxima, sont impossibles dans un pays aussi peu organisé que le nôtre.

Est-ce à dire cependant que l'œuvre des politiciens ait été aussi néfaste qu'on voudrait nous le faire accroire? Nous ne le pensons pas. Certes, la France n'a pas été gouvernée et nous avons vécu pendant quarante ans en pleine anarchie, mais, ont-ils agi au mieux des intérêts du pays, ceux qui, *en fait*, dirigeaient nos destinées, c'est-à-dire les industriels, les agriculteurs, les financiers, et croit-on qu'il suffirait de mettre ces hommes, *ces compétences*, à la tête de nos services administratifs, pour que tout vînt, sur l'heure, à changer?

Qui donc a pratiqué la restriction des ensemencements et la diminution des surfaces plantées en vignes, sinon nos syndicats agricoles et nos vignerons? Qui donc a mis en pratique le malthusianisme industriel, sinon nos maîtres de forges et nos compagnies houillères? Qui donc a pratiqué l'exportation de nos capitaux, sinon nos plus grands établissements de crédit? Qui donc enfin a réclamé et obtenu l'introduction de quantités croissantes d'or, sinon nos maîtres de l'économie politique?

Souhaitons vivement que de « pareilles compétences » ne viennent à se substituer à nos gouvernements politiques, car, sans aucun doute, notre décadence, encore plus rapide, aboutirait sans retard à une horrible convulsion intérieure.

. . . .

En réalité, un pays, qu'il ait ou non le suffrage universel, qu'il soit qualifié démocratie, royaume absolu ou empire, *est mené par son élite*. La masse, amorphe, incapable d'aucune initiative, suit, mais ne mène jamais. Quand une nation décroît, il ne faut pas l'accuser, il faut se tourner vers l'élite. Celle-ci, seule, est responsable, et elle n'a pas le droit de faire retomber ses fautes sur d'autres. La guerre, en mettant face à face, dans un duel gigantesque, toutes les nations du globe, nous a montré que tout soldat, qu'il soit français, anglais, allemand ou italien, fait preuve de vaillance, de courage et de ténacité quand il se sent commandé. Tous les grands désastres : Charleroi, la retraite russe, Carporetto, sont imputables à une mauvaise organisation des états-majors, à des fautes du commandement. L'effondrement allemand n'a pas été dû à la lâcheté du soldat (et ce n'est pas amoindrir notre « poilu » que de reconnaître la valeur de son ennemi), mais bien aux fautes politiques et stratégiques des chefs des Empires Centraux.

Ce qui est vrai pour l'armée l'est pour la nation. Notre décadence vient de notre élite.

. . . .

A vrai dire, sa tâche n'était et n'est pas facile. Il est bien facile d'accuser le malthusianisme économique. Il est en réalité bien plus difficile d'y remédier. Nous avons vu pourquoi.

L'accroissement de la population exige un ac

croissement préalable de la production. Mais, en notre état démographique, tout accroissement de la production de nécessité (la seule qui puisse influer sur la population) détermine une crise commerciale. Nous tournons dans un cercle vicieux.

Notre machine sociale est calée à un point mort, et l'arrêt que nous avons marqué il y a 50 ans paraît devoir s'éterniser. Impossible d'avancer ou de reculer malgré tous nos efforts.

Ceci explique nos discordes; tout le monde est fautif, mais personne n'accepte de le reconnaître. L'élite accuse la masse; celle-ci le capitalisme qui se retourne contre la politique. Comment sortir de cette impasse?

. . . .

Nous avons vu plus haut qu'il est possible, surtout quand on peut compter sur le flot de l'immigration, de relever un pays en agissant sur son capital et l'organisation de sa main-d'œuvre. C'est donc cette œuvre de régénération qui doit être accomplie. Pour arriver au but, la masse doit rester passive; elle doit obéir; elle le fera, car l'hisoire démontre que partout, et particulièrement dans notre pays, elle connaît la valeur de la discipline. Sa confiance, facile à capter, est facile à conserver quand l'homme qui dirige agit au mieux des intérêts nationaux. Si des difficultés sont à redouter, elles ne viendront pas du peuple. Celui-ci veut être conduit, il n'aspire nullement à diriger.

Il faut aussi une discipline de l'élite, et c'est là que commencent les difficultés, car cette discipline exige des sacrifices momentanés que ne savent plus accepter nos privilégiés de la fortune. Que nos hommes d'État s'inspirent des leçons données par nos grands ministres de la royauté, luttant contre l'anarchie féodale, si comparable à notre anarchie capitaliste, et nous viendrons à bout des résistances opposées au progrès de la Nation.

Il faut à la tête du pouvoir quelques hommes énergiques, capables d'imposer leur volonté au pays et à ses représentants. Mais l'énergie est insuffisante, si elle n'est pas doublée d'une connaissance approfondie des lois économiques et des besoins du pays. Un gouvernement, cherchant au jour le jour ses voies dans un empirisme aveugle, deviendra une dictature intolérable, s'il veut faire acte d'autorité. Quoi qu'on dise aujourd'hui, des principes sont nécessaires dans la conduite d'un peuple, et les grands hommes du passé n'ont pas agi sans un plan mûrement réfléchi.

Richelieu, dans son unification de royaume, Napoléon dans sa lutte contre l'Angleterre et son administration intérieure, avaient de grands principes, sans points communs avec les nébuleux tâtonnements de nos tristes conducteurs. Que doivent être ces principes ?

Nous sommes, sur ce chapitre, obligés d'abandonner, au moins en partie, le terrain historique. Notre état démographique est en effet particulier à notre époque et rend notre tâche plus difficile qu'à aucun moment.

Certes, si nous faisions machine en arrière, si nous faisions accepter à la masse, par l'augmentation de la natalité, un accroissement de la misère et de la mortalité infantile, si nous placions la France dans les conditions des pays barbares, comme la Russie, la Turquie, la Chine, nous arriverions, après une période atroce, à repartir à nouveau.

Cette évolution est naturellement impossible. Nous ne nous y arrêterons pas, car la masse ne l'acceptera jamais. Elle sait qu'il existe d'autres solutions, ce sont celles-là qu'elle réclame.

CONCLUSIONS
LE PRINCIPE DES REMÈDES

Il faudrait un ouvrage entier pour développer suffisamment les grandes lignes de ce qui devrait être notre politique future. Ce travail ne peut trouver place dans le cadre restreint que nous nous sommes assigné. Nous nous contenterons donc de condenser, en les adaptant aux conditions économiques de notre pays, les diverses conclusions que nous avons pu tirer de notre étude théorique du problème.

Nous ne possédons pas dans leur ensemble les nouvelles données de la France de 1919. Nous en connaissons assez cependant pour savoir que la marche régressive, esquissée de 1895 à 1914, s'est précipitée depuis.

Notre capital, délabré par l'usure, anéanti par l'ennemi dans les régions dévastées, a diminué du quart en valeur réelle (bien que la valeur monétaire s'en soit élevée par suite de la diminution du pouvoir d'achat du franc).

Notre revenu a baissé de 30 p. 100 et nous n'évitons la famine que grâce au concours financier de l'Amérique. Depuis 5 années nous n'avons plus d'épargne (¹) et nous avons dû cesser nos amortissements, d'où un matériel usé à bout, sans rendement. Nos transports sont, par ce fait, désorganisés, nos tramways urbains marchent avec un bruit de ferraille, notre flotte de commerce va disparaître, notre cheptel est diminué du quart, nos champs en friche, nos mines produisent difficilement 20 millions de tonnes de houille.

Il est temps de réagir; un labour incessant doit nous permettre de reconstituer notre capital, si nous ne voulons pas courir à un effroyable désastre, comparable à la chute de l'empire romain. Tous les sacrifices, même la banqueroute immédiate, doivent être envisagés pour conjurer la catastrophe à laquelle nous courons.

Nous ne nous occuperons pas ici du problème financier, qui est pourtant le plus urgent à résoudre. Nous supposerons que nos finances publiques sont assainies et que l'équilibre budgétaire est établi *sans tarir les sources de la production* (²). Que nous restera-t-il à faire, pour accroître notre pays ?

1° Accroître la production ;

2° Diminuer la consommation moyenne ;

3° Augmenter l'épargne et l'utiliser à des entreprises déterminant un revenu de nécessité ;

4° Parer aux dangers des crises commerciales.

Tels sont les grands principes auxquels nous devrons obéir.

(1) Les Bons de la Défense nationale et autres valeurs d'état représentent une dette et non une épargne, quoi qu'en disent les communiqués tendancieux de notre ministère des Finances.

(2) Nous comptons démontrer prochainement que l'énorme dette intérieure que nous traînons comme un boulet, et qui rend impossible un équilibre budgétaire, est une cause prépondérante du marasme économique actuel. En modifiant artificiellement toutes les valeurs, elle empêche tout essor de la production.

Cherchons, et nous conclurons ainsi, à développer en quelques mots ce programme extrêmement vaste :

Et tout d'abord voici ce qu'il ne faut pas faire :

1° Nous nous sommes étendus plus haut sur les dangers que le pays courrait, si nous venions à élever artificiellement la natalité par des mesures financières, soldées au moyen d'impôts sur les célibataires et la fortune acquise. Cette politique, guidée par les plus hauts sentiments humanitaires, doit être répudiée. L'idéologie n'est pas de mise en sociologie, et la franchise la plus brutale vaut mieux que l'illusion de mesures trompeuses vouées à un échec certain.

La protection par l'État des familles nombreuses, l'entretien par l'État de l'enfant, les primes à la natalité, relèvent des mêmes erreurs que le communisme, l'égalitarisme, le pacifisme par l'Internationale et autres lubies néfastes.

Il n'y a donc rien à tirer, ni pour le pays, ni pour l'individu, de réformes inspirées de cet esprit, et le travailleur qui procrée doit apprendre à considérer son acte non comme un moyen, mais comme un but.

Toute mesure législative qui prélèverait une part des revenus normaux des citoyens, sous prétexte de distribution de secours, de sursalaire familial, ou autres allocations, déterminerait aussitôt le chômage dans les industries de luxe et surtout dans les entreprises destinées à la capitalisation de l'épargne et à l'amortissement. Elle appauvrirait le pays et diminuerait l'expansion nationale (1) ;

(1) Les mesures récemment adoptées par la Chambre au sujet du dégrèvement des familles nombreuses sur les chemins de fer, la

2° Toute mesure destinée à accroître le capital de protection, avant une augmentation préliminaire de la production de nécessité, est à repousser. Donc, défions-nous des crédits destinés à créer des habitations à bon marché, des hôpitaux luxueux, des instituts d'hygiène très coûteux. Ces créations, très onéreuses, seront plus dangereuses qu'utiles et n'auront aucune action sérieuse sur les maux qu'elles prétendent endiguer.

Quand la masse sera bien nourrie, bien vêtue, bien chauffée, quand la mère pourra rester au foyer, la tuberculose et l'alcoolisme ne feront plus que de rares victimes. Les sanatoriums et préventoriums seront inutiles;

3° Tout accroissement de notre population est lié à l'augmentation de notre production de nécessité. Mais celle-ci ne peut exister que si nous remplaçons entièrement notre outillage et si nous créons toutes les entreprises nouvelles que nécessite l'exploitation rationnelle et scientifique de notre sol. D'où l'obligation pour nous de posséder à chaque instant une épargne considérable et un très large coefficient d'amortissement, c'est-à-dire de nous imposer de larges privations actuelles, tout en produisant le maximum avec notre capital défectueux.

Cette politique de l'épargne exige donc :

a) Que l'écart entre le salaire consommable du travailleur et sa production réelle soit aussi grand que possible, d'où la nécessité pour les entreprises

---

création projetée d'une carte spéciale de pain pour cette catégorie sont du même ordre. Relevant d'un sentimentalisme absurde et contre nature, elles vont déterminer des réactions sociales qui en annuleront sous peu les effets.

de faire de grands profits. Rien n'empêche d'ailleurs qu'une partie de ces profits n'aille au travailleur sous forme d'actions portant intérêt, ou à la collectivité sous forme de participation de l'Etat aux bénéfices.

Mais il faut cesser la politique actuelle des entreprises déficitaires dont le budget est équilibré par des subventions d'État : garanties aux Compagnies de chemins de fer, pain à 13 sous le kilo, etc...

b) Notre capital étant défectueux, nous n'avons pas le droit d'agir comme les peuples qui possèdent un outillage perfectionné. Nous devons donc racheter l'insuffisance du machinisme par l'accroissement de l'effort humain, et remettre à plus tard la diminution des heures de travail. La loi de huit heures, abominable erreur démagogique, doit être abrogée, quitte à compenser la déception que produirait dans la masse une telle mesure par des lois répartissant plus uniformément la propriété entre les nationaux ;

4° Toute l'épargne ainsi constituée devrait être affectée à des entreprises servant à la production de nécessité. C'est dire que des mesures devraient être prises pour interdire toute autre capitalisation (soit prohibitions, soit taxes sur les établissements nouvellement créés ne répondant pas au but poursuivi).

Une politique de primes, basées sur l'accroissement des rendements et non sur la valeur du rendement, encouragerait notre production agricole (c'est dire que deux cultivateurs qui porteraient leurs rendements moyens de 7 et 12 hectolitres à 9 et 14 recevraient la même prime). Les primes à la motoculture existant déjà seraient au besoin renforcées.

Dans le domaine industriel, l'amélioration de nos transports, de nos voies fluviales, de notre flotte serait poussée le plus rapidement possible, sans oublier toutefois que les encouragements et subventions sur ce terrain sont généralement néfastes, car ils se font sur le dos des producteurs de nécessité ;

5° Cette intensification agricole devrait être doublée d'une politique d'importation d'articles de nécessité qui serait hautement facilitée par l'établissement de primes à l'exportation portant sur tous les articles de luxe. La liberté d'entrée serait totale sauf pour les articles de consommation complémentaire.

6° L'accroissement de nos stocks de nécessité pourrait être accéléré, au moins pendant les années qui vont suivre, par une sévère politique de rationnement : interdiction d'employer les denrées de nécessité à d'autres usages que ceux qui sont dictés par l'hygiène la plus stricte, extension du système des cartes alimentaires à tous les articles nécessaires à la vie, sans s'occuper toutefois de taxer ces denrées ;

7° Rien ne sert de constituer une épargne, si elle doit profiter à d'autres. Donc, abandon de notre désastreuse politique financière et interdiction absolue d'exportation de capitaux à l'étranger. Cessons de nous intéresser aux Chinois, aux Japonais, aux Bulgares, aux Russes, aux Tchèques ou aux Serbes. Nous avons chez nous des citoyens au moins aussi méritants.

D'ailleurs, si des peuples moins avertis que

nous acceptent, contrairement à l'intérêt des nationaux, d'exporter leurs capitaux, tâchons d'en attirer le plus possible chez nous. Nous y trouverons toujours notre bénéfice, pourvu que nous n'admettions pas que leur utilisation échappe à notre direction (ce qui éviterait notre colonisation);

8° Ces mesures aboutiraient très vite à accroître notablement notre production de nécessité. Mais nous aurions alors à parer à un autre danger dépendant de notre faible natalité des vingt dernières années, facteur sur lequel nous ne pouvons naturellement plus agir : les crises de surproduction. Avec la vague de misère qui va pendant longtemps encore régner en Russie et qui frappera durement les Empires Centraux et les Balkans, il nous sera facile de pallier à ce danger par une immigration suffisante. Il conviendra cependant d'attirer surtout de la main-d'œuvre, mais le moins possible d'ouvriers spécialisés et d'intellectuels. L'hospitalité donnée aux étrangers ne doit porter aucune atteinte aux intérêts des nationaux.

TABLE DES MATIÈRES

4710. — TOURS, IMPRIMERIE E. ARRAULT ET Cⁱᵉ.